Questões de sociologia

COLEÇÃO SOCIOLOGIA
Coordenador: Brasilio Sallum Jr. – Universidade de São Paulo

Comissão editorial:
Gabriel Cohn – Universidade de São Paulo
Irlys Barreira – Universidade Federal do Ceará
José Ricardo Ramalho – Universidade Federal do Rio de Janeiro
Marcelo Ridenti – Universidade Estadual de Campinas *Otávio Dulci* – Universidade Federal de Minas Gerais

Dados Internacionais de Catalogação na Publicação (CIP)
(Câmara Brasileira do Livro, SP, Brasil)

Bourdieu, Pierre, 1930-2002
    Questões de sociologia / Pierre Bourdieu ; tradução de Fábio Creder. – Petrópolis, RJ : Vozes, 2019. – (Coleção Sociologia)

Título original : Questions de sociologie.
Bibliografia.

2ª reimpressão, 2023.

ISBN 978-85-326-6051-0

1. Sociologia I. Título. II. Série.

19-23442   CDD-301

Índices para catálogo sistemático:
1. Sociologia 301

Cibele Maria Dias – Bibliotecária – CRB-8/9427

Pierre Bourdieu

Questões de sociologia

Tradução de Fábio Creder

Petrópolis

© 1981, 2002, by Les Éditions de Minuit.

Tradução do original em francês intitulado *Questions de sociologie*.

Direitos de publicação em língua portuguesa – Brasil.
2019, Editora Vozes Ltda.
Rua Frei Luís, 100
25689-900 Petrópolis, RJ
www.vozes.com.br
Brasil

Todos os direitos reservados. Nenhuma parte desta obra poderá ser reproduzida ou transmitida por qualquer forma e/ou quaisquer meios (eletrônico ou mecânico, incluindo fotocópia e gravação) ou arquivada em qualquer sistema ou banco de dados sem permissão escrita da editora.

CONSELHO EDITORIAL

Diretor
Volney J. Berkenbrock

Editores
Aline dos Santos Carneiro
Edrian Josué Pasini
Marilac Loraine Oleniki
Welder Lancieri Marchini

Conselheiros
Elói Dionísio Piva
Francisco Morás
Gilberto Gonçalves Garcia
Ludovico Garmus
Teobaldo Heidemann

Secretário executivo
Leonardo A.R.T. dos Santos

Editoração: Ana Lucia Q.M. Carvalho
Diagramação: Mania de criar
Revisão gráfica: Nilton Braz da Rocha
Capa: Editora Vozes

ISBN 978-85-326-6051-0 (Brasil)
ISBN 978-2-7073-1825-1 (França)

Este livro foi composto e impresso pela Editora Vozes Ltda.

Sumário

Apresentação da coleção, 7

Prólogo, 8

A arte de resistir às palavras, 13

Uma ciência que incomoda, 22

O sociólogo em questão, 39

Será que os intelectuais estão fora de jogo?, 61

Como libertar os intelectuais livres?, 67

Por uma sociologia dos sociólogos, 78

O paradoxo do sociólogo, 84

O que falar quer dizer, 92

Algumas propriedades dos campos, 109

O mercado linguístico, 116

A censura, 132

A "juventude" é apenas uma palavra, 137

A origem e a evolução das espécies de melômanos, 148

A metamorfose dos gostos, 154

Como podemos ser desportistas?, 165

Alta-costura e alta cultura, 186

Mas quem criou os "criadores"?, 196

A opinião pública não existe, 210

Cultura e política, 222

A greve e a ação política, 236

O racismo da inteligência, 248

Índice, 253

Obras de Pierre Bourdieu, 263

Apresentação da coleção

Brasilio Sallum Jr.

A *Coleção Sociologia* ambiciona reunir contribuições importantes desta disciplina para a análise da sociedade moderna. Nascida no século XIX, a Sociologia expandiu-se rapidamente sob o impulso de intelectuais de grande estatura – considerados hoje clássicos da disciplina –, formulou técnicas próprias de investigação e fertilizou o desenvolvimento de tradições teóricas que orientam o investigador de maneiras distintas para o mundo empírico. Não há o que lamentar o fato de a Sociologia não ter um *corpus* teórico único e acabado. E, menos ainda, há que esperar que este seja construído no futuro. É da própria natureza da disciplina – de fato, uma de suas características mais estimulantes intelectualmente – renovar conceitos, focos de investigação e conhecimentos produzidos. Este é um dos ensinamentos mais duradouros de Max Weber: a Sociologia e as outras disciplinas que estudam a sociedade estão condenadas à eterna juventude, a renovar permanentemente seus conceitos à luz de novos problemas suscitados pela marcha incessante da história. No período histórico atual este ensinamento é mais verdadeiro do que nunca, pois as sociedades nacionais, que foram os alicerces da construção da disciplina, estão passando por processos de inclusão, de intensidade variável, em uma sociedade mundial em formação. Os sociólogos têm respondido com vigor aos desafios desta mudança histórica, ajustando o foco da disciplina em suas várias especialidades.

A *Coleção Sociologia* pretende oferecer aos leitores de língua portuguesa um conjunto de obras que espelhe tanto quanto possível o desenvolvimento teórico e metodológico da disciplina. A coleção conta com a orientação da comissão editorial, composta por profissionais relevantes da disciplina, para selecionar os livros a serem nela publicados.

A par de editar seus autores clássicos, a *Coleção Sociologia* abrirá espaço para obras representativas de suas várias correntes teóricas e de suas especialidades, voltadas para o estudo de esferas específicas da vida social. Deverá também suprir as necessidades de ensino da Sociologia para um público mais amplo, inclusive por meio de manuais didáticos. Por último – mas não menos importante –, a *Coleção Sociologia* almeja oferecer ao público trabalhos sociológicos sobre a sociedade brasileira. Deseja, deste modo, contribuir para que ela possa adensar a reflexão científica sobre suas próprias características e problemas. Tem a esperança de que, com isso, possa ajudar a impulsioná-la no rumo do desenvolvimento e da democratização.

Prólogo

Não gostaria de fazer com que os textos aqui reproduzidos, que são todos transcrições de discursos orais destinados a não especialistas, fossem precedidos por um longo preâmbulo escrito. No entanto, acredito ser necessário dizer pelo menos por que me pareceu útil, e legítimo, entregar assim, de uma forma mais fácil, porém mais imperfeita, comentários que, para alguns, abordam temas dos quais eu já tratei em outro lugar e de maneira provavelmente mais rigorosa e completa[1].

A sociologia difere das outras ciências em pelo menos um ponto: exige-se dela uma acessibilidade que não se demanda da física ou mesmo da semiologia e da filosofia. Deplorar a obscuridade talvez também seja uma forma de testemunhar que gostaríamos de compreender, ou ter certeza de compreender, coisas que pressentimos merecerem ser compreendidas. Em todo caso, provavelmente não há domínio no qual o "poder dos especialistas" e o monopólio da competência "sejam mais perigosos e mais intoleráveis". E a sociologia não valeria uma hora de pena se tivesse que ser um saber especializado reservado a especialistas.

Eu não deveria precisar lembrar que nenhuma ciência envolve questões sociais de maneira tão evidente quanto a sociologia. É isso que a torna particularmente difícil, e dificulta a produção do discurso científico e sua transmissão. A sociologia toca em interesses por vezes vitais. E não se pode contar com patrões, bispos ou jornalistas para elogiarem a cientificidade de trabalhos que revelem os fundamentos ocultos de seu domínio e para trabalharem na divulgação de seus resultados. Aqueles que se impressionam com os certificados de cientificidade que os poderes (temporais ou espirituais) gostam

---

[1]. E aos quais voltei sempre, ao final, para que o leitor possa, se quiser, ir mais longe.

de conceder devem saber que, nos anos de 1840, o industrial Grandin agradeceu, na tribuna da Câmara, aos "verdadeiros sábios" que haviam mostrado que o emprego de crianças era frequentemente um ato de generosidade. Nós temos sempre os nossos Grandins e os nossos "verdadeiros sábios".

E o sociólogo, em seu esforço para difundir o que aprendeu, mal pode contar com todos aqueles cujo trabalho seja produzir, dia após dia, semana após semana, os discursos, sequer falsos, sobre todos os assuntos impostos pelo momento, a "violência", a "juventude", as "drogas", o "renascimento dos religiosos" etc. etc., que hoje se tornam temas de dissertação impostos aos alunos do ensino médio. No entanto, ele teria muita necessidade de ser ajudado nessa tarefa. Porque a ideia verdadeira não tem força intrínseca, e o próprio discurso científico está preso nas relações de poder que ele revela. Porque a difusão deste discurso está submetida às leis de difusão cultural que ele enuncia, e porque os detentores da competência cultural necessária para se o apropriar não são os que têm mais interesse em fazê-lo. Em suma, na luta contra o discurso de alto-falantes, políticos, ensaístas e jornalistas, o discurso científico tem tudo contra si: as dificuldades e a morosidade de sua elaboração, que o fazem chegar, quase sempre, depois da batalha; sua complexidade inevitável, capaz de desencorajar mentes simplistas e tendenciosas, ou, simplesmente, quem não possua o capital cultural necessário para o seu deciframento; sua impessoalidade abstrata, que desencoraja a identificação e todas as formas de projeções gratificantes, e, sobretudo, sua distância em relação a ideias preconcebidas e convicções precoces. Só se lhe pode conferir alguma força real sob a condição de acumular nele a força social que lhe permite se impor. O que pode exigir que, por uma aparente contradição, se aceite jogar os jogos sociais cuja lógica ele (d)enuncia. Tentar evocar os mecanismos da moda intelectual nesses lugares altos da moda intelectual, utilizar os instrumentos do marketing intelectual, mas para fazê-los veicularem aquilo mesmo que eles geralmente ocultam, em particular a função desses instrumentos e de seus usuários ordinários, tentar evocar a lógica das relações entre o Partido Comunista e os intelectuais em um dos órgãos do Partido Comunista destinado aos intelectuais etc., é, aceitando de antemão a suspeita do comprometimento, tentar retornar contra o poder intelectual as armas do poder *intelectual dizendo a coisa menos esperada, a mais improvável, a mais deslocada no lugar onde ela é dita; é recusar-se a "pregar para convertidos", como o faz o discurso comum que só é tão bem ouvido porque só diz ao seu público o que ele quer ouvir.*

A arte de resistir às palavras[2]

P. O discurso burguês sobre a cultura tende a apresentar o interesse por ela como desinteressado. Você mostra, ao contrário, que esse interesse, e até mesmo o seu aparente desinteresse, proporciona ganhos.

– Paradoxalmente, os intelectuais têm interesse no *economicismo*, que, ao reduzir todos os fenômenos sociais, e, em particular, os fenômenos de troca, à sua dimensão econômica, lhes permite não se arriscarem. Eis por que é preciso lembrar da existência de um capital cultural, e de que esse capital proporciona ganhos diretos, primeiro no mercado escolar, é claro, mas também em outros lugares, e também ganhos de distinção – estranhamente esquecidos pelos economistas marginalistas – que resultam *automaticamente* da sua escassez, ou seja, do fato de estar distribuído de maneira desigual.

P. As práticas culturais são então sempre estratégias de distanciamento do que é "comum" e "fácil", são o que você chama de "estratégias de distinção".

– Elas podem ser distintivas, distintas, sem sequer procurar sê-lo. A definição dominante de "distinção" chama de "distintas" as condutas que se distinguem do comum, do vulgar, sem intenção de distinção. Nessas matérias, as estratégias mais "rentáveis" são aquelas que não são vividas como estratégias. Aquelas que consistem em amar ou mesmo em "descobrir" a cada momento, como que por acaso, o que é *preciso* amar. O ganho de distinção é o ganho proporcionado pela *diferença*, a distância, que separa do comum. E esse ganho direto está associado a um ganho suplementar, ao mesmo tempo subjetivo e objetivo, o ganho de desinteresse: o ganho que existe em se ver – e em

---
2. Entrevista com Didier Eribon sobre "A distinção". In: *Libération*, 03-04/11/1979, p. 12-13.

ser visto – como não buscando o ganho, como totalmente desinteressado.

P. Se toda prática cultural é um distanciamento (você até mesmo diz que o distanciamento brechtiano é um distanciamento do povo), a ideia de uma arte para todos, de um acesso à arte para todos, não faz sentido. Essa ilusão de um "comunismo cultural" deve ser denunciada.

– Eu mesmo participei da ilusão do "comunismo cultural" (ou linguístico). Os intelectuais pensam espontaneamente na relação com a obra de arte como uma participação mística de um bem comum, sem qualquer escassez. Todo o meu livro está aí para lembrar que o acesso à obra de arte requer instrumentos que não estão distribuídos universalmente. E, por conseguinte, que os detentores desses instrumentos se asseguram dos ganhos de distinção, ganhos tão maiores quanto mais raros forem esses instrumentos (como aqueles que são necessários para se apropriar das obras de vanguarda).

P. Se todas as práticas culturais, se todos os gostos classificam em um lugar determinado do espaço social, deve-se admitir que a contracultura seja uma atividade distintiva como as outras?

– Deveríamos chegar a um acordo sobre o que chamamos de contracultura. O que é por definição difícil ou impossível. Há *várias* contraculturas: é tudo o que está à margem, fora do *establishment*, que é exterior à cultura oficial. Em um primeiro momento, vê-se bem que essa contracultura é definida negativamente por esse contra o que ela se define. Penso, por exemplo, no culto de tudo o que está fora da cultura "legítima", como os quadrinhos. Mas isso não é tudo: não se sai da cultura sem uma análise da cultura e dos interesses culturais. Por exemplo, seria fácil mostrar que o discurso ecológico, estilo caravana, livre de rodas, caminhada verde, teatro descalço etc., está repleto de alusões depreciativas e distintas do "metro-trabalho-cama" e das férias "de ovelhas" dos "pequeno-burgueses ordinários". (É preciso pôr aspas em tudo. É muito importante: não é para marcar a distância prudente do jornalismo oficial, mas para denotar a distância entre a linguagem da análise e a linguagem ordinária, onde todas essas palavras são instrumentos de luta, armas e desafios nas lutas de distinção.)

P. As marginalidades, os movimentos de contestação, não pressionariam então os valores estabelecidos?

– Certamente, eu começo sempre entortando a vara na outra direção, e lembrando que essas pessoas que se querem à margem, fora do espaço social, estão situadas no mundo social, como todo mundo. O que eu chamo de seu sonho de voo social exprime muito perfeitamente uma posição de consola no mundo social: aquela que caracteriza os "novos autodidatas", aqueles que frequentaram o sistema escolar até uma idade bastante avançada, suficiente para adquirir uma relação "culta" com a cultura, mas sem obter títulos escolares ou sem obter todos os títulos escolares que a sua posição social de origem lhes prometia.

Dito isso, todos os movimentos de contestação da ordem simbólica são importantes, porquanto questionam o que parece evidente; o que está fora de questão, o que é indiscutível. Eles importunam as evidências. Este foi o caso de Maio de 1968. Este é o caso do movimento feminista, do qual não nos livramos dizendo que é coisa de "burgueses". Se essas formas de contestação quase sempre incomodam os movimentos políticos ou sindicais, é talvez porque elas vão contra as disposições profundas e os interesses específicos dos homens de aparelho. Mas é sobretudo porque, tendo a experiência de que a *politização*, a mobilização política das classes dominadas deve ser conquistada, quase sempre, contra o *doméstico*, o privado, o psicológico etc., eles têm dificuldade de compreender as estratégias que visam a *politizar o doméstico*, o consumo, o trabalho da mulher etc. Mas isso demandaria uma análise muito longa... Em todo caso, deixando fora da reflexão política domínios inteiros da prática social, da arte, da vida doméstica etc. etc., expomo-nos a formidáveis retornos do reprimido.

P. Mas, então, o que poderia ser uma verdadeira contracultura?

– Não sei se posso responder a essa pergunta. O que tenho a certeza é de que a posse das armas necessárias para se defender da dominação cultural, da dominação que se exerce pela cultura e em seu nome, deveria fazer parte da cultura. Tratar-se-ia de uma cultura capaz de distanciar-se da cultura, de analisá-la e não de invertê-la, ou, mais exatamente, de impor uma forma invertida dela. É nesse sentido que o meu livro é um livro de cultura e de contracultura. De uma maneira mais geral, penso que uma verdadeira contracultura deveria dar armas contra as formas suaves da dominação, contra as formas avançadas de mobilização, contra a violência branda dos novos ideólogos profissionais, que muitas vezes se apoiam em uma espécie de racionalização quase científica da ideologia dominante, contra os usos políticos da ciência, da autoridade da ciência, seja da ciência física ou da ciência econômica, sem falar da biologia ou da sociobiologia dos racismos avançados, isto é, altamente eufemizados. Em suma, trata-se de assegurar a disseminação das armas de defesa contra a dominação simbólica. Também seria necessário, na lógica do que eu disse há pouco, introduzir na cultura necessariamente política muitas coisas que a definição atual de cultura e de cultura política excluem... E eu não perco a esperança de que um grupo possa algum dia empreender esse trabalho de reconstrução.

P. Não seria necessário enfatizar o fato de que você não quer, sobretudo, produzir uma "culpa", uma "má consciência" entre os intelectuais?

– Pessoalmente, tenho horror de todos aqueles que visam a produzir a "culpa" ou a "má consciência". Acho que simplesmente jogamos demais, em particular com os intelectuais, o jogo sacerdotal da culpabilização. Tanto mais que é muito fácil se livrar dessa culpa por um ato de contrição ou uma confissão pública. Eu quero simplesmente contribuir para a produção de instrumentos de análise que não isentem os intelectuais: penso que a sociologia dos intelectuais seja um pré-requisito para toda ciência do mundo social, que seja feita necessariamente por intelectuais. Intelectuais que tivessem submetido a sua própria prática intelectual e os seus produtos, e não o seu "ser burguês", a uma crítica sociológica estariam mais bem-equipados para resistir às estratégias de culpabilização que todos os aparelhos exercem contra eles, e que visam a impedi-los de fazer o que, enquanto intelectuais, eles poderiam fazer a favor e, sobretudo, contra esses aparelhos.

P. Mas você não tem medo de que as suas análises (p. ex., do lugar dos valores de virilidade no estilo de vida da classe operária) venham reforçar o operarismo?

– Sabe, quando escrevo, eu temo muitas coisas, quer dizer, muitas más leituras. O que explica a complexidade de algumas das minhas frases, pelo que sou frequentemente criticado. Tento desencorajar de antemão as más leituras que eu muitas vezes consigo prever. Mas as advertências que coloco entre parênteses, um adjetivo, aspas etc., só afetam aqueles que não precisam deles. E cada um retém, em uma análise complexa, o lado que o incomoda menos.

Dito isto, acredito que seja importante descrever, é um fato social como qualquer outro, mas frequentemente incompreendido pelos intelectuais, os valores viris na classe operária. Entre outras razões, porque esses valores, que estão inscritos no corpo, ou seja, no inconsciente, permitem compreender muitas condutas da classe operária e de alguns de seus porta-vozes. Naturalmente, eu não apresento o estilo de vida da classe operária e seu sistema de valores como um modelo, um ideal. Eu tento explicar o apego aos valores viris, à força física, salientando, por exemplo, que é o ato de pessoas que dificilmente podem contar com outra coisa além de sua força de trabalho e, eventualmente, de combate. Tento mostrar em que a relação com o corpo característica da classe operária está no princípio de uma série de atitudes, condutas e valores, e que ela permite compreender tanto a forma de falar ou de rir como a forma de comer ou de andar. Digo que a ideia de virilidade é um dos últimos refúgios da identidade das classes dominadas. Tento, além disso, mostrar os efeitos, políticos, entre outros, que a nova moral terapêutica pode ter, aquela que publicitários, jornalistas de revistas femininas, psicanalistas dos pobres, conselheiros matrimoniais etc. etc., despejam o dia inteiro. Isso não quer dizer que eu exalte os valores de virilidade ou os usos que deles se façam, quer se trate da exaltação do bom bruto, predisposto aos serviços militares (o lado Gabin-Bigeard que inspira um horror fascinado nos intelectuais), ou da utilização operarista do estilo bom rapaz e franco que permite prescindir da análise ou, pior, calar a análise.

P. Você diz que as classes dominadas têm apenas um papel passivo nas estratégias de distinção, que elas são apenas um "repelente". Então, para você, não existe "cultura popular".

– A questão não é de saber se existe ou não existe *para mim* uma "cultura popular". A questão é de saber se existe na realidade alguma coisa que se pareça com o que as pessoas chamam de "cultura popular". E a essa pergunta eu respondo não. Dito isto, para sair de toda a trapalhada que envolve essa noção perigosa, seria necessária uma análise muito longa. Eu prefiro parar por aí. O que eu poderia dizer em poucas frases, como, aliás, tudo o que disse até agora, poderia ser malcompreendido. E então eu gostaria, eu preferiria, depois de tudo, que se lesse o meu livro...

P. Mas você assinala bem a relação que une, na classe trabalhadora, a relação com a cultura e a consciência política.

– Penso que o trabalho de politização seja muitas vezes acompanhado por um empreendimento de aquisição cultural, muitas vezes vivido como uma espécie de reabilitação, de restauração da dignidade pessoal. Isso se vê muito bem nas memórias dos militantes operários da velha escola. Este empreendimento libertador me parece ter efeitos alienantes, na medida em que a reconquista de uma espécie de dignidade cultural é acompanhada de um reconhecimento da cultura em nome da qual se exercem numerosos efeitos de dominação. Não penso somente no peso dos títulos escolares nos aparelhos; penso em certas formas de reconhecimento incondicional, porque inconsciente, da cultura legítima e daqueles que a detêm. Sequer tenho certeza de que certas formas de operarismo agressivo não encontrem seu princípio em um reconhecimento vergonhoso da cultura ou, tão simplesmente, em uma vergonha cultural não dominada e não analisada.

P. Mas será que as mudanças da relação com o sistema escolar que você descreve em seu livro não são suscetíveis de transformar não somente as relações com a cultura, mas também as relações com a política?

– Eu acredito, e o demonstro mais precisamente no meu livro, que essas transformações, e em particular os efeitos da inflação e da desvalorização dos títulos escolares, estão entre os mais importantes fatores de mudança, em particular no domínio da política. Penso, em particular, em todas as disposições anti-hierárquicas ou mesmo anti-institucionais que se manifestaram bem além do sistema educacional, e cujos detentores exemplares são os bacharéis OS ou as novas camadas de empregados, uma espécie de OS da burocracia. Penso que sob as aparentes oposições, PC/esquerdista ou CGT/CFDT, e mais ainda talvez sob os conflitos de tendências que dividem hoje todas as organizações, encontraríamos os efeitos de relações diferentes com o sistema escolar que muitas vezes se retraduzem sob a forma de conflitos de gerações. Mas, para precisar essas intuições, seria necessário fazer análises empíricas que nem sempre são possíveis.

P. Como pode se constituir uma oposição à imposição dos valores dominantes?

– Correndo o risco de surpreendê-lo, eu o responderei citando Francis Ponge: "É quando ensinar a arte de resistir às palavras se torna útil, a arte de dizer apenas o que se quer dizer. Ensinar a cada um a arte de fundar a sua própria retórica é uma obra de salvação pública". Resistir às palavras, dizer apenas o que se quer dizer: falar em vez de *ser falado* por palavras emprestadas, carregadas de significado social (como quando se fala, p. ex., de um "*encontro de cúpula*" entre dois dirigentes sindicais, ou que o *Libération* fala de "nossos" navios a propósito da Normandia e da França) ou faladas por porta-vozes que são eles mesmos falados. Resistir às palavras neutralizadas, eufemizadas, banalizadas, em suma, a tudo o que faz a platitude pomposa da nova retórica anárquica, mas também às palavras aplainadas, limadas, até o silêncio, das moções, resoluções, plataformas ou programas. Toda linguagem que seja o produto do compromisso com as censuras, interiores e exteriores, exerce um efeito de imposição, imposição do impensado que desencoraja o pensamento.

Nós nos servimos demasiado frequentemente do álibi do realismo ou da preocupação demagógica com sermos "compreendidos pelas massas" para substituir a análise pelo *slogan*. Penso que acabamos sempre pagando por todas as simplificações, todos os simplismos, ou fazendo com que os outros paguem por eles.

P. Será então que os intelectuais têm um papel a desempenhar?

– Sim, evidentemente. Porque a ausência de teoria, de análise teórica da realidade, que cobre a linguagem do aparelho, gera monstros. O *slogan* e o anátema conduzem a todas as formas de terrorismo. Não sou ingênuo o bastante para pensar que a existência de uma análise rigorosa e complexa da realidade social seja suficiente para abrigar todas as formas de desvio terrorista ou totalitário. Mas tenho certeza de que a ausência de uma tal análise deixa o campo livre. É por isso que, contra o anticientificismo, que é uma das marcas dos nossos tempos, e que os novos ideólogos festejaram, eu defendo a ciência, e até mesmo a teoria quando tem por efeito proporcionar uma melhor compreensão do mundo social . Não é preciso escolher entre o obscurantismo e o cientificismo. "Entre dois males", dizia Karl Kraus, "recuso-me a escolher o menor".

Perceber que a ciência se tornou um instrumento de legitimação do poder, que os novos dirigentes governam em nome da aparência de ciência econômico-política que se adquire na Sciences Po e nas Business School, isso não deve conduzir a um anticientificismo romântico e regressivo, que sempre coexiste, na ideologia dominante, com o culto professado da ciência. Trata-se antes de produzir as condições de um novo espírito científico e político, libertador porque liberto das censuras.

P. Mas será que isso não corre o risco de recriar uma barreira de linguagem?

– Meu objetivo é contribuir para impedir que se possa dizer qualquer disparate sobre o mundo social. Schoenberg disse um dia que ele compôs para que as pessoas não pudessem mais escrever música. Eu escrevo para que as pessoas, e, em primeiro lugar, aquelas que têm a palavra, os porta-vozes, não possam mais produzir, a propósito do mundo social, o ruído que tem as aparências da música.

Quanto a dar a cada um os meios para fundar a sua própria retórica, como diz Francis Ponge, para ser o seu próprio verdadeiro porta-voz, para falar em vez de ser falado, essa deveria ser a ambição de todos os porta-vozes, que seriam sem dúvida totalmente diferentes do que são se se propusessem o projeto de trabalhar para o seu próprio definhamento. Nós podemos sonhar, pelo menos uma vez...

Uma ciência que incomoda[3]

P. Comecemos pelas questões mais evidentes: Será que as ciências sociais, e a sociologia em particular, são verdadeiramente ciências? Por que você sente a necessidade de reivindicar a cientificidade?

– A sociologia me parece ter todas as propriedades que definem uma ciência. Mas até que ponto? A questão está aí. E a resposta que se pode oferecer varia muito segundo os sociólogos. Direi somente que há muitas pessoas que se dizem e se creem sociólogos, e que admito ter alguma dificuldade em reconhecê-las como tais. Em todo caso, faz muito tempo que a sociologia saiu da pré-história, isto é, da idade das grandes teorias da filosofia social, com a qual os leigos frequentemente a identificam. Todos os sociólogos dignos desse nome concordam com um capital comum de conhecimentos adquiridos, conceitos, métodos e procedimentos de verificação. No entanto, por razões sociológicas evidentes – e, entre outras, porque amiúde desempenha o papel de disciplina refúgio –, a sociologia é uma disciplina muito *dispersa* (no sentido estatístico do termo) e isso a partir de diferentes pontos de vista. Isso explica por que a sociologia aparenta ser uma disciplina dividida, mais próxima da filosofia do que das outras ciências. Mas o problema não está aí: se somos tão minuciosos em relação à cientificidade da sociologia é porque ela incomoda.

P. Será que você não é levado a se fazer perguntas que se fazem objetivamente às outras ciências, embora os cientistas não tenham, concretamente, que se perguntá-las?

---

3. Entrevista com Pierre Thuillier. In: *La Recherche*, n. 112, jun./1980, p. 738-743.

– A sociologia tem o triste privilégio de ser incessantemente confrontada com a questão da sua cientificidade. Somos mil vezes menos exigentes para com a história ou a etnologia, sem falar da geografia, da filologia ou da arqueologia. Incessantemente interrogado, o sociólogo se interroga e interroga incessantemente. O que faz com que se acredite em um imperialismo sociológico: o que é esta ciência incipiente, balbuciante, que se permite submeter a exame as outras ciências! Estou pensando, é claro, na sociologia da ciência. De fato, a sociologia apenas coloca para as outras ciências questões que lhe são colocadas de maneira particularmente aguda. Se a sociologia é uma ciência crítica, é talvez porque ela mesma está em uma posição *crítica*. A sociologia é problemática, como se costuma dizer. Sabemos, por exemplo, que lhe foi imputado o Maio de 68. Contesta-se não somente a sua existência enquanto ciência, mas a sua própria existência. Neste momento, sobretudo, em que alguns, que infelizmente têm poder para tanto, trabalham para destruí-la. Ao mesmo tempo que reforçam, por todos os meios, a "sociologia" edificante, o Instituto Auguste Comte ou a Sciences Po. Isso em nome da ciência, e com a cumplicidade ativa de alguns "cientistas" (no sentido trivial do termo).

P. Por que a sociologia é particularmente problemática?

– Por quê? Porque ela revela coisas ocultas, e, às vezes, *reprimidas*, como a correlação entre o sucesso escolar, que é identificado com a "inteligência", e a origem social, ou melhor, o capital cultural herdado da família. Essas são verdades que os tecnocratas e os epistemocratas – isto é, bom número daqueles que leem a sociologia e a financiam – não gostam de ouvir. Outro exemplo: mostrar que o mundo científico é o lugar de uma concorrência orientada pela busca de ganhos específicos (prêmios, Nobel e outros, prioridade da descoberta, prestígio etc.) e realizada em nome de interesses específicos (i. é, irredutíveis aos interesses econômicos em sua forma ordinária e, portanto, percebida como "desinteressada"), é questionar uma hagiografia científica da qual frequentemente os cientistas participam, e da qual necessitam para acreditar no que fazem.

P. Está bem: a sociologia parece agressiva e incômoda. Mas por que o discurso sociológico tem que ser "científico"? Os jornalistas também fazem perguntas incômodas; mas eles não reivindicam ciência. Por que é decisivo que haja uma fronteira entre a sociologia e um jornalismo crítico?

– Porque há uma diferença objetiva. Não é uma questão de honra. Existem sistemas coerentes de hipóteses, conceitos, métodos de verificação, tudo o que geralmente atribui-se à ideia de ciência. Por conseguinte, por que não dizer que é uma ciência se é uma? Ainda mais que esta é uma questão muito importante: uma das formas de se livrar de verdades incômodas é dizer que não são científicas, o que equivale a dizer que são "políticas", isto é, suscitadas pelo "interesse" e pela "paixão", e, portanto, relativas e relativizáveis.

P. Se questionamos a sociologia acerca da sua cientificidade, não é também porque ela se desenvolveu com um certo atraso em relação às outras ciências?

– Sem dúvida. Mas isso deveria demonstrar que esse "atraso" se deve ao fato de a sociologia ser uma ciência especialmente difícil, especialmente improvável. Uma das maiores dificuldades reside no fato de os seus objetos serem questões de lutas; coisas que escondemos, que censuramos, pelas quais estamos prontos para morrer. Isto é verdadeiro para o próprio pesquisador, que está em jogo nos seus próprios objetos. E a dificuldade particular que existe em fazer sociologia se deve frequentemente ao fato de as pessoas terem medo do que vão encontrar. A sociologia, sem cessar, confronta aquele que a pratica a realidades difíceis; ela desencanta. É por isso que, ao contrário do que muitas vezes se acredita, tanto dentro quanto fora, ela não oferece nenhuma das satisfações que a adolescência frequentemente busca no engajamento político. Deste ponto de vista, ela se situa no extremo oposto das chamadas ciências "puras", que, como a arte, e especialmente a mais "pura" de todas, a música, são, sem dúvida, em certa medida, refúgios nos quais nós nos retiramos para esquecer do mundo, universos depurados de tudo o que é problemático, como a sexualidade ou a política. É por isso que as mentes formais ou formalistas geralmente fazem uma péssima sociologia.

P. Você mostra que a sociologia intervém em questões socialmente importantes. Isso coloca o problema da sua "neutralidade", da sua "objetividade". Será que o sociólogo pode permanecer acima da peleja, em uma posição de observador imparcial?

– O sociólogo tem por particularidade ter por objeto campos de luta: não somente o campo das lutas de classes, mas o campo das próprias lutas científicas. E o sociólogo ocupa uma posição nessas lutas, primeiro como detentor de certo capital, econômico e cultural, no campo das classes; em seguida, como pesquisador dotado de um certo capital específico no campo de produção cultural e, mais precisamente, no subcampo da sociologia. Isso ele deve sempre ter em mente para tentar dominar tudo o que a sua prática, o que ele vê e não vê, o que ele faz e não faz – por exemplo, os objetos que ele escolhe estudar –, deve à sua posição social. É por isso que a sociologia da sociologia não é, para mim, uma "especialidade" entre outras, mas uma das condições primeiras de uma sociologia científica. Parece-me, com efeito, que uma das principais causas de erro na sociologia resida em uma relação descontrolada com o objeto. Ou, mais precisamente, na ignorância de tudo o que a visão do objeto deve ao ponto de vista, isto é, à *posição* ocupada no espaço social e no campo científico.

Com efeito, as chances de contribuir para produzir a verdade me parecem depender de dois fatores principais, que estão ligados à posição ocupada: o interesse que se tem em conhecer e dar a conhecer a verdade (ou, inversamente, em escondê-la e esconder-se dela) e a capacidade que se tem de produzi-la. Conhecemos a palavra de Bachelard. "Só existe ciência do escondido". O sociólogo está tanto mais bem armado para descobrir esse escondido quanto esteja bem armado cientificamente e utilize melhor o capital de conceitos, métodos e técnicas acumulados pelos seus predecessores, Marx, Durkheim, Weber e muitos outros, e seja mais "crítico", que a intenção, consciente ou inconsciente, que o anima seja mais *subversiva*, e que ele tenha mais interesse em revelar o que está censurado, reprimido, no mundo social. E se a sociologia não avança mais rápido, como a ciência social em geral, é talvez, em parte, porque esses dois fatores tendem a variar na razão inversa.

Se o sociólogo consegue produzir o mínimo que seja de verdade, não é *bem porque* ele tenha interesse em produzir essa verdade, mas *porque* há interesse – o que é exatamente o inverso do discurso meio bestificante acerca da "neutralidade". Esse interesse pode consistir, como em qualquer outro lugar, no desejo de ser o primeiro a fazer uma descoberta e se apropriar de todos os direitos associados, ou na indignação moral, ou na revolta contra certas formas de dominação e contra aqueles que as defendem no seio do campo científico. Em suma, não há concepção imaculada; não haveria muitas verdades científicas se tivéssemos que condenar essa ou aquela descoberta (basta pensar na "dupla hélice") sob o pretexto de que as intenções ou os procedimentos dos descobridores não eram muito puros.

P. Mas no caso das ciências sociais, será que o "interesse", a "paixão" e o "compromisso" não podem levar à cegueira, dando assim razão aos defensores da "neutralidade"?

– De fato, e é isso que torna a sociologia particularmente difícil, esses "interesses", essas "paixões", nobres ou ignóbeis, só conduzem à verdade científica na medida em que são acompanhados por um conhecimento científico do que os determina, e dos *limites* que eles impõem ao conhecimento. Por exemplo, todos sabem que o ressentimento ligado ao fracasso só torna mais lúcido acerca do mundo social cegando acerca do próprio princípio dessa lucidez.

Mas isso não é tudo. Quanto mais avançada é uma ciência, mais o capital de saberes acumulados é importante e mais as estratégias de subversão e de crítica, quaisquer que sejam as suas "motivações", devem, para serem eficazes, mobilizar um saber importante. Na física, é difícil triunfar sobre um adversário apelando para o argumento de autoridade ou, como ainda acontece na sociologia, denunciando o conteúdo político de sua teoria. As armas da crítica devem ser científicas para serem eficazes.

Em sociologia, ao contrário, toda proposição que contradiga os preconceitos é exposta como suspeita de parcialidade ideológica, de tomada de partido político. Ela fere interesses sociais: os interesses dos dominantes que têm parte com o silêncio, e com o "bom-senso" (que diz que o que é deve ser, ou não pode ser de outra forma); os interesses dos porta-vozes, dos alto-falantes, que precisam de ideias simples e simplistas, de *slogans*. É por isso que lhe pedimos mil vezes mais provas (o que, de fato, é muito bom) do que aos porta-vozes do "bom-senso". E cada descoberta da ciência desencadeia um imenso trabalho de "crítica" retrógrada, que tem a seu favor toda a ordem social (os créditos, as posições, as honras, e, portanto, a crença) e que visa a recobrir o que havia sido descoberto.

P. Há pouco você citou na mesma peça Marx, Durkheim e Weber. Isso equivale a supor que as suas respectivas contribuições sejam cumulativas. Mas suas abordagens, na verdade, são diferentes. Como conceber que exista uma única ciência por detrás dessa diversidade?

– Só se pode fazer a ciência avançar, em mais de um caso, sob a condição de comunicar teorias opostas, que muitas vezes se constituíram umas contra as outras. Não se trata de operar a partir dessas falsas sínteses ecléticas que muito têm assolado a sociologia. Diga-se de passagem, a condenação do ecletismo tem frequentemente servido de álibi para a ignorância: é muito fácil e confortável fechar-se em uma tradição: o marxismo, infelizmente, cumpriu muito esta função de asseguração preguiçosa. A síntese só é possível à custa de um questionamento radical que conduza ao princípio do antagonismo aparente. Por exemplo, contra a regressão ordinária do marxismo ao economicismo, que só conhece a economia no sentido estrito da economia capitalista e que explica tudo pela economia assim definida, Max Weber estende a análise econômica (em sentido amplo) a terrenos geralmente abandonados pela economia, como a religião. Assim, ele caracteriza a Igreja, em uma fórmula magnífica, como detentora do monopólio da manipulação dos bens de salvação. Ele convida a um materialismo radical, que pesquisa os determinantes econômicos (no sentido mais amplo) em terrenos onde reina a ideologia do "desinteresse", como a arte ou a religião.

A mesma coisa com a noção de legitimidade. Marx rompe com a representação ordinária do mundo social mostrando que as relações "encantadas" – aquelas do paternalismo, por exemplo – escondem relações de poder. Weber parece contradizer radicalmente Marx: ele lembra que pertencer ao mundo social implica um grau de reconhecimento da legitimidade. Os professores – eis um belo exemplo de efeito posicional – retêm a diferença. Eles preferem se opor aos autores em vez de integrá-los. É mais cômodo para construir cursos claros: 1ª parte, Marx; 2ª parte, Weber; 3ª parte, eu mesmo... Ao passo que a lógica da pesquisa leva a superar a oposição, voltando à raiz comum. Marx evacuou de seu modelo a verdade subjetiva do mundo social contra a qual ele propôs a verdade objetiva deste mundo como relações de poder. Ora, se o mundo social fosse reduzido à sua verdade de relações de poder, se ele não fosse, em certa medida, reconhecido como legítimo, isso não funcionaria. A representação subjetiva do mundo social como legítima faz parte da verdade completa deste mundo.

P. Em outras palavras, você está tentando integrar em um mesmo sistema conceitual contribuições teóricas arbitrariamente separadas pela história ou pelo dogmatismo.

– Na maior parte do tempo, o obstáculo que impede os conceitos, os métodos ou as técnicas de comunicação não é lógico, mas sociológico. Aqueles que se identificaram com Marx (ou com Weber) não podem se apropriar do que lhes parece ser sua negação sem ter a impressão de se negarem a si mesmos, de se renegarem (não devemos esquecer que, para muitos, se dizer marxista nada mais é do que uma profissão de fé – ou um emblema totêmico). Isso também se aplica às relações entre "teóricos" e "empiristas", entre defensores da chamada pesquisa "fundamental" e da chamada pesquisa "aplicada". É por isso que a sociologia da ciência pode ter um efeito científico.

P. Será necessário compreender que uma sociologia conservadora está condenada a permanecer superficial?

– Os dominantes veem sempre com maus olhos o sociólogo, ou o intelectual que assume o seu lugar quando a disciplina ainda não está constituída ou não pode funcionar, como acontece hoje na URSS [sic]. Eles estão vinculados ao silêncio porque não encontram *nada para repetir* ao mundo que eles dominem e que, portanto, lhes pareça óbvio, "evidente". Isso quer dizer, mais uma vez, que o tipo de ciência social que se pode fazer depende da relação que se tem com o mundo social, e, portanto, da posição que se ocupa neste mundo.

Mais precisamente, essa relação com o mundo se traduz na *função* que o pesquisador atribui consciente ou inconscientemente à sua prática, e que comanda as suas estratégias de pesquisa: objetos escolhidos, métodos empregados etc. Pode-se dar a si mesmo como fim compreender o mundo social, no sentido de compreender por compreender. Pode-se, ao contrário, procurar técnicas que permitam manipulá-lo, colocando assim a sociologia a serviço da *gestão da ordem estabelecida*. Para deixar claro, um exemplo simples: a sociologia religiosa pode se identificar com uma pesquisa pastoral que tome por objeto os leigos, os determinantes sociais da prática ou da não prática, uma espécie de pesquisa de mercado que permita racionalizar as estratégias sacerdotais de venda dos "bens de salvação"; ela pode, ao contrário, escolher como objeto compreender o funcionamento do campo religioso, do qual os leigos são apenas um aspecto, concentrando-se, por exemplo, no funcionamento da Igreja, nas estratégias pelas quais ela se reproduz e perpetua seu poder – e entre as quais é preciso contar as enquetes sociológicas (originalmente conduzidas por um clérigo).

Uma boa parte daqueles que se dizem sociólogos ou economistas é de engenheiros sociais cuja função é fornecer receitas aos chefes das empresas privadas e das administrações. Eles oferecem uma racionalização do conhecimento prático, ou semiescolar, que os membros da classe dominante têm do mundo social. Os governantes precisam hoje de uma ciência capaz de *racionalizar*, no duplo sentido, a dominação; capaz de, ao mesmo tempo, fortalecer os mecanismos que a asseguram e legitimá-la. Naturalmente, esta ciência encontra os seus limites nas suas funções práticas: tanto entre os engenheiros sociais como entre os líderes da economia, ela nunca pode operar um questionamento radical. Por exemplo, a ciência do CEO da Companhia bancária, que é grande, bem superior, em certos aspectos, àquela de muitos sociólogos ou economistas, encontra seu limite no fato de que o seu único e *incontestável* propósito é a maximização dos ganhos dessa instituição. Exemplos dessa "ciência" parcial são a sociologia das organizações e a "ciência política", tal como ensinadas no Instituto Auguste Comte ou na Sciences Po, com seus instrumentos de predileção, como a sondagem.

P. Será que a distinção que você faz entre os teóricos e os engenheiros sociais não coloca a ciência na situação da arte pela arte?

– Absolutamente. Hoje em dia, entre as pessoas das quais depende a existência da sociologia, há que se perguntar, cada vez mais, para que serve a sociologia. De fato, quanto melhor a sociologia cumpre a sua função propriamente científica, mais chances ela tem de decepcionar ou de contrariar os poderes. Esta função não é de servir para alguma coisa, isto é, a alguém. Pedir à sociologia que sirva para alguma coisa é sempre uma maneira de lhe pedir que sirva ao poder. Ao passo que a sua função científica é compreender o mundo social, a começar pelo poder. Operação que não é socialmente neutra, e que, sem a menor sombra de dúvida, cumpre uma função social. Entre outras razões porque não há poder que não deva uma parte de sua eficácia – e não é das menores – ao desconhecimento dos mecanismos que o fundam.

P. Gostaria agora de abordar o problema das relações entre a sociologia e as ciências vizinhas. Você começa o seu livro sobre *La distinction* [A distinção] com esta frase: "Há poucos casos nos quais a sociologia se assemelhe tanto a uma psicanálise social quanto quando confronta um objeto como o gosto". Em seguida, vêm as tabelas estatísticas, os relatórios de pesquisas, mas também as análises do tipo "literário", como as que encontramos em Balzac, Zola ou Proust. Como esses dois aspectos se articulam?

– O livro é o produto de um esforço para integrar dois modos de conhecimento, a observação etnográfica, que só pode se apoiar sobre um pequeno número de casos, e a análise estatística, que permite estabelecer regularidades e situar os casos observados no universo dos casos existentes. É, por exemplo, a descrição contrastante de uma refeição popular e de uma refeição burguesa, reduzidas a seus traços relevantes. Do lado popular, temos a primazia declarada da *função*, que se encontra em todo consumo: queremos que a comida seja *substancial*, que ela "sustente o corpo", assim como pedimos a um esporte, como a musculação, por exemplo, que dê força (músculos aparentes). Do lado burguês, tem-se a primazia da *forma* ou das formas ("entrar em forma"), que implica uma espécie de censura e de repressão da função, uma estetização, que se encontrará por toda parte, tanto no erotismo como pornografia sublimada ou negada quanto na arte pura que se define precisamente pelo fato de privilegiar a forma em detrimento da função. De fato, as chamadas análises "qualitativas", ou pior, "literárias", são cruciais para se *compreender*, isto é, para se explicar completamente o que as estatísticas meramente constatam, semelhante nisso às estatísticas de pluviometria. Elas conduzem ao princípio de todas as práticas observadas, nos mais diferentes domínios.

P. Voltando à minha pergunta, quais são as suas relações com a psicologia, a psicologia social etc.?

A ciência social não cessou de tropeçar no problema do indivíduo e da sociedade. Na realidade, as divisões da ciência social em psicologia, psicologia social e sociologia, na minha opinião, se constituíram em torno de um erro inicial de definição. A evidência da *individuação biológica* impede de ver que a sociedade existe sob duas formas inseparáveis: de um lado as instituições que podem assumir a forma de coisas físicas, monumentos, livros, instrumentos etc.; de outro, as disposições adquiridas, as maneiras duradouras de ser ou de fazer que se incarnam nos corpos (e que chamo de *habitus*). O corpo socializado (o que chamamos de indivíduo ou pessoa) não se opõe à sociedade: ele é uma das suas formas de existência.

P. Em outros termos, a psicologia estaria presa entre a biologia de um lado (que fornece as invariáveis fundamentais) e a sociologia do outro, que estuda a maneira como essas invariáveis se desenvolvem. E que está, portanto, habilitada para tratar de tudo, até mesmo do que chamamos de vida privada, amizade, amor, vida sexual etc.

– Absolutamente. Contra a representação comum que consiste em associar sociologia e coletivo, é preciso lembrar que o coletivo está depositado *em cada indivíduo* sob a forma de disposições duráveis, como as estruturas mentais. Por exemplo, em *A distinção*, eu me esforço em estabelecer empiricamente a relação entre as classes sociais e os sistemas de classificação incorporados que, produzidos na história coletiva, são adquiridos na história individual, aqueles que aplicam o gosto, por exemplo (pesado/leve, quente/frio, brilhante/fosco etc.).

P. Mas então, o que é o biológico ou o psicológico para a sociologia?

– A sociologia toma o biológico e o psicológico como um dado. E ela se esforça para estabelecer como o mundo social o utiliza, o transforma e o transfigura. O fato de o homem ter um corpo, de esse corpo ser mortal, apresenta problemas difíceis para os grupos. Eu penso no livro de Kantorovitch, *Les deux corps du roi* [Os dois corpos do rei], onde o autor analisa os subterfúgios socialmente aprovados pelos quais conseguimos afirmar a existência de uma realeza transcendente em relação ao corpo real do rei, pelo qual chegam a imbecilidade, a doença, a fraqueza e a morte. "O rei morreu, viva o rei". Era preciso pensar nisso.

P. Você mesmo fala de descrições etnográficas...

– A distinção entre etnologia e sociologia é tipicamente uma falsa fronteira. Como tento demonstrar em meu último livro, *O senso prático*, é puro produto da história (colonial) que não tem nenhuma espécie de justificação lógica.

P. Mas será que não existem diferenças muito marcadas de atitudes? Na etnologia, tem-se a impressão de que o observador permanece exterior ao seu objeto, e de que ele registra, no limite, aparências cujo sentido ele não conhece. Ao passo que o sociólogo parece adotar o ponto de vista dos sujeitos que ele estuda.

– De fato, a relação de exterioridade que você descreve, que eu chamo de objetivista, é mais frequente na etnologia, sem dúvida porque corresponde à visão do *estrangeiro*. Mas certos etnólogos também jogaram o jogo (*o jogo duplo*) da participação nas representações indígenas: o etnólogo enfeitiçado ou místico. Poderíamos mesmo inverter sua proposta. Certos sociólogos, por trabalharem mais frequentemente por intermédio dos inquiridores e *nunca* terem contato direto com os respondentes, estão mais inclinados ao objetivismo do que os etnólogos (cuja primeira virtude profissional é a capacidade de estabelecer uma relação real com os respondentes). Ao que se junta a distância de classe, que não é menos poderosa do que a distância cultural. Portanto, provavelmente não há ciência mais desumana do que aquela que ocorreu do lado de Colúmbia, sob o domínio de Lazarsfeld, e onde a distância produzida pelo questionário e pelo inquiridor interposto é redobrada pelo formalismo de uma estatística cega. Aprende-se muito sobre uma ciência, sobre seus métodos, seus conteúdos, quando se faz, como a sociologia do trabalho, uma espécie de descrição de posição. Por exemplo, o sociólogo burocrático trata as pessoas que ele estuda como unidades estatísticas intercambiáveis, submetidas a questões fechadas e idênticas para todos. Ao passo que o informante do etnólogo é um personagem eminente, longamente frequentado, com quem temos entrevistas aprofundadas.

P. Você então se opõe à abordagem "objetivista", que substitui o modelo pela realidade; mas também a Michelet, que a queria ressuscitar, ou a Sartre, que quer apreender significados por meio de uma fenomenologia que lhe parece arbitrária?

– Exatamente. Por exemplo, dado que uma das funções dos rituais sociais é dispensar os agentes de tudo o que pomos sob a palavra "vivido", nada mais perigoso do que pôr "vivido" onde não existe, por exemplo, nas práticas rituais. A ideia de que não existe nada mais generoso do que projetar seu "vivido" na consciência de um "primitivo", de uma "bruxa" ou de um "proletário" sempre me pareceu etnocêntrica. O melhor que o sociólogo pode fazer é objetivar os efeitos inevitáveis das técnicas de objetivação que ele é obrigado a empregar, escrita, diagramas, planos, mapas, modelos etc. Por exemplo, em Le sens pratique [O senso prático], tento mostrar que, não tendo apreendido os efeitos da situação de observador e das técnicas que empregam para apreender seu objeto, os etnólogos constituíram o "primitivo" como tal porque não souberam reconhecer nele o que eles mesmos são tão logo cessam de pensar cientificamente, isto é, na prática. As chamadas lógicas "primitivas" são tão simplesmente lógicas práticas, como aquela que pomos em prática para julgar um quadro ou um quarteto.

P. Mas será que não podemos, ao mesmo tempo, encontrar a lógica de tudo isso e preservar a "experiência"?

– Existe uma verdade objetiva do subjetivo, mesmo quando contradiz a verdade objetiva que se deve construir contra ela. A ilusão não é, enquanto tal, ilusória. Seria trair a objetividade agir como se os sujeitos sociais não tivessem representação, nem experiência das realidades que a ciência constrói, como, por exemplo, as classes sociais. É preciso, portanto, alcançar uma objetividade mais elevada, que dê lugar a essa subjetividade. Os agentes têm uma "experiência vivida" que não é a verdade completa do que fazem e que, no entanto, faz parte da verdade de sua prática. Tomemos como exemplo um presidente que declare: "Está encerrada a sessão" ou um padre que diga: "Eu te batizo". Por que essa linguagem tem poder? Não são as palavras que agem, por uma espécie de poder mágico. Acontece que, em dadas condições sociais, certas palavras têm força. Eles tiram sua força de uma instituição que tem sua lógica própria, os títulos, o arminho e a toga, o púlpito, o verbo ritual, a crença dos participantes etc. A sociologia nos lembra que não é a palavra que age, nem a pessoa, intercambiável, que a pronuncia, mas a instituição. Ela mostra as condições objetivas que devem ser atendidas para que se exerça a eficácia dessa ou daquela prática social. Mas ela não pode parar por aí. Ela não deve se esquecer de que, para que isso funcione, é preciso que o ator acredite que ele está no princípio da eficácia da sua ação. Há sistemas que dependem inteiramente da crença para funcionar, e não existe nenhum sistema – nem mesmo a economia – que, em alguma medida, não dependa da crença para poder funcionar.

P. Do ponto de vista da ciência propriamente dita, compreendo perfeitamente a sua abordagem. Mas o resultado é que você desvaloriza o "vivido" das pessoas. Em nome da ciência, você corre o risco de privar as pessoas de suas razões de viver. O que lhe dá o direito (por assim dizer) de privá-las de suas ilusões?

– Também me acontece de me perguntar se o universo social completamente transparente e desencantado que produziria uma ciência social plenamente desenvolvida (e amplamente difundida, se isso for possível) não seria inabitável. Acredito, no entanto, que as relações sociais seriam muito menos infelizes se as pessoas pelo menos dominassem os mecanismos que as determinam a contribuir para a sua própria miséria. Mas talvez a única função da sociologia seja demonstrar, tanto por suas lacunas visíveis quanto por suas conquistas, os limites do conhecimento do mundo social e assim tornar difíceis todas as formas de profetismo, a começar certamente pelo profetismo que alega ser ciência.

P. Passemos agora as relações com a economia, e, em particular, com certas análises neoclássicas, como aquelas da Escola de Chicago. De fato, o confronto é interessante porque nos permite ver como duas ciências diferentes constroem os mesmos objetos, a fecundidade, o casamento e, especialmente, o investimento escolar.

– Seria um grande debate. O que pode ser enganador é que, assim como os economistas neomarginalistas, eu ponho no princípio de todas as condutas sociais uma forma específica de interesse e de investimento. Mas só as *palavras* são comuns. O interesse de que falo não tem nada a ver com o autointeresse de Adam Smith, interesse anistórico, natural e universal, que é, de fato, apenas a universalização inconsciente do autointeresse que engendra e supõe a economia capitalista. E não é por acaso que, para sair desse naturalismo, os economistas devem apelar para a sociobiologia, como Gary Becker em um artigo intitulado *Altruism, egoism and genetic fitness* [Altruísmo, egoísmo e aptidão genética]: o "interesse próprio", mas também "o altruísmo em relação aos descendentes" e outras disposições duráveis encontrariam sua explicação na seleção, ao longo do tempo, dos traços mais adaptativos.

De fato, quando digo que há uma forma de interesse ou de função no princípio de toda instituição e de toda prática, estou apenas afirmando o *princípio da razão suficiente*, que está implicado no próprio projeto de *dar razão* e que é constitutivo da própria ciência: este princípio quer, com efeito, que haja uma causa ou uma razão que permita explicar ou compreender por que tal prática ou tal instituição *é* ao invés de não ser, e por que é assim ao invés de ser de qualquer outra forma. Esse interesse ou essa função nada tem de natural e universal, ao contrário do que acreditam os economistas neoclássicos, cujo *homo economicus* é apenas a universalização do *homo capitalisticus*. A etnologia e a história comparada mostram que a magia propriamente social da instituição pode constituir quase tudo como interesse e como interesse realista, isto é, como *investimento* (no sentido da economia, mas também da psicanálise) objetivamente retornado, a mais ou menos longo prazo, por uma *economia*. Por exemplo, a economia da honra produz e recompensa disposições econômicas e práticas aparentemente ruinosas – porquanto são "desinteressadas" – e, portanto, absurdas, do ponto de vista da ciência econômica dos economistas. E, no entanto, as condutas mais tolas do ponto de vista da razão econômica capitalista têm por princípio uma forma de interesse bem-compreendida (p. ex., o interesse que há em "estar acima de qualquer suspeita"), e podem, portanto, ser objeto de uma ciência econômica. O investimento é a inclinação a agir que se engendra na relação entre um espaço de jogo propondo certas apostas (o que eu chamo de campo) e um sistema de disposições ajustado a esse jogo (o que eu chamo de *habitus*), senso do jogo e dos desafios que implicam tanto a inclinação quanto a aptidão a jogar o jogo, a se *interessar* pelo jogo, de se envolver no jogo. Basta pensar no que é, nas nossas sociedades, o investimento escolar, que encontra seu limite nas classes preparatórias para as grandes escolas, para saber que a instituição é capaz de produzir o investimento e, neste caso, o excesso de investimento, que é a condição para o funcionamento da instituição. Mas se o mostraria igualmente bem a propósito de qualquer forma de sagrado: a experiência do sagrado supõe inseparavelmente a disposição adquirida que faz os objetos sagrados existirem como tais e os objetos que exigem objetivamente a abordagem sacralizante (isso vale para a arte nas nossas sociedades). Em outras palavras, o investimento é o efeito histórico do acordo entre duas realizações do social: nas coisas, pela instituição, e nos corpos, pela incorporação.

P. Será que esse tipo de antropologia geral que você propõe não é uma maneira de realizar a ambição filosófica do sistema, mas com os meios da ciência?

– Não se trata de permanecer eternamente no discurso total sobre a totalidade que a filosofia social praticava e que, ainda hoje, é moeda corrente, especialmente na França, onde as tomadas de posição proféticas ainda encontram um mercado protegido. Mas acredito que, para se conformar a uma representação mutilada da cientificidade, os sociólogos passaram a uma especialização prematura. Não se findaria de enumerar os casos nos quais as divisões artificiais do objeto, na maioria das vezes segundo cortes realistas, impostas pelas fronteiras administrativas ou políticas, são o maior obstáculo à compreensão científica. Para falar apenas do que eu conheço bem, citarei, por exemplo, a separação da sociologia da cultura e da sociologia da educação; ou da economia da educação e da sociologia da educação. Eu também acredito que a ciência do homem envolva inevitavelmente teorias antropológicas; que ela não possa realmente progredir, a menos que torne explícitas essas teorias nas quais os pesquisadores sempre se empenham praticamente e que, na maioria das vezes, são apenas a projeção transfigurada de sua relação com o mundo social[4].

---

4. Outros desenvolvimentos podem ser encontrados em: BOURDIEU, P. Le champ scientifique [O campo científico]. In: *Actes de la Recherche en Sciences Sociales*, 2-3, jun./1976, p. 88-104. • Le langage autorisé – Note sur les conditions de l'efficacité sociale du discours rituel [A linguagem autorizada – Nota sobre as condições da eficácia social do discurso ritual]. In: *Actes de la Recherche en Sciences Sociales*, 5-6, 1975, p. 183-190. • Le mort saisit le vif – Les relations entre l'histoire réifiée et l'histoire incorporée [O morto dota o vivo – As relações entre a história reificada e a história incorporada]. In: *Actes de la Recherche en Sciences Sociales*, 32-33, abr.-jun./1980, p. 3-14.

O sociólogo em questão[5]

P. Por que você emprega um jargão particular e particularmente difícil, que muitas vezes torna o seu discurso inacessível ao leigo? Será que não há uma contradição em denunciar o monopólio que os cientistas outorgam a si próprios e restaurá-lo no discurso que o denuncia?

– Muitas vezes basta deixar a linguagem ordinária falar, abandonar-se ao *laissez-faire* linguístico, para aceitar inadvertidamente uma filosofia social. O dicionário está cheio de uma mitologia política (penso, p. ex., em todos os pares de adjetivos: brilhante-sério, alto-baixo, raro-comum etc.). Os amigos do "senso comum", que estão na linguagem ordinária como peixes na água e que, em matéria de linguagem como em outras matérias, têm as estruturas objetivas para eles, podem (quase eufemisticamente) falar uma linguagem clara como água da rocha e eliminar o jargão. Ao contrário, as ciências sociais devem conquistar tudo o que elas dizem contra os preconceitos que a linguagem ordinária veicula, e dizer o que elas conquistaram em uma linguagem que está predisposta a dizer outra coisa totalmente diferente. Quebrar os automatismos verbais não é criar artificialmente uma diferença distinta que distancie o leigo; é romper com a filosofia social que está inscrita no discurso espontâneo. Trocar uma palavra por outra é frequentemente operar uma mudança epistemológica decisiva (que, aliás, corre o risco de passar despercebida).

---

5. Estas questões são aquelas que me pareceram as mais importantes dentre aquelas que me foram mais frequentemente perguntadas durante várias discussões que tive recentemente em Paris (na École Polytechnique), em Lyon (na Universidade Popular), em Grenoble (na Faculdade de Letras), em Troyes (no Instituto Universitário de Tecnologia) e em Angers (na Faculdade de Letras).

Mas não se trata de escapar dos automatismos do senso comum para cair nos automatismos da linguagem crítica, com todas as palavras que funcionaram em demasia como *slogans* ou palavras de ordem, todos os enunciados que servem não para enunciar o real, mas para tapar os buracos do conhecimento (é frequentemente a função dos conceitos, com letra maiúscula, e das proposições que introduzem, e que, amiúde, não passam de profissões de fé, às quais o crente reconhece o crente). Penso nesse "marxismo básico", como diz Jean-Claude Passeron, que floresceu nos últimos anos na França: essa linguagem automática, que funciona sozinha, mas no vazio, permite falar de tudo para a economia, com um número muito pequeno de conceitos simples, mas sem pensar muito. O simples fato da conceituação frequentemente exerce um efeito de neutralização, ou até mesmo de negação.

A linguagem sociológica não pode ser nem "neutra" nem "clara". A palavra de classe nunca será uma palavra neutra enquanto houver classes: a questão da existência ou da não existência das classes é uma questão de luta entre as classes. O trabalho de escrita que é necessário para alcançar um uso rigoroso e controlado da linguagem raramente conduz ao que se chama de clareza, ou seja, o reforço das evidências do senso comum ou das certezas do fanatismo.

Em oposição a uma pesquisa literária, a pesquisa rigorosa leva quase sempre a sacrificar a bela fórmula, que deve sua força e clareza ao fato de simplificar ou falsificar, a uma expressão mais ingrata, mais pesada, mas mais exata, mais controlada. Assim, a dificuldade do estilo muitas vezes provém de todas as nuanças, todas as correções, todas as advertências, sem falar dos lembretes de definições, de princípios, que são necessários para que o discurso carregue em si mesmo todas as defesas possíveis contra os desvios e as malversações. A atenção a esses *sinais críticos* é, sem dúvida, diretamente proporcional à vigilância, e, portanto, à competência do leitor – o que faz com que as advertências sejam tão mais bem percebidas por um leitor quanto mais lhe sejam inúteis. Pode-se, no entanto, esperar que elas desencorajem o verbalismo e a ecolalia.

Mas a necessidade de recorrer a uma *linguagem artificial* se impõe talvez à sociologia mais fortemente do que a qualquer outra ciência. Para romper com a filosofia social que assombra as palavras usuais e também para exprimir coisas que a linguagem ordinária não pode exprimir (p. ex., tudo o que se situa na ordem do que é óbvio), o sociólogo deve recorrer a palavras forjadas – e, por conseguinte, protegidas, pelo menos relativamente, contra as projeções ingênuas do senso comum. Estas palavras são tão mais bem defendidas contra o desvio quanto a sua "natureza linguística" as predisponha a resistir às leituras apressadas (este é o caso do *habitus*, que evoca o adquirido, ou mesmo a propriedade, o capital) e, sobretudo, talvez sejam inseridos, envolvidos em uma rede de relações impondo as suas limitações lógicas; por exemplo, a alodoxia, que diz algo difícil de dizer ou mesmo de pensar em poucas palavras – o fato de tomar uma coisa por outra, de acreditar que uma coisa seja diferente do que é etc. – é pega na rede de palavras de mesma raiz, *doxa*, doxósofo, ortodoxia, heterodoxia, paradoxo.

Dito isso, a dificuldade da transmissão dos produtos da pesquisa sociológica se deve muito menos do que se acredita à dificuldade da linguagem. Uma primeira causa de incompreensão reside no fato de os leitores, mesmo os mais "cultos", terem apenas uma ideia muito grosseira das condições de produção do discurso de que tentam se apropriar. Por exemplo, há uma leitura "filosófica" ou "teórica" dos trabalhos de ciências sociais que consiste em reter as "teses", as "conclusões" independentemente da abordagem da qual elas são o produto (ou seja, concretamente, em "saltar" as análises empíricas, as tabelas estatísticas, as indicações de método etc.). Ler assim é ler outro livro. Quando eu "condenso" a oposição entre as classes populares e a classe dominante na oposição entre a primazia dada à substância (ou à função) e a primazia dada à forma, entende-se um topo filosófico, enquanto deve-se ter em mente que uns comem feijão e outros salada, que as diferenças de consumo, nulas ou fracas para as roupas *de baixo*, são muito fortes para as roupas *de cima* etc. É verdade que as minhas análises são o produto da aplicação de esquemas muito abstratos a coisas muito concretas, estatísticas de consumo de pijamas, calcinhas ou calças. Ler as estatísticas de pijamas pensando em Kant não é nada fácil... Toda aprendizagem escolar tende a impedir de pensar em Kant em relação a pijamas ou impedir de pensar em pijamas lendo Marx (digo Marx porque Kant você concordará facilmente demais comigo, embora, a esse respeito, seja a mesma coisa).

Ao que se acrescenta o fato de que muitos leitores ignoram ou recusam os princípios mesmos do modo de pensar sociológico, como a vontade de "explicar o social pelo social", segundo a palavra de Durkheim, que é frequentemente percebida como uma ambição imperialista. Mas, mais simplesmente, a ignorância da estatística ou, melhor, a falta de habituação ao modo de pensar estatístico, levam a confundir o provável (p. ex., a relação entre a origem social e o sucesso escolar) com o certo, o necessário. Donde toda sorte de acusações absurdas, como a acusação de fatalismo, ou objeções impertinentes, como o fracasso de uma parte das crianças da classe dominante que é, ao contrário, um elemento capital do modo de reprodução estatístico (um "sociólogo", membro do instituto, envidou muita energia para demonstrar que nem todos os filhos da Politécnica se tornaram politécnicos!).

Mas a principal fonte de incompreensão reside no fato de que, normalmente, quase nunca se fala do mundo social para dizer o que é e quase sempre para dizer o que deveria ser. O discurso sobre o mundo social é quase sempre performativo: ele encerra desejos, exortações, censuras, ordens etc. Segue-se que o discurso do sociólogo, embora ele se esforce por ser constativo, tem todas as chances de ser recebido como performativo. Se eu disser que as mulheres são menos propensas do que os homens a responder às perguntas de pesquisas de opinião – e tanto menos quanto mais a pergunta seja "política" –, sempre haverá alguém para me censurar por excluir as mulheres da política. Porque, quando eu digo o que é, nós ouvimos: *e é bom que seja assim*. Da mesma forma, descrever a classe operária como ela é, é ser suspeito de querer encerrá-la no que ela é como em um destino, de querer *arrebentá-la* ou de querer *exaltá-la*. Assim, a constatação de que, na maior parte do tempo, os homens (e, sobretudo, as mulheres) das classes mais desprovidas culturalmente delegam suas escolhas políticas ao partido de sua preferência e, neste caso, ao Partido Comunista, foi compreendida como uma exortação à entrega de si mesmo ao Partido. De fato, na vida cotidiana, uma refeição popular só é descrita para maravilhar-se dela ou repugná-la; jamais para compreender a sua lógica, dar razão a ela, compreendê-la, isto é, dar-se os meios de *tomá-la como ela é*. Os leitores leem a sociologia com os óculos de seu *habitus*. E alguns encontrarão um reforço de seu racismo de classe na mesma descrição realista que outros suspeitarão ser inspirada pelo desprezo de classe.

Eis o princípio de um *mal-entendido estrutural* na comunicação entre o sociólogo e seu leitor.

P. Você não acha que, dada a maneira como se expressa, você só pode ter intelectuais como leitores? Não é este um limite para a eficácia do seu trabalho?

– O infortúnio do sociólogo é que, na maior parte do tempo, as pessoas que têm os meios técnicos para se apropriar do que ele diz não têm nenhuma vontade de fazê-lo, nenhum *interesse* em fazê-lo, e têm mesmo poderosos interesses em recusá-lo (o que, aliás, faz com que pessoas muito competentes possam revelar-se completamente indigentes diante da sociologia), ao passo que aquelas que teriam interesse em se apropriar do que o sociólogo diz não possuem os instrumentos de apropriação (cultura teórica etc.). O discurso sociológico suscita *resistências* que são bastante análogas em sua lógica e suas manifestações àquelas encontradas pelo discurso psicanalítico. As pessoas que leem que há uma correlação muito forte entre o nível de instrução e a frequentação de museus têm todas as chances de frequentarem museus, de serem amantes da arte, dispostos a morrer por amor à arte, de viverem seu encontro com a arte como um amor puro, nascido de uma paixão, e de oporem inumeráveis sistemas de defesa à objetivação científica.

Em suma, as leis da difusão do discurso científico fazem com que, apesar da existência de transmissores e mediadores, a verdade científica tenha todas as chances de atingir quem esteja menos disposto a aceitá-la, e muito pouca chance de alcançar aqueles que mais teriam interesse em recebê-la. No entanto, pode-se pensar que bastaria fornecer a estes últimos uma linguagem na qual se reconhecessem ou, melhor, na qual se sentissem *reconhecidos*, isto é, aceitos, justificados por existirem da maneira como existem (o que toda boa sociologia necessariamente lhes oferece, ciência que, enquanto tal, *dá razão*) para se provocar uma transformação da sua relação com o que são.

O que deveria ser *divulgado*, disseminado, é o olhar científico, esse olhar ao mesmo tempo objetivante e compreensivo, que, voltado para si, permite assumir-se e até mesmo, se posso dizer, reivindicar-se, reivindicar o direito de ser o que se é. Penso em *slogans* como *Black is beautiful* dos negros americanos e na reivindicação do direito ao *Natural look*, à aparência "natural", das feministas. Acusaram-me de por vezes empregar uma linguagem pejorativa para falar de todos aqueles que impõem novas necessidades e de sacrificar assim a uma imagem do homem que remete ao "homem natural", mas em uma versão socializada. De fato, não se trata de encerrar os agentes sociais em um "ser social original" tratado como um destino, uma natureza, mas oferecer-lhes a *possibilidade* de assumir seu *habitus* sem culpa nem sofrimento. Isto é claramente visto no domínio da cultura, onde a miséria provém amiúde de uma expropriação que não é capaz de se assumir. O que se trai, sem dúvida, na minha maneira de falar de todos os esteticistas, nutricionistas, conselheiros matrimoniais e outros vendedores de necessidades é a indignação contra esta forma de exploração da miséria que consiste em impor padrões impossíveis para depois vender meios – quase sempre ineficazes – de preencher a lacuna entre esses padrões e as possibilidades reais de realizá-los.

Nesse terreno, que é completamente ignorado pela análise política, embora seja o lugar de uma ação objetivamente política, os dominados são abandonados às suas únicas armas; eles são absolutamente desprovidos de armas de defesa coletivas para confrontar os dominantes e seus psicanalistas do pobre. Ora, seria fácil demonstrar que a dominação política mais tipicamente política passa também por essas vias: por exemplo, em *A distinção*, eu queria abrir o capítulo sobre as relações entre a cultura e a política com uma fotografia, que eu não coloquei, afinal, temendo que ela fosse mal lida, onde se via Maire e Séguy sentados em uma cadeira Luís XV, de frente para Giscard, ele próprio sentado em um canapé Luís XV. Esta imagem designava, da maneira mais evidente, através das maneiras de sentar, de dispor as mãos, enfim, de todo o estilo corporal, aquele dos participantes que tem para si a cultura, isto é, o mobiliário, a decoração, as cadeiras Luís XV, mas também as maneiras de a usar, de se portar, aquele que é o possuidor desta cultura objetivada e aqueles que são possuídos por essa cultura, em nome dessa cultura. Se, diante do patrão, o sindicalista se sente, no fundo, "nos seus sapatinhos", como se costuma dizer, é em parte pelo menos porque ele só dispõe de instrumentos de análise, de autoanálise, gerais demais e abstratos demais, que não lhe dão nenhuma possibilidade de pensar e de controlar sua relação com a linguagem e com o corpo. E este estado de abandono em que o deixam as teorias e as análises disponíveis é particularmente grave – embora o estado de abandono em que se encontra sua mulher, na sua cozinha de casa popular, perante o palavreado das treinadoras da RTL ou da Europa, não seja sem importância – porque muita gente vai falar por ele, e é pela sua boca, pelo seu corpo, que vai passar a palavra de todo um grupo, e suas reações assim generalizadas poderão ter sido determinadas, sem que ele o saiba, pelo seu horror das patricinhas e mauricinhos de cabelos compridos ou dos intelectuais de óculos.

P. Será que a sua sociologia não implica uma visão determinista do homem? Qual parte é deixada para a liberdade humana?

– Como toda ciência, a sociologia aceita o princípio do determinismo entendido como uma forma do princípio da razão suficiente. A ciência que deve *dar razoes* acerca do que é, postula por isso mesmo que nada é sem razão de ser. O sociólogo acrescenta *social*: sem razão de ser propriamente social. Perante uma distribuição estatística, ele postula que existe um fator social que explica essa distribuição, e se, tendo-o encontrado, houver um resíduo, ele postula a existência de outro fator social, e assim por diante. (Isso é o que às vezes faz com que se acredite em um imperialismo sociológico: de fato, é justo, e toda ciência deve explicar, com seus próprios meios, o maior número de coisas possíveis, inclusive coisas que sejam aparentemente ou realmente explicadas por outras ciências. É nessa condição que ela pode fazer para outras ciências – e para si mesma – verdadeiras perguntas, e destruir explicações aparentes ou colocar claramente o problema da sobredeterminação.

Dito isso, muitas vezes se confunde, sob a palavra determinismo, duas coisas muito diferentes: a necessidade objetiva, inscrita nas coisas, e a necessidade "vivida", aparente, subjetiva, o *sentimento* de necessidade ou de liberdade. O grau em que o mundo social nos *parece* determinado depende do conhecimento que temos dele. Ao contrário, o grau em que o mundo é *realmente* determinado não é uma questão de opinião; enquanto sociólogo, eu não preciso ser "a favor do determinismo" ou "a favor da liberdade", mas descobrir a necessidade, se ela existir, lá onde ela se encontre. Do fato de que todo progresso no conhecimento das leis do mundo social aumenta o grau de necessidade percebida, é natural que a ciência social tanto mais atraia a culpa pelo "determinismo" quanto mais avançada ela for.

Mas, ao contrário das aparências, é elevando o grau de necessidade percebida, e fornecendo um melhor conhecimento das leis do mundo social, que a ciência social oferece mais liberdade. Todo progresso no conhecimento da necessidade é um progresso na liberdade *possível*. Enquanto a ignorância da necessidade encerra uma forma de reconhecimento da necessidade, e sem dúvida o mais absoluto, o mais total, porquanto ela se ignora como tal, o conhecimento da necessidade não implica em nada a necessidade desse reconhecimento. Ao contrário, ela revela a possibilidade de escolha que está inscrita em toda relação do tipo *se* tivermos isso, *então* teremos aquilo: a liberdade que consiste em escolher aceitar o *se* ou recusá-lo é desprovida de sentido enquanto ignorarmos a relação que o une a um *então*. A revelação de leis que supõem o *laisser-faire* (i. é, a aceitação inconsciente das condições de realização dos efeitos previstos) amplia o domínio da liberdade. Uma lei ignorada é uma natureza, um destino (este é o caso da relação entre o capital cultural herdado e o sucesso escolar); uma lei conhecida aparece como a possibilidade de uma liberdade.

P. Não é perigoso falar de lei?

– Sim, sem nenhuma dúvida. E evito ao máximo possível fazê-lo. Aqueles que têm interesse no *laisser-faire* (i. é, em que não se modifique o *se*) veem a "lei" (quando a veem) como um destino, uma fatalidade inscrita na natureza social (estas são, p. ex., as leis de ferro das oligarquias dos neomaquiavélicos, Michels ou Mosca). De fato, a lei social é uma lei histórica, que se perpetua enquanto se lhe permita jogar, isto é, enquanto aqueles que ela serve (por vezes sem que o saibam) forem capazes de perpetuar as condições de sua eficácia.

O que precisamos nos perguntar é o que fazemos quando enunciamos uma lei social até então ignorada (p. ex., a lei da transmissão do capital cultural). Pode-se pretender fixar uma lei eterna, como o fazem os sociólogos conservadores a respeito da tendência à concentração do poder. Na realidade, a ciência deve saber que ela apenas registra, na forma de leis tendenciais, a lógica que é característica *de um certo jogo, de um certo momento*, e que joga a favor daqueles que, dominando o jogo, são capazes de definir de fato ou de direito as regras do jogo.

Dito isso, assim que a lei é enunciada, ela pode tornar-se uma questão de lutas: luta para conservar, conservando-se as condições de funcionamento da lei; lutar para transformar, alterando-se essas condições. A revelação das leis tendenciais é a condição para o sucesso das ações visando a desmenti-las. Os dominantes estão parcialmente ligados à lei, e, portanto, a uma interpretação fisicalista da lei, que a faz retornar ao estado de mecanismo infraconsciente. Ao contrário, os dominados estão ligados à descoberta da lei enquanto tal, isto é, enquanto lei histórica, que pode ser abolida se vierem a ser abolidas as condições de seu funcionamento. O conhecimento da lei lhes dá uma chance, uma possibilidade de contrariar os efeitos da lei, possibilidade que não existe enquanto a lei for desconhecida, e enquanto ela se exercer à revelia daqueles que a sofrem. Em suma, da mesma maneira como desnaturaliza, a sociologia desfataliza.

P. Será que um conhecimento cada vez maior do social não é susceptível de desencorajar qualquer ação política de transformação do mundo social?

– O conhecimento do mais provável é o que torna possível, em função de outros fins, a realização do menos provável. É jogando conscientemente com a lógica do mundo social que podemos fazer advirem os possíveis que não parecem inscritos nessa lógica.

A ação política verdadeira consiste em se servir do conhecimento do provável para reforçar as chances do possível. Ela se opõe ao utopismo, que, como a *magia*, finge agir sobre o mundo pelo discurso performativo. É próprio da ação política exprimir e explorar, muitas vezes mais inconscientemente do que conscientemente, as potencialidades inscritas no mundo social, em suas contradições ou em suas tendências imanentes. O sociólogo – é o que às vezes faz deplorar a ausência do político em seus discursos – descreve as condições com as quais a ação política deve contar e das quais dependerá o seu sucesso ou o seu fracasso (p. ex., hoje em dia, o desencanto coletivo dos jovens). Ele assim adverte contra o erro que leva a tomar o efeito pela causa e a tomar por efeitos da ação política as condições históricas de sua eficácia. Isso sem ignorar o efeito que a ação política pode exercer quando acompanha e intensifica, pelo fato de expressá-las e orquestrar sua manifestação, disposições que ela não produz e que preexistem a ela.

P. Eu tenho uma certa inquietude em relação às consequências que provavelmente alguém poderia tirar se o entendesse mal, da natureza da opinião tal como você nos mostrou. Será que esta análise não é susceptível de ter um efeito desmobilizador?

– Serei um pouco mais preciso. A sociologia revela que a ideia de opinião pessoal (como a ideia de gosto pessoal) é uma ilusão. Conclui-se que a sociologia é redutora, que ela desencanta, que, ao remover das pessoas toda a ilusão, ela as desmobiliza.

Quereríamos dizer que só podemos mobilizar com base em ilusões? Se for verdade que a própria ideia de opinião pessoal seja socialmente determinada, que ela seja um produto da história reproduzida pela educação, que nossas opiniões sejam determinadas, é melhor sabê-lo; e se tivermos alguma chance de termos opiniões pessoais, talvez seja com a condição de sabermos que as nossas opiniões não são tais espontaneamente.

P. A sociologia é, ao mesmo tempo, uma atividade acadêmica e uma atividade crítica, até mesmo política. Será que isto não é uma contradição?

– A sociologia tal como a conhecemos nasceu, pelo menos no caso da França, de uma contradição ou de um mal-entendido. Durkheim é aquele que fez tudo o que era necessário para tornar a sociologia uma ciência universitariamente reconhecida. Quando uma atividade é constituída como disciplina universitária, a questão de sua função e da função daqueles que a praticam não mais se coloca: basta pensar nos arqueólogos, filólogos, historiadores da Idade Média, da China ou da filosofia clássica, aos quais nunca se pergunta para que eles servem, para que serve o que eles fazem, para quem eles trabalham, quem precisa do que eles fazem. Ninguém os questiona, e eles se sentem, portanto, perfeitamente justificados para fazerem o que fazem. A sociologia não tem tanta sorte... Quanto mais nos questionamos acerca da sua razão de ser, mais ela se afasta da definição da prática científica que os fundadores tiveram que aceitar e impor, aquela de uma ciência pura, tão pura quanto as mais puras, as mais "inúteis", as mais "gratuitas" das ciências acadêmicas – a papirologia ou os estudos homéricos –, aquelas que os regimes mais repressivos deixam sobreviver e onde se refugiam os especialistas das ciências "quentes". Sabemos de todo o trabalho que Durkheim deve ter feito para dar à sociologia esse ritmo "puro" e puramente científico, isto é, "neutro", sem histórias: empréstimos ostensivos às ciências da natureza, multiplicação de sinais da ruptura com as funções externas e a política, como a definição prévia etc.

Em outras palavras, a sociologia é, desde a origem, na sua origem mesma, uma ciência ambígua, dupla e mascarada; que teve que desaparecer, negar-se, renegar-se como ciência *política* para ser aceita como ciência universitária. Não é por acaso que a etnologia coloca muito menos problemas do que a sociologia.

Mas a sociologia também pode usar de sua autonomia para produzir uma verdade que ninguém – dentre aqueles capazes de comandá-la ou encomendá-la – lhe pede. Ela pode encontrar em um bom uso da autonomia institucional que o *status* de disciplina universitária lhe assegura as condições de uma autonomia epistemológica e tentar oferecer o que *ninguém* verdadeiramente lhe pede, isto é, a verdade sobre o mundo social. Compreende-se que esta ciência sociologicamente impossível, capaz de desvendar o que deveria permanecer oculto sociologicamente, só poderia nascer de um engano acerca dos fins, e que quem queira praticar a sociologia como ciência deve sem cessar reproduzir essa fraude original. *Larvatus prodeo*.

A sociologia verdadeiramente científica é uma prática social que, sociologicamente, não deveria existir. A melhor prova disso é o fato de que, assim que a ciência social se recusa a deixar-se prender na alternativa prevista, aquela da ciência pura, capaz de analisar cientificamente objetos sem importância social, ou da falsa ciência, domesticando ou adaptando a ordem estabelecida, ela está ameaçada em sua existência social.

P. Será que a sociologia científica não pode contar com a solidariedade das outras ciências?

– Sim, seguramente. Mas a sociologia, o último advento da ciência, é uma ciência crítica, de si mesma e das outras ciências; crítica também dos poderes, inclusive dos poderes da ciência. A ciência que trabalha para conhecer as leis de produção da ciência, fornece não meios de dominação, mas talvez meios de dominar a dominação.

P. A sociologia não procura responder cientificamente aos problemas tradicionais da filosofia e, em certa medida, ocultá-los por uma ditadura da razão?

– Eu acho que isso foi verdade na origem. Os fundadores da sociologia tinham explicitamente esse objetivo em vista. Por exemplo, não é por acaso que o primeiro objeto da sociologia foi a religião: os durkheimianos lidaram desde o início com o instrumento por excelência (em um certo momento) da construção do mundo, e especialmente do mundo social. Eu também acho que certas questões tradicionais da filosofia podem ser recolocadas em termos científicos (foi o que tentei fazer em *A distinção*). A sociologia, tal como a concebo, consiste em transformar problemas metafísicos em problemas suscetíveis de serem tratados cientificamente e, portanto, politicamente. Dito isto, a sociologia, como todas as ciências, se constrói contra a ambição total que é aquela da filosofia, ou melhor, das profecias e discursos que, como o indica Weber, pretendem oferecer respostas totais a questões totais, e, em particular, sobre "as questões de vida ou morte". Em outras palavras, a sociologia se constituiu com a ambição de roubar da filosofia alguns de seus problemas, mas abandonando o projeto profético que muitas vezes foi o seu. Ela rompeu com a filosofia social, e com todas as questões últimas nas quais esta se comprazia, como as questões sobre o sentido da história, do progresso e da decadência, do papel dos grandes homens na história etc. Acontece que esses problemas, os sociólogos os encontram nas operações mais elementares da prática, através da maneira de fazer uma pergunta, ao supor, na forma e no conteúdo mesmo de sua interrogação, que as práticas são determinadas pelas condições de existência imediatas ou por toda a história anterior etc. É com a condição de estar ciente disso e, por conseguinte, de orientar sua prática, que eles podem evitar entrar na filosofia da história sem o saberem. Por exemplo, interrogar diretamente alguém sobre a classe social a que pertence ou, ao contrário, tentar determinar "objetivamente" a sua posição interrogando-o acerca de seu salário, seu cargo, seu nível de instrução etc., é fazer uma escolha decisiva entre duas filosofias opostas, a da prática e a da história. Escolha que não é verdadeiramente decidida, se não estiver colocada como tal, pelo fato de colocar simultaneamente as duas questões.

P. Por que você sempre tem palavras muito duras contra a teoria, que você parece identificar, quase sempre, com a filosofia? Na verdade, você mesmo faz teoria, ainda que se defenda por fazê-lo.

– O que se costuma chamar de teoria frequentemente é discurso de manual. A teorização muitas vezes é apenas uma forma de "manualização", como diz Queneau em algum lugar. O que, para que o jogo de palavras não lhe escape, eu poderia comentar citando Marx: "a filosofia é para o estudo do mundo real o que o onanismo é para o amor sexual". Se todo mundo soubesse disso na França, a ciência social daria um "salto adiante", como dizia o outro. Quanto a saber se eu faço ou não teoria, basta entender-se com as palavras. Um problema teórico que é convertido em *dispositivo de pesquisa* é posto em funcionamento, torna-se uma espécie de automóvel, impulsiona-se pelas dificuldades que faz surgir tanto quanto pelas soluções que traz.

Um dos segredos da profissão de sociólogo consiste em saber encontrar os objetos empíricos acerca dos quais pode-se realmente colocar problemas muito gerais. Por exemplo, a questão do realismo e do formalismo na arte, que, em certos momentos, em certos contextos, se tornou uma questão política, pode ser colocada, empiricamente, acerca da relação entre as classes populares e a fotografia, ou através da análise das reações a certos programas de televisão etc. Mas ela pode ser colocada também, aliás, simultaneamente, acerca da frontalidade nos mosaicos bizantinos ou da representação do Rei Sol na pintura ou na historiografia. Dito isso, os problemas teóricos assim colocados são tão profundamente transformados que os amigos da teoria já não reconhecem neles as suas crias.

A lógica da pesquisa é essa *engrenagem de problemas* nos quais o pesquisador é capturado e que o treina, como que a despeito dele mesmo. Leibniz criticou Descartes sem cessar nos *Animadversiones* por exigir demais da intuição, da atenção, da inteligência, e por não confiar o suficiente nos automatismos do "pensamento cego" (ele pensava na álgebra) capaz de suprir as intermitências da inteligência. O que não se compreende na França, país do ensaísmo, da originalidade, da inteligência, é que o método e a organização coletiva do trabalho de pesquisa possam produzir inteligência, engrenagens de problemas e de métodos mais inteligentes do que os pesquisadores (e também, em um universo onde todo mundo busca a originalidade, a única originalidade verdadeira, aquela que não buscamos – penso, p. ex., na extraordinária exceção que foi a Escola Durkheimiana). Ser cientificamente inteligente é colocar-se em uma situação geradora de verdadeiros problemas, de verdadeiras dificuldades. Foi isso que eu tentei fazer com o grupo de pesquisa que eu coordeno: um grupo de pesquisa que funciona é uma engrenagem socialmente instituída de problemas e de maneiras de resolvê-los, uma rede de controles cruzados, e, ao mesmo tempo, todo um conjunto de produções que, para além de qualquer imposição de normas, de qualquer ortodoxia teórica ou política, têm um ar de família.

P. Qual é a pertinência da distinção entre a sociologia e a etnologia?

– Esta divisão infelizmente está inscrita, e sem dúvida de maneira irreversível, nas estruturas universitárias, isto é, na organização social da universidade e na organização mental dos universitários. Meu trabalho não teria sido possível se eu não tivesse tentado reunir problemáticas tradicionalmente consideradas como etnológicas e problemáticas tradicionalmente consideradas como sociológicas. Por exemplo, os etnólogos colocam há alguns anos o problema das taxonomias, das classificações, problema que se colocou no cruzamento de uma série de tradições da etnologia: alguns se interessam pelas classificações implementadas na classificação de plantas, doenças etc.; outros pelas taxonomias implementadas para organizar o mundo social, sendo a taxonomia por excelência aquela que define as relações de parentesco. Essa tradição se desenvolveu em terrenos onde, devido à indiferenciação relativa das sociedades consideradas, o problema das classes não se coloca. Os sociólogos, por sua vez, colocam o problema das classes, mas sem se colocar o problema dos sistemas de classificação empregados pelos agentes e da sua relação com as classificações objetivas. Meu trabalho consistiu em colocar em relação de maneira não acadêmica (contado dessa maneira, isso talvez evoque uma dessas fecundações acadêmicas que são produzidas nos cursos) o problema das classes sociais e o problema dos sistemas de classificação. E em fazer perguntas como estas: Será que as taxonomias que empregamos para classificar os objetos e as pessoas, para julgar uma obra de arte, um aluno, penteados, roupas etc. – para produzir, portanto, classes sociais – não têm algo a ver com as classificações objetivas, as classes sociais entendidas (grosseiramente) como classes de indivíduos ligados a classes de condições materiais de existência?

O que estou tentando evocar é um efeito típico da divisão do trabalho científico: existem divisões objetivas (a divisão em disciplinas, p. ex.) que, tornando-se divisões mentais, funcionam de maneira a tornar certos pensamentos impossíveis. Esta análise é uma ilustração da problemática teórica que acabei de esboçar. As divisões institucionais, que são o produto da história, funcionam na realidade objetiva (p. ex., se eu formar um júri com três sociólogos esta será uma tese de sociologia etc.) sob a forma de divisões objetivas juridicamente sancionadas, inscritas em carreiras etc., e também no cérebro, sob a forma de divisões mentais, princípios lógicos de divisão. Os obstáculos ao conhecimento são frequentemente obstáculos sociológicos. Tendo ultrapassado a fronteira que separa a etnologia da sociologia, fui levado a fazer muitas perguntas que a etnologia não faz e vice-versa.

P. Você define a classe social pelo volume e pela estrutura do capital. Como você define a espécie de capital? Em relação ao capital econômico, parece que você recorre unicamente às estatísticas fornecidas pelo Insee (Institut national de la statistique et des études économiques [Instituto Nacional da Estatística e dos Estudos Econômicos]) e em relação ao capital cultural aos títulos escolares. A partir daí, será que podemos verdadeiramente construir classes sociais?

– É um velho debate. Eu o explico em *A distinção*. Estamos diante da alternativa de uma teoria pura (e dura) das classes sociais, mas que não se baseia em nenhum dado empírico (posição nas relações de produção etc.), e que praticamente não tem nenhuma eficácia para descrever o estado da estrutura social ou suas transformações, e trabalhos empíricos, como aqueles do Insee, que não se apoiam em nenhuma teoria, mas fornecem os únicos dados disponíveis para analisar a divisão em classes. De minha parte, tentei ultrapassar o que foi tratado como uma oposição *teológica* entre as teorias das classes sociais e as teorias da estratificação social, oposição que é muito boa nos cursos e no pensamento do tipo Diamat, mas que, na verdade, é apenas o reflexo de um estado da divisão do trabalho intelectual. Tentei, portanto, propor uma teoria ao mesmo tempo mais complexa (levando em conta estados do capital ignorados pela teoria clássica) e mais empiricamente fundamentada, mas obrigada a recorrer a indicadores imperfeitos como os fornecidos pelo Insee. Eu não sou ingênuo a ponto de ignorar o fato de os indicadores fornecidos pelo Insee, nomeadamente a posse de ações, não serem bons indicadores do capital econômico possuído. Não é preciso ser um mago para saber disso. Mas há casos em que o purismo teórico é um álibi da ignorância ou da resignação prática. A ciência consiste em fazer o que se faz sabendo e dizendo que é tudo o que se pode fazer, enunciando os *limites* da validade do que se faz.

Dito isto, a pergunta que você me fez esconde de fato um outro problema. O que se *quer* dizer quando se diz ou escreve, como se faz frequentemente: O que são *afinal* as classes sociais para fulano de tal? Ao fazer uma pergunta como esta, é certo obter a aprovação de todos aqueles que, estando convencidos de que o problema das classes sociais está resolvido, e que é suficiente confiar nos textos canônicos – o que é bem cômodo, e bem econômico, se pensarmos nisso –, lançam a *suspeita* sobre todos aqueles que, pelo fato de procurar, *traem* que pensam que nem tudo é encontrado. Essa estratégia de suspeita, que está inscrita como particularmente provável em certos hábitos de classe, é imparável, e dá muita satisfação àqueles que a praticam, uma vez que permite satisfazer-se a um custo muito baixo com o que se tem e com o que se é. É por isso que ela me parece detestável cientifica e politicamente.

É verdade que constantemente fiz tábua rasa de coisas consideradas como adquiridas. O capital, sabemos o que é... Basta ler *O capital* ou, melhor, ler *Ler O capital* (e assim por diante). Eu mesmo gostaria... Mas, aos meus olhos, isso não é verdade, e se sempre houve esse abismo entre a teoria teórica e as descrições empíricas (abismo que faz com que as pessoas que só têm o marxismo como se fosse um pai estejam totalmente desarmadas para compreender em sua originalidade histórica as novas formas de conflitos sociais, p. ex. aquelas ligadas às contradições resultantes do funcionamento do sistema escolar), se sempre houve esse abismo, é talvez porque a análise das espécies de capital tinha que ser feita. Para sair disto, era necessário sacudir evidências, e não pelo prazer de fazer leituras heréticas, e, portanto, distintivas.

Voltando agora às espécies de capital, penso que seja uma questão muito difícil e tenho consciência de me arriscar ao abordá-la fora do terreno abalizado das verdades estabelecidas, onde tem-se a certeza de atrair imediatamente a aprovação, a estima etc. (Dito isto, penso que as posições mais cientificamente fecundas sejam frequentemente as mais arriscadas, e, portanto, as mais socialmente improváveis.) Quanto ao capital econômico, deixo isso a outros, não é meu trabalho. Eu trato do que está abandonado pelos outros, porque não têm o interesse ou as ferramentas teóricas para essas coisas, o capital cultural e o capital social, e foi só muito recentemente que eu tentei elaborar pedagogicamente essas noções. Tento construir definições rigorosas, que não sejam somente conceitos descritivos, mas instrumentos de *construção* que permitam produzir coisas que não víamos antes. Por exemplo, capital social: podemos oferecer uma ideia intuitiva do que seja dizendo ser o que a linguagem ordinária chama de "relações". (Acontece muito frequentemente de a linguagem ordinária designar fatos sociais muito importantes; mas ela ao mesmo tempo os mascara, pelo efeito de familiaridade, que nos leva a crer que já sabemos, compreendemos tudo, e assim interrompemos a pesquisa. Uma parte do trabalho da ciência social consiste em des-cobrir tudo o que foi desvelado-velado pela linguagem ordinária. Pelo que se corre o risco de ser acusado de enunciar o óbvio, ou pior, de retraduzir laboriosamente, em uma linguagem pesadamente conceitual, as verdades primeiras do senso comum, ou as intuições ao mesmo tempo mais sutis e mais agradáveis dos moralistas e dos romancistas. Quando não se chega ao ponto de culpar o sociólogo, segundo a lógica do caldeirão enunciada por Freud, por dizer coisas ao mesmo tempo banais e falsas, testemunhando assim as formidáveis resistências que a análise sociológica suscita.)

Voltando ao capital social, construir este conceito é produzir o meio de analisar a lógica segundo a qual esta espécie particular de capital é acumulada, transmitida, reproduzida, o meio de compreender como ela se transforma em capital econômico e, inversamente, ao preço de que trabalho o capital econômico pode se converter em capital social, o meio de aproveitar a função de instituições como clubes ou, simplesmente, a *família*, lugar principal da acumulação e da transmissão dessa espécie de capital etc. Estamos longe, parece-me, das "relações" do senso comum, que são apenas uma manifestação, entre outras, do capital social. Os "eventos sociais", e tudo o que se refere ao caderno social do *Figaro*, da *Vogue* ou do *Jours de France*, deixam de ser, como se costuma acreditar, manifestações exemplares da vida ociosa da "classe de lazer" ou do "consumo ostentatório" de abastados, para aparecer como uma forma peculiar de trabalho social, que supõe um gasto de dinheiro, de tempo e uma competência específica, e que tende a assegurar a reprodução (simples ou alargada) do capital social. (Vê-se de passagem que certos discursos de teor muito crítico carecem do essencial; sem dúvida, no caso particular, porque os intelectuais não são muito "sensíveis" à forma de capital social que se acumula e circula nos eventos sociais e porque eles são levados a zombar, com uma mistura de fascínio e ressentimento, ao invés de analisar.)

Era preciso, portanto, construir o objeto que eu chamo de capital social – o que mostra imediatamente que os coquetéis dos editores ou as trocas de relatórios são o equivalente, na ordem do campo intelectual, do trabalho mundano dos aristocratas – para perceber que a vida social é, para certas pessoas, cujo poder e autoridade estão fundados no capital social, a atividade principal. O empreendimento fundado sobre o capital social deve assegurar a sua própria reprodução por uma forma específica de trabalho (inaugurar monumentos, presidir instituições de caridade etc.) que supõe uma profissão, e, portanto, um aprendizado, e um dispêndio de tempo e energia. Uma vez que este objeto é construído, pode-se fazer verdadeiros estudos comparativos, pode-se discutir com os historiadores acerca da nobreza na Idade Média, reler Saint-Simon e Proust ou, certamente, os trabalhos dos etnólogos.

Dito isto, você teve toda a razão em perguntar. Como o que eu faço não é de modo algum um trabalho teórico, mas um trabalho científico que mobiliza todos os recursos teóricos para fins de análise empírica, meus conceitos nem sempre são o que deveriam ser. Por exemplo, eu constantemente coloco, em termos que sequer me satisfazem completamente, o problema da conversão de uma espécie de capital em outra; é o exemplo de um problema que só pôde ser colocado explicitamente – ele colocou-se antes que o soubéssemos – porque a noção de espécie de capital havia sido construída. Esse problema é bem conhecido na prática: em certos jogos (p. ex., no campo intelectual, para obter um prêmio literário, ou ainda mais, a estima dos pares), o capital econômico é inoperante. Para que ele se torne operante, é preciso fazê-lo sofrer uma transmutação: é a função, por exemplo, do trabalho mundano que permitiu transmutar o capital econômico – sempre na raiz, em última análise – em nobreza. Mas isso não é tudo. Quais são as leis segundo as quais se opera esta reconversão? Como se define a taxa de câmbio segundo a qual troca-se um tipo de capital por outro? Em todas as épocas, há uma luta constante acerca da taxa de conversão entre as diferentes espécies, luta que opõe as diferentes frações da classe dominante, cujo capital global faz uma parte maior ou menor dessa ou daquela espécie. Aquelas que, no século XIX, eram chamadas de "capacidades" têm um interesse constante na revalorização do capital cultural em relação ao capital econômico. Nós vemos, e é isso que torna difícil a análise sociológica, que essas coisas que tomamos por objeto, capital cultural, capital econômico etc., são elas mesmas questões controvertidas na realidade mesma que estudamos, e que o que diremos se tornará uma questão controvertida.

A análise dessas leis de reconversão não está concluída, longe disso, e se existe alguém para quem ela é problemática, sou eu. E está bem assim. Há uma série de questões, a meu ver, muito fecundas, que eu me coloco, ou que me colocam, de objeções que me fazem e que só foram possíveis porque estas distinções haviam sido estabelecidas. A pesquisa é talvez a arte de criar para si dificuldades fecundas – e de criá-las para os outros. Lá onde havia coisas simples, faz-se aparecerem problemas. Encontramo-nos com coisas muito mais pastosas – você sabe, eu acho que poderia fazer um desses cursos de marxismo sem lágrimas sobre as classes sociais que se venderam muito nos últimos anos, sob o nome de teoria, ou mesmo de ciência, ou mesmo de sociologia –, encontramo-nos com coisas ao mesmo tempo sugestivas e inquietantes (eu sei o efeito que o que eu faço produz sobre os guardiões da ortodoxia, e acho que também sei um pouco por que isso produz este efeito, e congratulo-me com o fato disso produzir este efeito). A ideia de ser sugestivo e inquietante me convém perfeitamente.

P. Mas a teoria das classes sociais que você propõe não tem algo de estático? Você descreve um estado da estrutura social sem dizer como isso muda.

– O que a pesquisa estatística apreende é um momento, um estado de um jogo com 2, 3, 4 ou 6 jogadores, não importa; ela dá uma fotografia das pilhas de fichas de diferentes cores que eles ganharam nos movimentos precedentes e que vão apostar nos movimentos seguintes. O capital apreendido no instante é um produto da história que vai produzir história. Direi simplesmente que o jogo dos diferentes jogadores entendido no sentido de estratégia – eu o chamarei doravante de jogo 1 – vai depender de seu jogo no sentido de dom, jogo 2, e, em particular, do volume global de seu capital (número de fichas) e da estrutura desse capital, ou seja, da configuração das pilhas (aqueles que têm muitas vermelhas e poucas amarelas, i. é, muito capital econômico e pouco capital cultural, não jogando como aqueles que têm muitas amarelas e poucas vermelhas). Seu jogo 1 será tão mais audacioso (blefe) quanto maior for a pilha, e eles apostarão tanto mais nas casas amarelas (sistema escolar) quanto mais tenham fichas amarelas (capital cultural). Cada jogador vê o jogo 1 dos outros, isto é, sua maneira de jogar, seu estilo, e infere indicações concernentes ao seu jogo 2 em nome da hipótese tácita de que seja uma manifestação dele. Ele pode mesmo conhecer diretamente uma parte ou a totalidade do jogo 2 dos outros jogadores (os títulos escolares desempenhando o papel dos anúncios no bridge). Em todo caso, ele se baseia no conhecimento que tem das propriedades dos outros jogadores, isto é, do seu jogo 2, para orientar seu jogo 1. Mas o princípio de suas expectativas nada mais é do que o senso do jogo, ou seja, o domínio prático da relação entre o jogo 1 e o jogo 2 (o que exprimimos quando dizemos de uma propriedade – p. ex., uma roupa ou um móvel – "isso é pequeno-burguês"). Este senso do jogo é produto da incorporação progressiva das leis imanentes do jogo. É, por exemplo, o que compreendem Thibaut e Riecken, quando observam que, interrogados acerca de duas pessoas que doam sangue, os entrevistados supõem espontaneamente que a pessoa de classe alta seja livre e a pessoa de classe baixa forçada (sem que se saiba, o que seria do mais alto interesse, como varia a percentagem dos que conjecturam essa hipótese entre os sujeitos da classe alta e entre os sujeitos da classe baixa).

É evidente que a imagem que eu empreguei para explicar é válida apenas como artifício pedagógico. Mas acho que ela dá uma ideia da lógica real da mudança social e faz sentir quão artificial é a alternativa da estática e da dinâmica.

Será que os intelectuais estão fora de jogo?[6]

[...]

P. Quando você estudou a escola e o ensino, sua análise das relações sociais no campo cultural remetia a uma análise das instituições culturais. Hoje, quando você analisa o discurso, parece que você está causando um curto-circuito nas instituições; e, no entanto, você se interessa explicitamente pelo discurso político e pela cultura política.

– Ainda que isso não tenha outro interesse além do biográfico, eu o recordo de que os meus primeiros trabalhos versaram sobre o povo argelino, e de que trataram, entre outras coisas, das formas da consciência política e dos fundamentos das lutas políticas. Se em seguida eu me interessei pela cultura, não foi porque eu lhe conferia uma espécie de prioridade "ontológica", e, sobretudo, não foi porque eu a considerava um fator de explicação privilegiado para se compreender o mundo social. De fato, este terreno estava ao abandono. Aqueles que se ocupavam dele oscilavam entre um economismo redutor e um idealismo ou um espiritualismo, e isso funcionava como um "casal epistemológico" perfeito. Creio não ser destes que transpõem de maneira acrítica os conceitos econômicos para o domínio da cultura, mas quis, e não somente metaforicamente, fazer uma economia dos fenômenos simbólicos, e estudar a lógica específica da produção e da circulação dos bens culturais. Havia como que um desdobramento do pensamento que fazia com que na cabeça de muita gente pudesse coexistir um materialismo aplicável ao movimento dos bens materiais e um idealismo aplicável àquele dos bens

---

6. Entrevista com François Hincker. In: *La Nouvelle Critique*, n. 111/112, fev.--mar./1978 [excerto].

culturais. Contentávamo-nos com um formulário muito pobre: "a cultura dominante é a cultura das classes dominantes etc."

O que permitia a muitos intelectuais viverem sem demasiado desconforto as suas contradições: sempre que se estuda os fenômenos culturais como obedecendo a uma lógica econômica, como determinados por interesses específicos, irredutíveis aos interesses econômicos no sentido estrito, e pela procura de benefícios específicos etc., os próprios intelectuais são obrigados a se aperceberem como determinados por esses interesses que podem explicar suas tomadas de posição, em vez de se situarem no universo do puro desinteresse, do "compromisso" livre etc. E compreende-se melhor, por exemplo, por que, no fundo, é muito mais fácil para um intelectual ser progressista no terreno da política geral do que no terreno da política cultural, ou, mais precisamente, da política universitária etc.

Por assim dizer, coloquei em jogo o que estava fora de jogo: os intelectuais se encontram sempre de acordo em deixar fora de jogo o seu próprio jogo e os seus próprios desafios.

Voltei assim à política a partir da constatação de que a produção das representações do mundo social, que é uma dimensão fundamental da luta política, é o quase-monopólio dos intelectuais: a luta pelas classificações sociais é uma dimensão capital da luta de classes, e é por esta via que a produção simbólica intervém na luta política. As classes existem duas vezes, uma vez objetivamente, e uma segunda vez na representação social mais ou menos explícita que os agentes fazem delas e que é uma questão de lutas. Se se diz a alguém "o que lhe acontece é porque você tem um relacionamento infeliz com o seu pai", ou se se lhe diz "o que lhe acontece é porque você é um proletário a quem se rouba a mais-valia", não é a mesma coisa.

O terreno no qual luta-se para impor a maneira adequada, justa e legítima de falar o mundo social não pode ser eternamente excluído da análise; mesmo que a pretensão ao discurso legítimo implique, tácita ou explicitamente, a recusa dessa objetivação. Aqueles que reivindicam o monopólio do pensamento do mundo social não tencionam ser sociologicamente pensados.

No entanto, parece-me tanto mais importante perguntar o que está em jogo neste jogo, porque aqueles que teriam interesse em perguntá-lo, ou seja, aqueles que delegam aos intelectuais, aos porta-vozes, a tarefa de defender seus interesses, não têm os meios de fazê-lo, e porque aqueles que se beneficiam dessa delegação não têm interesse em fazê-lo. É preciso levar a sério o fato de os intelectuais serem o objeto de uma delegação de fato, delegação global e tácita que, como os responsáveis pelos partidos, torna-se consciente e explícita ao mesmo tempo que se mantém também global (nos entregamos a eles) e analisar as condições sociais nas quais essa delegação é recebida e utilizada.

P. Mas será que se pode falar da mesma forma sobre esta delegação, que, em certa medida, é inegável, quando se trata do trabalhador próximo do Partido Comunista ou do trabalhador que confia em um partido ou em um político reacionário?

– A delegação frequentemente funciona baseando-se em indícios que não são aqueles nos quais se costuma acreditar. Um operário pode se "reconhecer" na maneira de ser, no "estilo", no sotaque, na relação com a linguagem do militante comunista, muito mais do que no seu discurso, que, por vezes, seria antes feito para "esfriá-lo". Ele diz a si mesmo: "Este não se acovardaria diante de um patrão". Este "senso de classe" elementar não é infalível. A esse respeito, então, e mesmo nos casos em que a delegação não tem outro fundamento além de uma espécie de "simpatia de classe", a diferença existe. O fato é que, no que concerne ao controle do contrato de delegação, do poder sobre a linguagem e as ações dos delegados, a diferença não é tão radical quanto se poderia desejar. As pessoas sofrem com esse desapossamento, e quando mudam para a indiferença, ou para posições conservadoras, muitas vezes é porque, com ou sem razão, elas sentem-se isoladas do universo dos delegados: "são todos iguais", "todos farinha do mesmo saco".

P. Ao mesmo tempo, ainda que o que você constata desapareça rapidamente, o comunista, mesmo silencioso quanto ao discurso, age: sua relação com a política não é a da linguagem.

– A ação depende em grande parte das palavras com as quais é falada. Por exemplo, as diferenças entre as lutas das OS de "primeira geração", filhos de camponeses, e aquelas dos operários filhos de operários, enraizados em uma tradição, prendem-se a diferenças de consciência política e, portanto, de linguagem. O problema dos porta-vozes é oferecer uma linguagem que permita aos indivíduos envolvidos universalizarem as suas experiências sem, no entanto, excluí-las de fato da expressão de sua própria experiência, o que equivale ainda a desapossá-los. Como tentei mostrar, o trabalho do militante consiste precisamente em transformar a aventura pessoal, individual ("Fui despedido"), no caso particular de um relacionamento social mais geral ("Você foi demitido porque..."). Essa universalização passa necessariamente pelo conceito; ela encerra, portanto, o perigo da fórmula pronta, da linguagem automática e autônoma, da palavra ritual em que aqueles de quem se fala e por quem se fala não se reconhecem mais, como se costuma dizer. Esta palavra morta (penso em todas as grandes palavras da linguagem política que permitem falar para não pensar em nada) bloqueia o pensamento, tanto naquele que a pronuncia quanto naqueles aos quais se dirige e que ela deveria mobilizar, e primeiro intelectualmente; porque ela deveria preparar para a crítica (inclusive de si mesma) e não somente para a adesão.

P. É verdade que existe um intelectual em cada militante, mas um militante não é um intelectual como qualquer outro, quanto mais quando sua herança cultural não é a do intelectual.

– Uma das condições para que ele não seja um intelectual como outro qualquer, quero dizer, uma condição entre outras, que se acrescenta a tudo aquilo em que geralmente se confia, como o "controle das massas" (acerca do qual é preciso saber sob quais condições verdadeiramente poderia ser exercido etc.), é que também seja capaz de controlar-se a si mesmo (ou de ser controlado pelos seus concorrentes, o que é ainda mais seguro...) em nome de uma análise do que é ser um "intelectual", ter o monopólio da produção do discurso sobre o mundo social, estar engajado em um espaço de jogo, o espaço político, que tem a sua lógica, na qual são investidos interesses de um tipo particular etc. A sociologia dos intelectuais é uma contribuição para a socioanálise dos intelectuais: ela tem por função dificultar a relação espontaneamente triunfante que os intelectuais e os dirigentes têm consigo mesmos; lembrar que somos manipulados em nossas categorias de pensamento, em tudo o que nos permite pensar e falar o mundo. Ela deve também lembrar que as tomadas de posição sobre o mundo social talvez devam algo às condições nas quais são produzidas, à lógica específica dos aparelhos políticos e do "jogo" político, da cooptação, da circulação de ideias etc.

P. O que me incomoda é que o seu postulado da identidade entre militante político e intelectual dificulta, impede uma posição adequada das relações entre ação e teoria, consciência e prática, "base" e "cume", quanto mais entre militantes de origem operária e militantes de origem intelectual, sem falar das relações entre classes – classe operária e camadas intelectuais.

– Na verdade, existem duas formas de discurso sobre o mundo social, muito diferentes. Isso é óbvio acerca do problema da previsão: se um intelectual comum, um sociólogo, faz uma previsão falsa, isso não tem consequência, já que, na verdade, ele não compromete ninguém além dele, ele só implica a si mesmo. Um responsável político, ao contrário, é alguém que tem o poder de fazer existir o que ele diz; isso é próprio da palavra de ordem. A linguagem do responsável é uma linguagem autorizada (por aqueles mesmos aos quais se dirige), e, portanto, uma linguagem de autoridade, que exerce um poder, que pode fazer existir o que ela diz. Nesse caso, o erro pode ser uma falta. Isto é, sem dúvida, o que explica – sem nunca, na minha opinião, justificá-lo – que a linguagem política sacrifica excessivamente ao anátema, à excomunhão etc. ("traidor", "renegado" etc.). O intelectual "responsável" que se engana implica os que o seguem no erro, uma vez que a sua palavra tem força, pois ela é acreditada. Pode ser que aconteça uma coisa boa apenas para aqueles por quem ele fala ("por" sendo sempre tomado no duplo sentido de "em favor de" e "no lugar de"), pode acontecer que essa coisa que poderia acontecer não aconteça, e que, ao contrário, uma coisa que poderia não acontecer aconteça. Suas palavras ajudam a fazer história, a mudar a história.

Há várias maneiras de produzir a verdade que competem entre si e têm, cada uma, seus preconceitos e limites. O intelectual "responsável", em nome de sua "responsabilidade", tende a reduzir o seu pensamento pensante a um pensamento militante, e pode acontecer, e frequentemente acontece, que o que era estratégia provisória se torne *habitus*, maneira permanente de ser. O intelectual "livre" tem uma propensão ao terrorismo: ele transportaria de bom grado para o campo político as guerras mortais que são as guerras de verdade que acontecem no campo intelectual ("se eu tiver razão, você está errado"), mas que assumem uma forma completamente diferente quando o que está em jogo não é somente a vida e a morte simbólicas.

Parece-me capital para a política e para a ciência que os dois modos de produção concorrentes das representações do mundo social tenham igualmente direito de cidadania, e que, em todo caso, o segundo não abdique perante o primeiro, acrescentando o terrorismo ao simplismo, como se tem praticado muito em certas épocas de relações entre os intelectuais e o Partido Comunista. Alguém me dirá que isso é lógico, e geralmente concordará com tudo isso muito facilmente, mas eu sei que sociologicamente isso não é óbvio.

No meu jargão, direi que é importante que o espaço no qual se produz o discurso sobre o mundo social continue a funcionar como um campo de luta no qual o polo dominante não esmaga o polo dominado, a ortodoxia a heresia. Porque, neste domínio, enquanto houver luta, haverá história, isto é, esperança. [...]

Como libertar os intelectuais livres?[7]

P. Você às vezes é criticado por exercer contra os intelectuais uma violenta polêmica que beira o anti-intelectualismo. Ora, em seu último livro, *O senso prático*, você reincide. Você questiona a própria função dos intelectuais, sua pretensão ao conhecimento objetivo e sua capacidade de explicar cientificamente a prática...

– É notável que pessoas que, dia após dia, ou semana após semana, impõem arbitrariamente os veredictos de um pequeno clube de admiração mútua gritem violência quando os mecanismos dessa violência são finalmente expostos. E que esses conformistas profundos se deem assim, por uma extraordinária reviravolta, ares de audácia intelectual, e até mesmo de coragem política (eles nos fariam quase acreditar que se arriscam ao Gulag). O que não se perdoa ao sociólogo é que ele entregue, ao primeiro que aparece, os segredos reservados aos iniciados. A eficácia de uma ação de violência simbólica é proporcional ao desconhecimento das condições e dos instrumentos de seu exercício. Talvez não seja por acaso que a produção de bens culturais não tenha ainda suscitado suas associações de defesa do consumidor. Imaginamos todos os interesses, econômicos e simbólicos, ligados à produção de livros, pinturas, espetáculos teatrais, dança e cinema, que estariam ameaçados se os mecanismos da *produção do valor dos produtos culturais se encontrasse* completamente revelados aos olhos de todos os consumidores. Penso, por exemplo, em processos como a circulação circular de relatos elogiosos entre um pequeno número de produtores (de obras, mas também de críticas), acadêmicos de alto escalão que auto-

---

7. Entrevista com Didier Eribon. In: *Le Monde Dimanche*, 04/05/1980, p. I e XVII.

rizam e consagram, jornalistas que se autorizam e celebram. As reações que a revelação dos mecanismos de produção cultural suscita fazem pensar nos processos movidos por certas firmas contra associações de consumidores. O que está em jogo, com efeito, é o conjunto das operações que permitem fazer passar uma *golden* por uma maçã, os produtos do *marketing*, do *rewriting* e da publicidade editorial por obras intelectuais.

P. Você acha que os intelectuais – ou pelo menos aqueles dentre eles que mais tenham a perder – se insurgem quando seus benefícios e os meios mais ou menos confessáveis que empregam para assegurá-los são desmascarados?

– Perfeitamente. As críticas que me são feitas são ainda mais absurdas, porque eu não cesso de denunciar a propensão da ciência social a pensar na lógica do processo, ou a inclinação dos leitores de trabalhos de ciência social a fazê-los funcionar nesta lógica: lá onde a ciência quer enunciar leis tendenciosas transcendentes para as pessoas através das quais elas se realizam ou se manifestam, o ressentimento, que pode usar todo tipo de máscaras, a começar pela da ciência, vê a *denúncia* de pessoas.

Essas advertências me parecem ainda mais necessárias porque, na realidade, a ciência social, que tem por vocação compreender, às vezes serviu para condenar. Mas há alguma má-fé em reduzir a sociologia, como sempre o fez a tradição conservadora, à sua caricatura policial. E, em particular, em se autorizar pelo fato de uma sociologia rudimentar de intelectuais ter servido de instrumento de repressão contra os intelectuais para recusar as questões que uma verdadeira sociologia dos intelectuais coloca para os intelectuais.

P. Será que você pode dar um exemplo dessas questões?

– É claro, por exemplo, que o jdanovismo forneceu a certos intelectuais de segunda ordem (do ponto de vista dos critérios em vigor no campo intelectual) a oportunidade de se vingarem, em nome de uma representação interessada das demandas populares, dos intelectuais que tinham capital próprio suficiente para estarem em condições de reivindicar sua autonomia perante os poderes. Isso não é suficiente para desqualificar qualquer questionamento das funções dos intelectuais e do que a sua maneira de desempenhar essas funções deve às condições sociais nas quais as exercem. Assim, quando lembro que a distância em relação às necessidades ordinárias é a condição da percepção teórica do mundo social, não é para denunciar os intelectuais como "parasitas", mas para lembrar os limites impostos a todo conhecimento teórico pelas condições sociais de sua realização: se há uma coisa que os homens da recreação escolar têm dificuldade de entender, é a prática como tal, mesmo a mais banal, quer se trate daquela de um jogador de futebol ou de uma mulher Kabyle que realiza um ritual ou de uma família bearnesa que casa seus filhos.

P. Encontramos uma das teses fundamentais do seu último livro, *O senso prático*: é preciso analisar a situação social daqueles que analisam a prática, os pressupostos que empregam na sua análise...

– O sujeito da ciência faz parte do objeto da ciência; ele aí ocupa um lugar. Só se pode entender a prática sob a condição de dominar, pela análise teórica, os efeitos da relação com a prática que está inscrita nas condições sociais de toda análise teórica da prática. (Refiro-me à análise teórica e não, como frequentemente se acredita, a uma forma qualquer de participação prática ou mística da prática, "pesquisa participativa", "intervenção" etc.) Assim, os rituais, provavelmente as mais práticas das práticas, uma vez que são feitos de manipulações e de gesticulações, e de toda uma dança corporal, têm todas as chances de serem malcompreendidos por pessoas que, não sendo dançarinas ou ginastas, são inclinadas a ver nisso uma espécie de lógica, de cálculo algébrico.

P. Situar os intelectuais é, para você, lembrar que eles pertencem à classe dominante, e se beneficiam da sua posição, mesmo que esses benefícios não sejam estritamente econômicos.

– Contra a ilusão do "intelectual sem vínculos nem raízes", que é, de certo modo, a ideologia profissional dos intelectuais, lembro que os intelectuais são, enquanto detentores de capital cultural, uma fração (dominada) da classe dominante, e que muitas das suas tomadas de posição, em matéria de política, por exemplo, se devem à ambiguidade de sua posição de dominados no meio dos dominantes. Lembro ainda que o pertencimento ao campo intelectual implica interesses específicos, e não somente, em Paris como em Moscou, posições acadêmicas ou contratos de publicação, relatórios ou postos universitários, mas também sinais de reconhecimento e gratificações frequentemente elusivos para quem não é membro do universo, mas pelos quais dá-se ensejo a toda sorte de restrições e censuras sutis.

P. E você acha que uma sociologia dos intelectuais oferece aos intelectuais liberdade em relação aos determinismos que lhes são impostos?

– Oferece pelo menos a possibilidade de uma liberdade. Aqueles que dão a ilusão de dominar sua época são frequentemente dominados por ela, e, terrivelmente datados, desaparecem com ela. A sociologia dá uma chance de romper o feitiço, de denunciar a relação de possuidor possuído, que encadeia ao seu tempo aqueles que estão sempre em dia, atualizados. Há algo de patético na docilidade com a qual os "intelectuais livres" se apressam em apresentar suas dissertações sobre os temas obrigatórios do momento, como o são hoje o desejo, o corpo ou a sedução. E nada é mais fúnebre do que a leitura, vinte anos depois, desses exercícios obrigatórios de concursos que reúnem, com um conjunto perfeito, os números especiais das grandes revistas "intelectuais".

P. Poder-se-ia argumentar que esses intelectuais têm pelo menos o mérito de viver com o seu tempo...

– Sim, se viver com o seu tempo for deixar-se levar pela corrente da história intelectual, flutuar ao sabor das modas. Não, se a natureza do intelectual não for "saber o que é preciso pensar" sobre tudo o que a moda e seus agentes designam como digno de ser pensado, mas tentar descobrir tudo o que a história e a lógica do campo intelectual o obrigam a pensar, em um dado momento, com a ilusão da liberdade. Nenhum intelectual imerge na história, no presente, mais do que o sociólogo que faz seu trabalho (o que, para os outros intelectuais, é objeto de um interesse facultativo, exterior ao trabalho profissional de filósofo, filólogo ou historiador, é para ele o objeto principal, primordial e até mesmo exclusivo). Mas sua ambição é encontrar no presente as leis que permitem dominá-lo, livrar-se dele.

P. Você mencionou em algum lugar, em uma dessas notas que são como "o Inferno" dos seus textos, "os deslizamentos insensíveis que levaram, em menos de trinta anos, de um estado do campo intelectual onde era tão necessário ser comunista que não era preciso ser marxista, a um estado onde era tão chique ser marxista que se poderia até mesmo 'ler' Marx, para culminar em um estado onde o último imperativo da moda é ter regressado de tudo, e, em primeiro lugar, do marxismo".

– Esta não é uma formulação polêmica, mas uma descrição estenográfica da evolução de muitos intelectuais franceses. Acredito que ela resista à crítica. E que deva ser dita em um tempo no qual aqueles que se deixaram levar, como a limalha, ao sabor das forças do campo intelectual, querem impor sua última conversão àqueles que não os seguiram nas suas inconsciências sucessivas. Não é bonito ver o terrorismo ser praticado em nome do antiterrorismo, a caça às bruxas em nome do liberalismo pelas mesmas pessoas que frequentemente, em outros tempos, puseram a mesma convicção interessada em fazer reinar a ordem stalinista. Sobretudo no momento mesmo em que o Partido Comunista e seus intelectuais regressam a práticas e palavras dignas dos melhores dias do stalinismo e, mais precisamente, ao pensamento maquinal e à linguagem mecânica, produtos do aparelho voltados exclusivamente para a conservação do aparelho.

P. Mas será que essa lembrança dos determinismos sociais que pesam sobre os intelectuais não leva a desqualificar os intelectuais e a desacreditar suas produções?

– Penso que o intelectual tenha o privilégio de estar colocado em condições que lhe permitem trabalhar para conhecer suas determinações genéricas e específicas. E, assim, libertar-se (pelo menos parcialmente) e oferecer aos outros meios de libertação. A crítica dos intelectuais, se houver crítica, é o contrário de uma exigência, de uma espera. Parece-me que seja sob a condição de que ele conheça e domine o que o determina que o intelectual pode cumprir a função libertadora que atribui a si mesmo, muitas vezes de maneira puramente usurpada. Os intelectuais que se escandalizam com a própria intenção de classificar este inclassificável mostram, portanto, quão distantes estão da consciência de sua verdade e da liberdade que poderia lhes proporcionar. O privilégio do sociólogo, se houver algum, não é voar acima daqueles que ele classifica, mas saber classificar e saber mais ou menos onde ele se situa nas classificações. Àqueles que, acreditando garantir assim uma revanche, me perguntam quais são os meus gostos em pintura ou música, eu respondo – e isso não é um jogo: Aqueles que correspondem ao meu lugar na classificação. Inserir o sujeito da ciência na história e na sociedade não é condenar-se ao relativismo; é estabelecer as condições para um conhecimento crítico dos limites do conhecimento que é a condição do conhecimento verdadeiro.

P. É isso que o faz denunciar a usurpação da palavra pelos intelectuais?

– Na verdade, é muito comum que os intelectuais se autorizem a *competência* (no sentido quase jurídico do termo) que lhes é socialmente reconhecida para falarem com autoridade bem além dos limites de sua competência técnica, em particular no domínio da política. Essa usurpação, que está no princípio mesmo da ambição do intelectual à moda antiga, presente em todas as frentes do pensamento, detentor de todas as respostas, se encontra, sob outras aparências, no *apparatchik* ou no tecnocrata que invoca o Diamat ou a ciência econômica para dominar.

P. Você poderia esclarecer?

– Os intelectuais conferem a si mesmos o direito usurpado de legislar em todas as coisas em nome de uma competência social que é muitas vezes completamente independente da competência técnica que ela parece garantir. Refiro-me aqui ao que constitui aos meus olhos um dos defeitos hereditários da vida intelectual francesa, o *ensaísmo*, tão profundamente enraizado nas nossas instituições e tradições que levaria horas para enumerar suas condições sociais de possibilidade (eu citaria somente esta espécie de protecionismo cultural, ligada à ignorância das línguas e tradições estrangeiras, que permite a sobrevivência de empresas de produção cultural ultrapassadas; ou os hábitos das classes preparatórias para as grandes escolas ou ainda as tradições dos cursos de filosofia). Aos que se regozijam rápido demais, direi que os erros seguem aos pares e sustentam-se mutuamente: ao ensaísmo daqueles que "dissertam *de omni re scibili*, sobre todas as coisas conhecíveis", respondem as dissertações "infladas" que amiúde são as teses. Em suma, o que está em questão é o par do pedantismo e da mundanidade, da tese e da tolice, que torna completamente improváveis as grandes obras acadêmicas e que, sempre que surgem, as vota à alternativa da vulgarização semimundana ou do esquecimento.

P. No seu último artigo na *Actes de la recherche* [Atos da pesquisa], "Le mort saisit le vif" [O morto dota o vivo], você escolhe como alvo a filosofia com letras maiúsculas...

– Sim. Essa é uma das manifestações particularmente típicas desse modo arrogante de pensamento que é comumente identificado com o valor teórico. Falar de Aparelhos com A maiúsculo, e do Estado, ou do Direito, ou da Escola, tornar os sujeitos da ação histórica Conceitos, é evitar sujar as mãos na pesquisa empírica reduzindo a história a uma espécie de gigantomaquia onde o Estado afronta o Proletariado ou, no limite, as Lutas, Erínias modernas.

P. Você denuncia uma filosofia fantasmagórica da história. Mas será que as suas análises não esquecem da história, como por vezes o criticam?

– De fato eu me esforço em demonstrar que o que chamamos de social é, de um lado ao outro, história. A história está inscrita nas coisas, isto é, nas instituições (as máquinas, os instrumentos, o direito, as teorias científicas etc.) e também nos corpos. Todo meu esforço tende a descobrir a história lá onde ela se esconde melhor, nos cérebros e nas dobras do corpo. O inconsciente é história. É, portanto, por exemplo, categorias de pensamento e percepção que aplicamos espontaneamente ao mundo social.

P. A análise sociológica é um instantâneo fotográfico do encontro entre estas duas histórias: a história feita coisa e a história feita corpo.

— Sim. Panofsky recorda que, quando alguém tira o chapéu para cumprimentar, reproduz, sem saber, o gesto pelo qual, na Idade Média, os cavaleiros tiravam os capacetes para manifestar suas intenções pacíficas. Nós fazemos isso o tempo todo. Quando a história feita coisa e a história feita corpo concordam perfeitamente, como, no caso do jogador de futebol, as regras do jogo e o sentido do jogo, o ator faz exatamente o que tem que fazer, "a única coisa a fazer", como se costuma dizer, sem sequer precisar saber o que está fazendo. Nem autômato nem calculador racional, ele é um pouco como *o Órion cego dirigindo-se ao sol nascente* da pintura de Poussin, cara a Claude Simon.

P. O que significa que, no fundamento da sua sociologia, existe uma teoria antropológica ou, mais simplesmente, uma certa imagem do homem?

— Sim. Essa teoria da prática, ou melhor, do senso prático, se define antes de tudo contra a filosofia do sujeito e do mundo como representação. Entre o corpo socializado e os campos sociais, dois produtos geralmente concedidos pela mesma história, estabelecem uma cumplicidade infraconsciente, corporal. Mas ela também se define por oposição ao behaviorismo. A ação não é uma resposta cuja chave estaria inteiramente no estímulo desencadeador, e ela tem por princípio um sistema de disposições, o que chamo de *habitus*, que é o produto de toda a experiência biográfica (o que faz com que, como não há duas histórias individuais idênticas, não haja dois *habitus* idênticos, embora existam classes de experiências, e, portanto, classes de *habitus* – o *habitus* de classe). Estes *habitus*, espécies de programas (no sentido da informática) historicamente montados, estão, de certa maneira, no princípio da eficácia dos estímulos que os desencadeiam, uma vez que estes estímulos convencionais e condicionais só podem ser exercidos em organismos dispostos a percebê-los.

P. Esta teoria se opõe à psicanálise?

– Isso é muito mais complicado. Eu direi somente que a história individual, no que ela tem de mais singular, e na sua dimensão sexual mesma, é socialmente determinada. O que a fórmula de Carl Schorske diz muito bem: "Freud esquece que Édipo era um rei". Mas se é certo lembrar ao psicanalista que a relação pai e filho é também uma relação de sucessão, o sociólogo deve ele mesmo evitar esquecer que a dimensão propriamente psicológica da relação pai e filho pode constituir um obstáculo a uma sucessão *sem história*, na qual o herdeiro é de fato herdado pela herança.

P. Mas quando a história feita corpo está em perfeita harmonia com a história feita coisa, temos uma cumplicidade tácita dos dominados na dominação...

– Certas pessoas às vezes perguntam por que os dominados não são mais revoltados. Basta levar em conta as condições sociais de produção de agentes e os efeitos duradouros que exercem ao registrarem-se nas disposições para compreender que as pessoas que sao o produto de condições sociais revoltantes não são necessariamente tão revoltadas quanto seriam se, sendo o produto de condições menos revoltantes (como a maioria dos intelectuais), fossem colocadas nessas condições. O que não quer dizer que se façam cúmplices do poder por uma espécie de trapaça, de mentira para si mesmas. Além disso, não devemos esquecer todas as discrepâncias entre a história incorporada e a história reificada, todas as pessoas que se sentem "mal com elas mesmas", como se diz muito hoje em dia, isto é, na sua posição, na função que lhe é atribuída. Essas pessoas desestabilizadas, desclassificadas por baixo ou por cima, são pessoas com histórias que, muitas vezes, fazem a história.

P. Esta situação de instabilidade, você diz frequentemente senti-la.

– Pessoas sociologicamente improváveis frequentemente disseram que são "impossíveis"... A maioria das perguntas que faço, e, em primeiro lugar, aos intelectuais, que têm tantas respostas, e, no fundo, tão poucas perguntas, está provavelmente enraizada no sentimento de ser *estrangeiro* no mundo intelectual. Eu questiono este mundo porque ele me coloca em questão, e de uma maneira muito profunda, que vai muito além do simples sentimento de exclusão social: eu nunca me sinto plenamente justificado por ser um intelectual, eu não me sinto "em casa", eu tenho a sensação de ter contas a prestar – a quem não faço a menor ideia – do que me parece um privilégio injustificável. Esta experiência, que eu acredito reconhecer em muitos estigmatizados sociais (p. ex., em Kafka), não inclina à simpatia imediata para com todos aqueles – e eles não são menos numerosos entre os intelectuais do que alhures – que se sentem perfeitamente justificados por existirem como existem. A sociologia mais elementar da sociologia atesta que as maiores contribuições para a ciência social foram realizadas por homens que não eram como peixes dentro d'água no mundo social tal como ele é.

P. Este sentimento de não estar "em casa" talvez explique a imagem de pessimismo que muitas vezes lhe é associada. Imagem da qual você se defende...

– Eu tampouco gostaria que nada encontrassem para elogiar em minha obra além do seu otimismo. Meu otimismo, se houver otimismo, consiste em pensar que é preciso tirar o melhor partido possível de toda a evolução histórica que remeteu muitos intelectuais a um conservadorismo desenganado: quer se trate desse tipo de fim lamentável da história que cantam as "teorias da convergência" (regimes "socialistas" e "capitalistas") e do "fim das ideologias" ou, mais de perto, dos jogos de competição que dividem os partidos de esquerda, fazendo ver que os interesses específicos dos "homens do aparelho" podem vir antes dos interesses de seus mandantes. Quando já não há grande coisa a perder, sobretudo em matéria de ilusões, é o momento de fazer todas as perguntas que foram por muito tempo censuradas em nome de um otimismo voluntarista, muitas vezes identificado com as disposições progressistas. É também o momento de olhar para o ponto cego de todas as filosofias da história, isto é, a perspectiva a partir da qual elas são tomadas; de interrogar, por exemplo, como o faz Marc Ferro em seu último livro sobre a Revolução Russa, os interesses que os intelectuais-dirigentes podem ter em certas formas de "voluntarismo", capazes de justificar o "centralismo democrático"; isto é, a dominação dos permanentes e, mais amplamente, a tendência ao desvio burocrático do ímpeto subversivo que é inerente à lógica da representação e da delegação etc.

"Quem aumenta a ciência aumenta a dor", dizia Descartes. E o otimismo espontaneísta dos sociólogos da liberdade é muitas vezes apenas um efeito da ignorância. A ciência social destrói muitas imposturas, mas também muitas ilusões. Duvido, no entanto, que exista alguma outra liberdade real além daquela que torna possível o conhecimento da necessidade. A ciência social não teria cumprido tão mal o seu contrato se pudesse se erguer ao mesmo tempo contra o voluntarismo irresponsável e contra o cientificismo fatalista; se ela pudesse contribuir minimamente para definir o *utopismo racional*, capaz de desempenhar o conhecimento do provável para fazer acontecer o possível...[8]

---

8. Desenvolvimentos complementares podem ser encontrados em BOURDIEU, P. Le mort saisit le vif – Les relations entre l'histoire et l'histoire. In: *Actes de la Recherche en Sciences Sociales*, 32-33, abr.-jun./1980, p. 3-14.

Por uma sociologia dos sociólogos[9]

Eu gostaria de tentar fazer uma pergunta muito geral, aquela das condições sociais de possibilidade e das funções científicas de uma ciência social da ciência social, aquela acerca de um caso específico, o da ciência social dos países colonizados e descolonizados. O caráter improvisado do meu discurso pode implicar um certo número de posições um pouco arriscadas... É preciso correr riscos.

Primeira pergunta: decidimos falar aqui da história social da ciência social etc. Será que isso suscita algum interesse? Esse é o tipo de pergunta que nunca fazemos: se aqui estamos para falar disso, é porque consideramos interessante. Mas dizer que estamos interessados em um problema é uma forma eufemística de nomear o fato fundamental de que temos questões vitais em nossas produções científicas. Esses interesses não são diretamente econômicos ou políticos, se os vive como desinteressados: é próprio dos intelectuais ter interesses desinteressados, ter interesse no desinteresse. Temos interesse nos problemas que nos parecem interessantes. Isso quer dizer que em um determinado momento, um determinado grupo científico, sem que ninguém o decida, constitui um problema como interessante: há um colóquio, fundam-se revistas, escrevem-se artigos, livros, relatórios. Isto significa que "vale a pena" escrever sobre este tema, traz vantagens, menos sob a forma de direitos autorais (pode acontecer) do que sob a forma de prestígio, gratificações simbólicas etc. Tudo isso é apenas um preâmbulo para simplesmente lembrar que deveríamos nos abster de fazer sociologia, e, sobretudo, sociologia da sociologia, sem

---

9. Intervenção no colóquio Etnologia e Política no Magrebe [Jussieu, 05/06/1975], publicado em *Le mal de voir* – Cahiers Jussieu 2. Universidade de Paris VII/Union Générale, 1976, p. 416-427 [Coll. 10/18].

preliminarmente ou simultaneamente fazermos nossa própria análise sociológica (se tanto alguma vez for completamente viável). Para que serve a sociologia da ciência? Por que fazer a sociologia da ciência colonial? É preciso voltar para o sujeito do discurso científico as perguntas feitas sobre o objeto desse discurso. Como pode o pesquisador, de fato e de direito, fazer, sobre os pesquisadores do passado, perguntas que ele não faz a si mesmo – e reciprocamente?

Só temos alguma chance de compreender justamente as questões dos jogos científicos do passado se tivermos consciência de que o passado da ciência é uma questão das lutas científicas presentes. As estratégias de reabilitação muitas vezes dissimulam estratégias de *especulação* simbólica: se você chega a desacreditar a linhagem ao fim da qual se encontra o seu adversário intelectual, o curso de seus valores colapsa; não dizemos mais nada ao dizermos que o estruturalismo, o marxismo ou o marxismo estrutural estão "ultrapassados". Em suma, é bom perguntar o interesse que se tem para fazer a sociologia da sociologia, ou a sociologia dos outros sociólogos. Por exemplo, seria muito fácil mostrar que a sociologia dos intelectuais de direita é quase sempre feita pelos intelectuais de esquerda e vice-versa. Essas objetivações devem sua verdade parcial ao fato de que temos interesse em ver a verdade dos adversários, em ver o que os determina (os intelectuais de direita são geralmente materialistas quando se trata de explicar os intelectuais de esquerda). Somente o que nunca é apreendido, porque nos obrigaria a nos perguntarmos o que fazemos aí, que interesse temos etc., é o sistema das posições a partir das quais se engendram essas estratégias antagônicas.

A menos que admitamos que a história social da ciência social não tenha outra função além de fornecer aos pesquisadores em ciências sociais razões para existir, e que ela não precise de outra justificação, é preciso se perguntar se ela importa de alguma forma para a prática científica de hoje em dia. Será que a ciência da ciência social do passado é a condição do trabalho que a ciência social de hoje em dia deve realizar? E, mais precisamente, será que a ciência social da "ciência" "colonial" é uma das condições para uma verdadeira descolonização da ciência social de uma sociedade recentemente descolonizada? Eu seria tentado a admitir que o passado da ciência social ainda faz parte dos principais obstáculos da ciência social, e, notadamente, no caso que nos interessa. Durkheim disse aproximadamente em *A evolução pedagógica na França*: o inconsciente é o esquecimento da história. Penso que o inconsciente de uma disciplina seja a sua história; o inconsciente são as condições sociais de produção ocultas, esquecidas: o produto separado de suas condições sociais de produção muda de sentido e exerce um efeito ideológico. Saber o que se faz quando se faz ciência – o que é uma definição simples da epistemologia –, supõe que se saiba como foram feitos historicamente os problemas, os utensílios, os métodos e os conceitos que utilizamos. (Nesta lógica, nada seria mais urgente do que fazer uma história social da tradição marxista, para situar no contexto histórico de sua produção e de suas sucessivas utilizações dos modos de pensamento ou de expressão eternizados e fetichizados pelo esquecimento da história).

Aquilo com que a história social da "ciência" "colonial" poderia contribuir, do único ponto de vista que me parece interessante, a saber, para o progresso da ciência da sociedade argelina de hoje, seria uma contribuição para o conhecimento das categorias de pensamento com as quais pensamos esta sociedade. As comunicações desta manhã mostraram que os colonizadores, dominantes dominados por sua dominação, foram as primeiras vítimas de seus próprios instrumentos intelectuais; e eles podem ainda "apanhar" aqueles que, contentando-se em "reagir" contra eles sem compreender as condições sociais de seu trabalho, arriscam simplesmente cair nos erros inversos, e se privam, em todo caso, das únicas informações disponíveis sobre determinados objetos. Para compreender o que nos é deixado – *corpus*, fatos, teorias... –, precisamos, portanto, fazer a sociologia das condições sociais de produção desse objeto. O que isso quer dizer?

Não se pode fazer uma sociologia das condições sociais de produção da "ciência" "colonial" sem primeiro estudar a aparição de um campo científico relativamente autônomo e as condições sociais da autonomização desse campo. Um campo é um universo no qual as características dos produtores são definidas pela sua posição nas relações de produção, pelo lugar que ocupam em certo espaço de relações objetivas. Ao contrário do que pressupõe o estudo dos indivíduos isolados, como o pratica, por exemplo, a história literária do tipo "o homem e a obra", as propriedades mais importantes de cada produtor estão nas suas relações objetivas com os outros, isto é, fora dele, na relação de concorrência objetiva etc.

Trata-se primeiro de determinar quais eram as propriedades específicas do campo no qual a "ciência" "colonial" dos Masqueray, Desparmet e outros Maunier produzia seu discurso sobre o mundo colonial e como essas propriedades variavam segundo as épocas. Ou seja, analisar a relação que esse campo científico relativamente autônomo mantém por um lado com o poder colonial e por outro com o poder intelectual central, isto é, com a ciência metropolitana do momento. Há, com efeito, uma *dupla dependência*, uma das quais pode anular a outra. Este campo relativamente autônomo me parece ter sido caracterizado no conjunto (com algumas exceções, como Doutte, Maunier etc.) por uma dependência muito forte em relação ao poder colonial e uma independência muito forte em relação ao campo científico nacional, isto é, internacional. O resultado é uma série de propriedades da produção "científica". Seria preciso então analisar como variou a relação desse campo com a ciência nacional e internacional e com o campo político local e como essas mudanças foram retraduzidas na produção.

Uma das propriedades importantes de um campo reside no fato de que ele encerra o impensável, isto é, coisas que sequer são discutidas. Há a ortodoxia e a heterodoxia, mas há também a *doxa*, isto é, todo o conjunto do que é admitido como garantido, e em particular os sistemas de classificação que determinam o que é julgado interessante e sem interesse, o que ninguém pensa que mereça ser contado, porque não há *demanda*. Esta manhã, falamos muito dessas evidências, e Charles-André Julien evocou contextos intelectuais absolutamente surpreendentes para nós. O mais oculto é aquilo sobre o que todos estão de acordo, tão de acordo que sequer se fala disso, o que está fora de questão, o que é óbvio. Isso é o que os documentos históricos arriscam ocultar mais completamente, porque ninguém tem a ideia de registrar o que é óbvio; é isso que os informadores não dizem, ou só dizem por omissão, pelos seus silêncios. Interrogar-se sobre essas coisas que ninguém diz é importante, quando se faz história social da ciência social, se não se quer somente se divertir distribuindo culpa e elogio. Trata-se não de constituir-se como juiz, mas de compreender o que torna essas pessoas incapazes de compreender certas coisas, de colocar certos problemas; de determinar quais sejam as condições sociais do erro, que é necessário, uma vez que é produto de condições históricas, de determinações. No "isso é óbvio" de uma época, há o impensável *de jure* (politicamente, p. ex.), o inominável, o tabu – os problemas dos quais não podemos nos ocupar –, mas também o impensável *de facto*, o que a aparelhagem do pensamento não permite pensar. (É isso que faz com que o erro não seja distribuído em função dos bons ou dos maus sentimentos, e que, com bons sentimentos, possamos fazer a detestável sociologia.)

Isso nos levaria a colocar extraordinariamente o problema da relação privilegiada, indígena ou estrangeira, "simpatizante" ou hostil etc., ao objeto, no qual se encerra frequentemente a discussão sobre a sociologia colonial e a possibilidade de uma sociologia descolonizada. Penso ser necessário substituir a questão do ponto de vista privilegiado pela questão do controle científico da relação com o objeto da ciência, que é, na minha opinião, uma das condições fundamentais para a construção de um verdadeiro objeto de ciência. Seja qual for o objeto que o sociólogo ou o historiador escolha, trata-se, neste objeto, na sua maneira de construir este objeto, não do sociólogo ou do historiador enquanto sujeito singular, mas da relação objetiva entre as características sociais pertinentes do sociólogo e as características sociais desse objeto. Os objetos da ciência social e as maneiras de tratá-los mantêm sempre uma relação inteligível com o pesquisador definido sociologicamente, isto é, por uma determinada origem social, uma determinada posição na universidade, uma determinada disciplina etc. Por exemplo, penso que uma das mediações através das quais se exerce a dominação dos valores dominantes no âmbito da ciência seja a hierarquia social das disciplinas que coloca a teoria filosófica no topo e a geografia lá embaixo (não é um juízo de valor, mas uma constatação: a origem social dos estudantes diminui quando se passa da filosofia para a geografia ou quando se passa das matemáticas para a geologia). Existe, a cada momento, uma hierarquia dos objetos de pesquisa e uma hierarquia dos sujeitos da pesquisa (os pesquisadores) que contribuem de forma decisiva para a distribuição dos objetos entre os sujeitos. Ninguém diz (ou raramente), dado quem você é, você tem direito a este assunto e não àquele, a esta maneira de abordá-lo, "teórica" ou "empírica", "fundamental" ou "aplicada", e não àquela, a tal maneira, "brilhante" ou "séria", de apresentar seus resultados. Essas *advertências* são inúteis, na maioria dos casos, porque basta deixar funcionarem as censuras interiores que são apenas as censuras sociais e acadêmicas interiorizadas ("Eu não sou um teórico", "Eu não sei escrever"). Não há, portanto, nada menos neutro socialmente do que a relação entre o sujeito e o objeto.

O importante é, portanto, saber como objetivar a relação com o objeto de maneira que o discurso sobre o objeto não seja uma simples projeção de uma relação inconsciente com o objeto. Dentre as técnicas que tornam possível essa objetificação, há, certamente, todo o equipamento científico; estando entendido que este equipamento mesmo deve estar sujeito à crítica histórica, uma vez que a cada momento é herdado da ciência anterior.

Direi, para concluir, que o problema do privilégio do estrangeiro ou do indígena esconde, sem dúvida, um problema muito real, e que se coloca tanto ao se tratar de analisar ritos cabilas quanto do que se passa nesta sala ou em uma manifestação estudantil ou em uma fábrica em Billancourt: é a questão de saber o que é ser observador ou agente, de saber, em uma palavra, o que é a prática[10].

---

10. Desenvolvimentos complementares podem ser encontrados em BOURDIEU, P. Le champ scientifique. In: *Actes de la Recherche en Sciences Sociales*, 2-3, jun./1976, p. 88-104.

O paradoxo do sociólogo[11]

A ideia central que eu gostaria de avançar hoje é que a teoria do conhecimento e a teoria política são inseparáveis: toda teoria política encerra, pelo menos implicitamente, uma teoria da percepção do mundo social, e as teorias da percepção do mundo social estão organizadas segundo oposições muito análogas àquelas encontradas na teoria da percepção do mundo natural. Nesse caso, opõe-se tradicionalmente uma teoria empirista, segundo a qual a percepção toma emprestado da realidade as suas estruturas, e uma teoria construtivista, que diz que só há objetos percebidos por um ato de construção. Não é por acaso que, a propósito de um problema que concerne à percepção do mundo social, o das classes sociais, encontramos o mesmo tipo de oposições. Encontramos duas posições antagônicas que não se exprimem com a simplicidade um tanto quanto brutal que vou lhe dar: para uns, as classes sociais existem na realidade, e a ciência nada faz além de registrá-las, constatá-las; para outros, as classes sociais e as divisões sociais são construções operadas pelos cientistas ou pelos agentes sociais. Aqueles que querem negar a existência das classes sociais frequentemente alegam que as classes sociais são produto da construção sociológica. Segundo eles, só existem classes sociais porque existem cientistas para construí-las.

(Desde logo digo que um dos problemas fundamentais que a teoria da percepção do mundo social coloca é o problema da relação entre a consciência científica e a consciência comum. O ato de construção foi produzido pelo cientista ou pelo indígena? Será que o indígena tem categorias de percepção? De onde ele as toma e qual é a relação entre as categorias que a ciência constrói e as categorias que o agente ordinário executa na sua prática?)

---

11. Conferência proferida em Arras (*Noroît*) em outubro de 1977.

Volto à minha pergunta inicial: Como o mundo social é percebido e qual é a teoria do conhecimento que dá conta do fato de que nós percebemos o mundo como organizado? A teoria realista dirá que as classes sociais existem na realidade, que elas são medidas por índices objetivos. A principal objeção à teoria realista reside no fato de que, na realidade, nunca há descontinuidade. As rendas são distribuídas de maneira contínua, como a maioria das propriedades sociais que se pode vincular a indivíduos. Ora, a construção científica ou mesmo a percepção ordinária vê descontinuidade lá onde o observador vê continuidade. Por exemplo, é evidente que, de um ponto de vista estritamente estatístico, é impossível dizer onde termina o pobre e onde começa o rico. No entanto, a consciência comum pensa que haja ricos e pobres. A mesma coisa para os jovens e os velhos. Onde termina a juventude? Onde começa a velhice? Onde termina a cidade? Onde começa o subúrbio? Qual é a diferença entre um vilarejo grande e uma cidade pequena? É dito a você: as cidades com mais de 20.000 habitantes são mais favoráveis à esquerda do que as de menos de 20.000. Por que 20.000? O questionamento da divisão é muito justificado. É uma primeira oposição: Será que as divisões são construídas ou constatadas?

Tendo postulado a primeira oposição em termos de sociologia do conhecimento (Será que conhecemos o mundo social por construção ou por constatação?), eu gostaria de recolocá-la em termos políticos. (Façamos um parêntese sobre os conceitos em "ismo": a maioria destes conceitos, tanto na história da arte, da literatura ou da filosofia como na teoria política, são conceitos históricos que, inventados para as necessidades desta ou daquela polêmica, e, portanto, em um contexto histórico muito preciso, são utilizados fora e além deste contexto, e encontram-se assim investidos de um valor trans-histórico. Isto se aplica ao uso, um pouco selvagem, que eu vou fazer aqui de toda uma série de conceitos em "ismo".) Volto à segunda oposição, de cunho político, que pode ser estabelecida entre um objetivismo científico ou teórico e um subjetivismo ou um espontaneísmo. Trata-se de um dos problemas que assombraram o pensamento social no final do século XIX e que a tradição marxista chamava de o problema da catástrofe final. Este problema pode ser formulado, grosso modo, nos seguintes termos: A revolução será o produto de um desenvolvimento fatal, inscrito na lógica da história, ou será o produto de uma ação histórica? Aqueles que pensam que podemos conhecer as leis imanentes do mundo social e esperar de sua eficácia a "catástrofe final" se opõem àqueles que recusam as leis históricas e afirmam o primado da práxis, o primado do sujeito, o primado da ação histórica para com as leis invariáveis da história.

Essa oposição, assim reduzida à sua expressão mais simples, entre o cientificismo determinista e o subjetivismo ou o espontaneísmo, se vê de forma perfeitamente clara a propósito das classes sociais. Se eu tomo o exemplo das classes sociais, não é por acaso. É, ao mesmo tempo, algo de que os sociólogos precisam para pensar sobre a realidade e algo que "existe" na realidade, isto é, ao mesmo tempo na distribuição objetiva das propriedades e na cabeça das pessoas que fazem parte da realidade social. Este é o problema mais complicado que pode ser pensado, porque se trata de pensar aquilo com que pensamos, e que é, sem dúvida, determinado, pelo menos em parte, pelo que queremos pensar: tenho então boas chances, sinceramente, de não falar sobre isso como deveria.

Em política, o problema do conhecimento é colocado sob a forma da questão das relações entre os partidos e as massas. Muitas questões que foram colocadas a esse respeito são uma transposição consciente ou inconsciente das questões clássicas da filosofia do conhecimento sobre a relação entre sujeito e objeto. Um sociólogo (Sartori) desenvolve a tese ultrassubjetiva com muita lógica e rigor: ele se pergunta se o princípio das diferenças observadas na situação da classe operária na Inglaterra, na França e na Itália reside na história relativamente autônoma dos partidos, ou seja, desses sujeitos coletivos, capazes de construir a realidade social por suas *representações*, ou nas realidades sociais correspondentes. Hoje, o problema se coloca com uma acuidade particular. Será que os partidos exprimem as diferenças ou será que as produzem? Segundo a teoria intermediária entre o ultrassubjetivismo e o ultraobjetivismo expresso por Lukács, o partido apenas revela a massa a ela mesma, segundo a metáfora da parteira.

Será que essas duas oposições, oposição do ponto de vista da teoria do conhecimento e oposição do ponto de vista da ação política, não são superponíveis? Se alguém tivesse que distribuir em uma espécie de espaço teórico os diferentes pensadores do mundo social segundo a posição que assumem sobre esses dois problemas, perceberia que as respostas não são independentes. No campo da antropologia, onde a questão propriamente política não é colocada, a principal divisão é a oposição entre o subjetivismo e o objetivismo. A tradição objetivista concebe o mundo social como um universo de regularidades objetivas independentes dos agentes e construídas a partir do ponto de vista de um observador imparcial que está fora da ação, que sobrevoa o mundo observado. O etnólogo é alguém que reconstitui uma espécie de partitura não escrita segundo a qual se organizam as ações dos agentes que acreditam improvisar, cada um, a sua melodia, quando, na realidade, tanto em matéria de trocas matrimoniais como em matéria de trocas linguísticas, eles agem de acordo com um sistema de regras transcendentes etc. Por outro lado, Sartre ataca explicitamente, na *Crítica da razão dialética*, Lévi-Strauss e o efeito de reificação que o objetivismo produz. Um discípulo de Husserl, Schütz, fez uma fenomenologia da experiência ordinária do mundo social; ele tentou descrever como os agentes sociais vivem o mundo social ingenuamente, e esta tradição estendeu-se aos Estados Unidos na corrente chamada "etnometodológica", que é uma espécie de fenomenologia rigorosa da experiência subjetiva do mundo. Essa é a antítese absoluta da descrição objetivista. Em última análise, como certos textos de Goffmann sugerem, o mundo social é o produto das ações individuais. Não que as pessoas tenham condutas respeitosas porque há hierarquias, longe disso, é a infinidade das ações individuais de respeito, de deferência etc., que acabam por produzir a hierarquia. Vemos imediatamente as implicações políticas. De um lado, a linguagem das estruturas objetivas de dominação, relações objetivas de poder; do outro, um acréscimo de atos de respeito infinitesimais que engendra a objetividade das relações sociais. De um lado, o determinismo, do outro, a liberdade, a espontaneidade. ("Se todos deixassem de saudar os grandes, já não haveria grandes etc.") Vê-se bem que esta é uma questão importante. Vê-se, ao mesmo tempo, que no âmbito das sociedades divididas em classes e da sociologia é mais difícil do que na etnologia, não importa o que façamos quase sempre, separar o problema do conhecimento e o problema político.

Na tradição marxista há uma luta permanente entre uma tendência objetivista que busca as classes na realidade (donde o eterno problema: "Quantas classes existem?") e uma teoria voluntarista ou espontaneísta segundo a qual as classes são algo que fazemos. De um lado, se falará de condição de classe, e do outro, de consciência de classe. De um lado se falará de posição nas relações de produção. Do outro se falará antes de "luta de classes", de ação, de mobilização. A visão objetivista será antes uma visão acadêmica. A visão espontaneísta será antes uma visão militante. Penso, com efeito, que a posição que se adota sobre o problema das classes depende da posição que se ocupa na estrutura das classes.

Em um artigo que escrevi há algum tempo, coloquei alguns dos problemas que quero expor nesta noite. Um instituto de pesquisa havia proposto, a uma amostra de entrevistados, dizerem, acerca de Marchais, Mitterand, Giscard, Chirac, Poniatowski, Servan-Schreiber, segundo a regra do "jogo chinês" ("Se fosse uma árvore, seria qual?"), se, caso fosse uma árvore, este lhe evocaria um plátano, um álamo, um carvalho etc., se fosse um carro, um Rolls, um Porsche ou um 2CV etc. Aparentemente, tratava-se de um jogo de tabuleiro sem consequências. No entanto, convidados a relacionar duas séries de objetos dos quais eles obviamente não têm nenhum conceito, uma série de políticos de um lado e uma série de objetos do outro, os sujeitos produzem uma série de atribuições coerentes e, para Servan-Schreiber, por exemplo, fica: se fosse uma árvore, seria uma palmeira; se fosse um móvel, seria um móvel da Knoll; se fosse um carro, seria um Porsche; se fosse um parente, seria um genro. Encontra-se aí a ideia de que se trata de um "exibicionismo", um "espalhafato", e toda uma verdade constitutiva da nova burguesia da qual Servan-Schreiber participa (que efetivamente possui móveis Knoll em Paris). Em outras palavras, há uma intuição global da pessoa enquanto portadora do "estilo" de toda uma fração de classe.

Não sendo pré-constituídos socialmente, os objetos naturais (árvores, flores etc.) são constituídos pela aplicação de esquemas sociais. Mas enfeites de cabeça (chapéu-coco, cartola, boné, boina etc.), ou jogos (bridge, belote etc.) são objetos já classificados, na realidade mesma, porquanto, pelo fato de pôr uma boina, um boné, de deixar a cabeça descoberta etc., as pessoas se classificam e sabem que o fazem. As classificações que o sociólogo aplica são, portanto, classificações de segundo grau. Pode-se dizer que as atribuições que as pessoas fazem são operadas por um senso social que é uma quase sociologia, uma intuição prática, e bem fundamentada, da correspondência entre as posições sociais e os gostos.

Começo a responder à questão que coloquei no começo. Será que a representação do mundo social é o simples registro de divisões que existem na realidade, ou uma construção operada pela aplicação de esquemas classificatórios? Os agentes passam suas vidas se classificando pelo simples fato de se apropriarem dos objetos que são, eles mesmos, classificados (pelo fato de serem associados a classes de agentes); e também classificando os outros que se classificam ao se apropriarem dos objetos que eles classificam. Portanto, o que está em causa é o próprio objeto da classificação do objeto. Praticamente todos os agentes têm o mesmo sistema de classificação na cabeça; por conseguinte, poder-se-ia dizer que existem duas ordens de objetividade: as classes objetivas que posso construir com base em salários, diplomas, número de filhos etc.; e em seguida as classes objetivas na medida em que elas existem na cabeça de todos os agentes que estão submetidos à classificação científica. Essas classificações são uma questão de luta entre os agentes. Em outras palavras, há uma luta de classificações que é uma dimensão da luta de classes. Em uma das *Teses sobre Feuerbach*, Marx diz aproximadamente que o infortúnio do materialismo é ter deixado ao idealismo a ideia de que o objeto é o produto de nossas construções, de ter identificado o materialismo a uma teoria do conhecimento como reflexo do mundo, quando o conhecimento é uma produção, um trabalho coletivo etc. Ora, como eu disse, essa produção é antagônica. Os sistemas de classificação são produtos sociais e, como tais, são desafios de uma luta permanente. Tudo isso é muito abstrato, mas posso voltar a coisas extremamente concretas. Tomemos um exemplo: as convenções coletivas são registros de lutas sociais entre os patrões, os sindicatos etc. Lutas sobre o quê? Sobre palavras, sobre classificações, sobre grades. A maioria das palavras das quais dispomos para falar o mundo social oscilam entre o eufemismo e a injúria: você tem "caipira", injúria, e "agricultor", eufemismo, e entre as duas, "camponês". Nunca há palavras neutras para falar do mundo social, e a mesma palavra não tem o mesmo significado segundo a pessoa que a pronuncia. Tomemos a palavra "pequeno-burguês": esta palavra, que condensa uma série de propriedades perfeitamente características dessa categoria, tem sido tão empregada como injúria na luta filosófica, na luta literária – pequeno-burguês, merceeiro etc. – que, não importa o que façamos, funcionará como um instrumento de luta.

Na vida cotidiana, passamos nosso tempo objetivando os outros. A injúria é uma objetivação ("Você é um etc."): ela reduz o outro a uma de suas propriedades, de preferência oculta; ela o reduz, como se costuma dizer, à sua verdade objetiva. Alguém diz: "Eu sou generoso, desinteressando etc." Diz-se a ele: "Você está aqui para ganhar a vida", grau zero da redução. (O materialismo tem uma propensão particular a cair no economismo que é consistente com a tendência espontânea da luta cotidiana das classificações, que consiste em reduzir o outro à sua verdade objetiva. Ora, a redução mais elementar é a redução ao interesse econômico.)

Na prática cotidiana, a luta entre o objetivismo e o subjetivismo é permanente. Cada qual procura impor sua representação subjetiva de si mesmo como representação objetiva. O dominante é aquele que tem os meios de impor ao dominado que ele o perceba como ele exige que o percebam. Na vida política, cada um é objetivista contra seus adversários. Além disso, somos sempre objetivistas para os outros.

Existe uma cumplicidade entre o cientificismo objetivista e uma forma de terrorismo. A propensão ao objetivismo que é inerente à postura cientificista está ligada a certas posições no universo social, e, particularmente, a uma posição de pesquisador que domina o mundo pelo pensamento, que parece ter um pensamento do mundo totalmente inacessível para aqueles que estão imersos na ação. O economismo é a tentação das pessoas que sabem mais de economia. Ao contrário, aqueles que são mais envolvidos na ação são levados ao espontaneísmo. A oposição entre o objetivismo e o subjetivismo está na natureza das coisas; ela é a própria luta histórica. Marx tem mais chance de ter a verdade de Bakunin do que Bakunin, e Bakunin tem mais chance de ter a verdade de Marx do que Marx. Em todo caso, não se pode ser, ao mesmo tempo, Marx e Bakunin. Não se pode estar em dois lugares do espaço social ao mesmo tempo. O fato de se estar em um ponto no espaço social é solidário com os erros prováveis: o erro subjetivista, o erro objetivista. Sempre que há um espaço social, há luta; há luta de dominação, há um polo dominante, há um polo dominado, e, a partir desse momento, há verdades antagônicas. O que quer que façamos, a verdade é antagônica. Se existe uma verdade, é que a verdade é uma questão de luta.

Eu acho que, no movimento operário, sempre houve uma luta entre uma tendência centralista, cientificista, e uma tendência espontaneísta, cada uma das duas tendências se apoiando, pelas necessidades da luta no interior do partido, sobre oposições reais no interior da própria classe operária: as primeiras apelam ao subproletariado, ao "marginalizado"; as outras à elite operária. Essa oposição é a própria história, e a pretensão monista que tenta anulá-la é anti-histórica e, portanto, terrorista.

Não sei se argumentei corretamente. O que eu disse no final não é um credo. Eu penso que isso decorra da análise.

O que falar quer dizer[12]

Se o sociólogo tiver um papel, este é o de dar armas em vez de dar aulas.

Vim para participar de uma reflexão e tentar fornecer àqueles que têm a experiência prática de uma série de problemas pedagógicos os instrumentos que a pesquisa propõe para interpretá-los e para compreendê-los.

Se, portanto, meu discurso é decepcionante, e até mesmo, por vezes, deprimente, não é que eu tenha algum prazer em desencorajar, ao contrário. É que o conhecimento das realidades leva ao realismo. Uma das tentações da profissão de sociólogo é o que os próprios sociólogos chamaram de sociologismo, isto é, a tentação de transformar leis ou regularidades históricas em leis eternas. Donde a dificuldade de comunicar os produtos da pesquisa sociológica. É preciso se situar constantemente entre dois papéis: de um lado o de desmancha-prazeres e, do outro, o de cúmplice da utopia.

Aqui, hoje, gostaria de tomar como ponto de partida de minha reflexão o questionário que alguns de vocês prepararam para esta reunião. Se tomei este ponto de partida, é com a intenção de dar ao meu discurso um enraizamento o mais concreto possível e evitar (o que me parece uma das condições práticas de toda relação de comunicação verdadeira) que aquele que tem a fala, que tem o monopólio de fato da palavra, imponha completamente a arbitrariedade de sua interrogação, a arbitrariedade de seus interesses. A consciência da arbitrariedade da imposição da palavra é cada vez mais frequentemente imposta hoje em dia,

---

12. Intervenção no Congresso da Afef (*Association Française pour l'Enseignement du Français* [Associação Francesa para o Ensino do Francês]). Limoges, 30/10/1977. Publicado em *Le Français Aujourd'hui*, 41, mar./1978, p. 4-20. Cf. tb. Suplemento 41, p. 51-57.

tanto àquele que detém o monopólio do discurso quanto àqueles que o sofrem. Por que, em certas circunstâncias históricas, em certas situações sociais, sentimos com angústia ou mal-estar esse golpe de força que está sempre implicado no tomar a palavra em uma situação de autoridade ou, se quisermos, em uma *situação autorizada*, sendo a situação pedagógica o modelo dessa situação?

Portanto, para dissolver aos meus próprios olhos essa ansiedade, tomei como ponto de partida questões que *realmente* foram colocadas para um grupo dentre vocês e que podem ser colocadas para todos vocês.

As questões giram em torno das relações entre o escrito e o oral, e poderiam ser formuladas assim: "Será que a oralidade pode ser ensinada?"

Esta questão é uma forma atualizada de um velha interrogação que já se encontrava em Platão: "Será que a excelência pode ser ensinada?" Esta é uma questão totalmente central. Será que se pode ensinar algo que não se aprende? Pode-se ensinar aquilo com o que se ensina, isto é, a linguagem?

Esse gênero de interrogação não surge a qualquer momento. Se, por exemplo, ela se coloca em tal diálogo de Platão, é, parece-me, porque a questão do ensino se coloca para o ensino quando o ensino está em questão. É porque o ensino está em crise que há uma interrogação crítica sobre o que é ensinar. Em tempos normais, nas fases que podem ser chamadas de orgânicas, o ensino não se interroga a respeito de si mesmo. Uma das propriedades de um ensino que funciona bem demais – ou mal demais – é ser seguro de si, ter essa espécie de segurança (não é por acaso que se fala de "seguro" a respeito da linguagem) que resulta da certeza de ser não somente *escutado*, mas *ouvido*, certeza que é própria de toda linguagem de autoridade ou autorizada. Esta interrogação não é, portanto, intemporal, ela é histórica. É sobre essa situação histórica que eu gostaria de refletir. Esta situação está ligada a um estado da relação pedagógica, a um estado das relações entre o sistema educacional e o que é chamado de sociedade global, isto é, as classes sociais, a um estado da linguagem, a um estado da instituição escolar.

Eu gostaria de tentar mostrar que a partir das questões concretas colocadas pelo uso acadêmico da linguagem pode-se colocar, ao mesmo tempo, as questões mais fundamentais da sociologia da linguagem (ou da sociolinguística) e da instituição acadêmica. Parece-me, com efeito, que a sociolinguística teria escapado mais rápido da abstração se tivesse oferecido a si própria, como lugar de reflexão e de constituição, este espaço muito particular, mas muito exemplar, que é o espaço acadêmico, se ela tivesse oferecido a si mesma como objeto este uso muito peculiar que é o uso acadêmico da linguagem.

Tomo o primeiro conjunto de questões: Você pensa ensinar a oralidade? Quais dificuldades você encontra? Você encontra resistência? Você entra em conflito com a passividade dos alunos?

Imediatamente, tenho vontade de perguntar: Ensinar a oralidade? Mas *qual oralidade*?

Há um implícito, como em todo discurso oral ou mesmo escrito. Há um conjunto de pressupostos que cada um traz ao colocar essa questão. Dado que as estruturas mentais são estruturas sociais interiorizadas, tem-se todas as chances de introduzir, na oposição entre o escrito e o oral, uma oposição absolutamente clássica entre o distinto e o vulgar, o científico e o popular, de sorte que a oralidade tem fortes chances de ser acompanhada de toda uma aura populista. Ensinar a oralidade seria assim ensinar essa linguagem que se ensina na rua, o que já conduz a um paradoxo. Dito de outra maneira, será que a questão da natureza mesma da língua ensinada não é importante? Ou então, será que essa oralidade que se quer ensinar não é tão simplesmente algo que já se ensina, e isso de maneira muito desigual, segundo as instituições acadêmicas? Sabemos, por exemplo, que as diferentes instâncias do ensino superior ensinam a oralidade de maneira muito desigual. As instâncias que preparam para a política, como a Sciences Po e a ENA, ensinam muito mais a oralidade e lhe conferem uma importância muito maior na avaliação do que o ensino que prepara seja para o ensino, seja para a técnica. Por exemplo, na Politécnica, faz-se resumos, na ENA, faz-se o que se chama de "grande oral", que é totalmente uma conversa de salão, que demanda um certo tipo de relação com a linguagem, um certo tipo de cultura. Dizer "ensinar a oralidade" sem mais, isso não tem nada de novo, isso já se faz muito. Essa oralidade pode então ser a oralidade da conversação social, pode ser a oralidade do colóquio internacional etc.

Então, perguntar-se a si mesmo "ensinar a oralidade?", "ensinar que oralidade?", não é suficiente. É preciso ainda se perguntar *quem* vai definir qual oralidade ensinar. Uma das leis da sociolinguística é que a linguagem empregada em uma situação particular depende não somente, como acredita a linguística interna, da competência do locutor no sentido chomskyano do termo, mas também do que chamo de mercado linguístico. O discurso que produzimos, segundo o modelo que proponho, é uma "resultante" da competência do locutor e do mercado sobre o qual passa seu discurso; o discurso depende em parte (que seria necessário apreciar mais rigorosamente) das condições de recepção.

Toda situação linguística funciona, portanto, como um mercado no qual o locutor coloca seus produtos, e o produto que ele produz para esse mercado depende da expectativa que ele tem dos preços que seus produtos receberão. No mercado acadêmico, gostemos ou não, chegamos com uma expectativa dos ganhos e das sanções que receberemos. Um dos grandes mistérios que a sociolinguística deve resolver é esta espécie de senso de aceitabilidade. Nunca aprendemos a linguagem sem aprender, *ao mesmo tempo*, as condições de aceitabilidade dessa linguagem. Ou seja, aprender uma linguagem é aprender ao mesmo tempo que essa linguagem será rentável nessa ou naquela situação.

Aprendemos inseparavelmente a falar e a avaliar antecipadamente o preço que nossa linguagem receberá; no mercado acadêmico – e nisso o mercado acadêmico oferece uma situação ideal para a análise – este preço é a nota, a nota que muitas vezes implica um preço material (se você não tiver uma boa nota no seu histórico acadêmico da Politécnica, você será administrador no Insee [Instituto Nacional da Estatística e dos Estudos Econômicos] e ganhará três vezes menos...). Portanto, toda situação linguística funciona como um mercado no qual algo é trocado. Essas coisas são, é claro, palavras, mas essas palavras não são feitas somente para serem compreendidas; a relação de comunicação não é uma simples relação de comunicação, é também uma relação econômica onde se desenrola o valor daquele que fala: Ele falou bem ou mal? É brilhante ou não? Pode-se casar com ele ou não?...

Os alunos que chegam ao mercado acadêmico têm uma expectativa das chances de recompensa ou das sanções prometidas a este ou aquele tipo de linguagem. Em outras palavras, a situação acadêmica enquanto situação linguística de um tipo particular exerce uma formidável censura sobre todos aqueles que antecipam, com conhecimento de causa, as chances de ganho e de perda que eles têm, dada a competência linguística de que dispõem. E o silêncio de alguns é apenas por interesse, claro.

Um dos problemas que é colocado por esse questionário é o de saber *quem* governa a situação linguística acadêmica. Será que o professor está no controle? Será que ele realmente tem a iniciativa na definição da aceitabilidade? Será que ele controla as leis do mercado?

Todas as contradições que as pessoas que embarcam na experiência do ensino da oralidade vão encontrar decorrem da seguinte proposição: a liberdade do professor ao definir as leis do mercado específico de sua classe é limitada, porque ele nunca criará mais do que um "império em um império", um subespaço no qual as leis do mercado dominante estão suspensas. Antes de prosseguir, é preciso lembrar do caráter muito peculiar do mercado acadêmico: é dominado pelas exigências imperativas do professor de Francês que está legitimado a ensinar o que não deveria ser ensinado se todo mundo tiver chances iguais de ter essa capacidade, e que tem o direito de correção no duplo sentido do termo: a correção linguística ("a linguagem *castigada*") é o produto da correção. O professor é uma espécie de juiz para crianças em matéria linguística: ele tem direito de correção e de sanção sobre a linguagem de seus alunos.

Imaginemos, por exemplo, um professor populista que recuse esse direito de correção e que diga: "Quem quiser a palavra que a tome; a mais bonita das linguagens é a linguagem dos subúrbios". De fato, esse professor, quaisquer que sejam as suas intenções, permanece em um espaço que normalmente não obedece a essa lógica, porque há fortes chances de que, ao lado, haja um professor que exija o rigor, a correção, a ortografia... Mas suponhamos mesmo que todo um estabelecimento escolar seja transformado, as expectativas das chances que os estudantes trazem ao mercado os levarão a exercer uma censura antecipada, e levará um tempo considerável para que eles abdiquem de sua correção e de sua hipercorreção que aparecem em todas as situações linguisticamente, isto é, socialmente, dissimétricas (e em particular na situação de investigação). Todo o trabalho de Labov só foi possível à custa de uma série de truques visando a destruir o artefato linguístico produzido pelo simples fato do relacionamento de um "competente" e um "incompetente", de um locutor autorizado com um locutor que não se sente autorizado; da mesma forma, todo trabalho que fizemos em matéria de cultura consistiu em tentar superar o efeito de imposição de legitimidade que o mero fato de fazer perguntas sobre a cultura realiza. Fazer perguntas sobre cultura em uma situação de investigação (que parece uma situação acadêmica) a pessoas que não se consideram cultas, exclui de seu discurso o que verdadeiramente lhes interessa; elas então procuram tudo quanto possa parecer cultural; assim, quando se pergunta: "Você gosta de música?", nunca ouvimos: "Eu gosto da Dalida", mas ouvimos: "Eu gosto das valsas de Strauss", porque é, na competência popular, o que mais se assemelha à ideia que se faz do que os burgueses gostam. Em todas as circunstâncias revolucionárias, os populistas sempre se confrontaram com esse tipo de vingança das leis do mercado que parecem nunca ser tão afirmadas quanto quando se pensa as transgredir.

Para voltar ao que era o ponto de partida desta digressão: Quem define a aceitabilidade?

O professor é livre para abdicar do seu papel de "senhor da fala" que, ao produzir um certo tipo de situação linguística ou admitir a lógica mesma das coisas (o púlpito, a cadeira, o microfone, a distância, o *habitus* dos alunos) ou admitir as leis que produzem certo tipo de discurso, produz certo tipo de linguagem, não somente em si mesmo, mas nos seus interlocutores. Mas em que medida o professor pode manipular as leis da aceitabilidade sem entrar em contradições extraordinárias, pelo tempo que as leis gerais de aceitabilidade não são alteradas? É por isso que a experiência da oralidade é completamente apaixonante. Não podemos tocar nessa coisa tão central e ao mesmo tempo tão evidente sem colocar as questões mais revolucionárias sobre o sistema educacional: Será que podemos mudar a língua no sistema escolar sem mudar todas as leis que definem o valor dos produtos linguísticos das diferentes classes no mercado; sem mudar as relações de dominação na ordem linguística, isto é, sem mudar as relações de dominação?

Passo a uma analogia que hesito em formular, se bem que ela me pareça necessária: a analogia entre a crise no ensino do francês e a crise da liturgia religiosa. A liturgia é uma linguagem ritualizada que é inteiramente codificada (quer se trate de gestos ou de palavras) e cuja sequência é inteiramente previsível. A liturgia em latim é a forma-limite de uma linguagem que, não sendo compreendida, mas *sendo autorizada*, funciona, não obstante, sob certas condições, como linguagem, para a satisfação dos emitentes e dos receptores. Em situação de crise, essa linguagem cessa de funcionar: ela já não produz o seu efeito principal que é o de *fazer acreditar*, de fazer respeitar, de fazer admitir – de *se* fazer admitir mesmo que não se o compreenda.

A questão colocada pela crise da liturgia, dessa linguagem que já não funciona, que já não se entende, na qual já não se acredita, é a questão da relação entre a linguagem e a instituição. Quando uma linguagem está em crise e se coloca a questão de qual linguagem falar, é que a instituição está em crise e a questão da autoridade delegante se coloca – da autoridade que diz como falar e que dá autoridade e autorização para falar.

Por este desvio através do exemplo da Igreja, eu gostaria de colocar a seguinte questão: Será que a crise linguística é separável da crise da instituição académica? Será que a crise da instituição linguística não é a simples manifestação da crise da instituição académica? Na sua definição tradicional, na fase orgânica do sistema educacional francês, o ensino do francês não era um problema, o professor de Francês tinha certeza: ele sabia o que era preciso ensinar, como ensinar, e encontrava os alunos prontos para escutá-lo, para compreendê-lo, e pais compreensivos por essa compreensão. Nessa situação, o professor de Francês era um celebrante: ele celebrava um culto da língua francesa, ele defendia e ilustrava a língua francesa e reforçava os seus valores sagrados. Fazendo isso, ele defendia o seu próprio valor sagrado: isto é muito importante, porque a moral e a crença são uma consciência, a si mesma ocultada, de seus próprios interesses. Se a crise do ensino do francês provoca crises pessoais tão dramáticas, de uma violência tão grande quanto aquelas que vimos em Maio de 68 e depois, é que, através do valor desse produto de mercado que é a língua francesa, um certo número de pessoas defendem, com as costas para a parede, o seu próprio valor, o seu próprio capital. Elas estão prontas para morrer pelo francês... ou pela ortografia! Assim como as pessoas que passaram quinze anos de sua vida aprendendo latim, quando sua linguagem se acha subitamente desvalorizada, são como que detentoras da dívida russa...

Um dos efeitos da crise é suscitar a interrogação sobre as condições tácitas, sobre os pressupostos do funcionamento do sistema. Pode-se, quando a crise traz à luz uma série de pressupostos, colocar a questão sistemática dos pressupostos e se perguntar como *deve ser* uma situação linguística acadêmica para que os problemas suscitados em situação de crise não sejam suscitados. A linguística mais avançada adere atualmente à sociologia sobre este ponto, que o objeto primário da pesquisa sobre a linguagem é a explicitação dos pressupostos da comunicação. O essencial do que se passa na comunicação não está na comunicação: por exemplo, o essencial do que se passa em uma comunicação como a comunicação pedagógica está nas condições sociais de possibilidade da comunicação. No caso da religião, para que a liturgia romana funcione, é preciso que seja produzido um certo tipo de emitentes e um certo tipo de receptores. É preciso que os receptores estejam predispostos a reconhecer a autoridade dos emitentes, que os emitentes não falem por conta própria, mas falem sempre como delegados, como sacerdotes mandatários, e nunca se permitam definir eles mesmos o que deve e o que não deve ser dito.

O mesmo se passa no ensino: para que o discurso professoral ordinário, enunciado e recebido como certo, funcione, é necessária uma relação autoridade-crença, uma relação entre um emitente autorizado e um receptor pronto para receber o que é dito, para acreditar que o que é dito merece ser dito. É preciso que um receptor pronto para receber seja produzido, e não é a situação pedagógica que o produz.

Recapitulando de forma abstrata e rápida, a comunicação em situação de autoridade pedagógica supõe emitentes legítimos, receptores legítimos, uma situação legítima e uma linguagem legítima.

É necessário um emitente legítimo, ou seja, alguém que reconheça as leis implícitas do sistema e que seja, como tal, reconhecido e cooptado. São necessários destinatários reconhecidos pelo emitente como dignos de receber, o que supõe que o emitente tenha poder de eliminação, que ele possa excluir "aqueles que não deveriam estar lá"; mas isso não é tudo: são necessários alunos que estejam prontos para reconhecer o professor como professor, e pais que deem uma espécie de crédito, de cheque em branco, ao professor. É necessário também que idealmente os receptores sejam relativamente homogêneos linguisticamente (ou seja, socialmente), homogêneos no conhecimento da língua e no *reconhecimento* da língua, e que a estrutura do grupo não funcione como um sistema de censura capaz de proibir a linguagem que deve ser usada.

Em certos grupos escolares predominantemente populares, as crianças das classes populares podem impor a norma linguística de seu meio e desconsiderar aqueles aos quais Labov chama de perdedores, e que têm uma linguagem para os professores, a linguagem que "faz bem", isto é, efeminada e um pouco servil. Pode acontecer, portanto, que a norma linguística acadêmica se confronte em certas estruturas sociais com uma contranorma. (Inversamente, em estruturas dominadas pela burguesia, a censura do grupo dos pares se exerce no mesmo sentido que a censura professoral: a linguagem que não é "castigada" é autocensurada e não pode ser produzida em situação acadêmica.)

A situação legítima é algo que envolve ao mesmo tempo a estrutura do grupo e o espaço institucional no interior do qual esse grupo funciona. Por exemplo, há todo o conjunto dos signos institucionais relevantes, e especialmente a linguagem relevante (a linguagem relevante tem uma retórica particular cuja função é dizer o quanto o que é dito é importante). Essa linguagem relevante se realiza tanto melhor quanto se esteja em uma situação mais eminente, em um púlpito, em um lugar consagrado etc. Entre as estratégias de manipulação de um grupo há a manipulação das estruturas espaciais e signos institucionais relevantes.

Uma linguagem legítima é uma linguagem com formas fonológicas e sintáticas legítimas, isto é, uma linguagem que responde aos critérios habituais da gramaticalidade, e uma linguagem que diz constantemente, para além do que ela diz, que ela o diz bem. E, por conseguinte, leva a crer que o que ela diz é verdadeiro: o que é uma das formas fundamentais de fazer passar o falso no lugar do verdadeiro. Entre os efeitos políticos da linguagem dominante está o seguinte: "Ela o diz bem, então isso tem chances de ser verdadeiro".

Este conjunto de propriedades que *constituem um sistema*, e que estão reunidas no estado orgânico de um sistema escolar, define a aceitabilidade social, o estado no qual a linguagem passa: ela é escutada (i. é, crida), obedecida, ouvida (compreendida). A comunicação se passa, em última análise, a meias-palavras. Uma das propriedades das situações orgânicas é que a própria linguagem – a parte propriamente linguística da comunicação – tende a se tornar secundária.

No papel do celebrante, que frequentemente competia aos professores de arte ou de literatura, a linguagem era quase nada além de interjeição. O discurso de celebração, aquele dos críticos de arte, por exemplo, não diz grande coisa além de uma "exclamação". A exclamação é a experiência religiosa fundamental.

Em situação de crise, esse sistema de crédito mútuo colapsa. A crise é semelhante a uma crise monetária: pergunta-se, de todos os títulos que circulam, se não são *assignats*.

Nada ilustra melhor a liberdade extraordinária que dá ao emitente uma conjunção de fatores favoráveis do que o fenômeno da *hipocorreção*. Inverso da *hipercorreção*, fenômeno característico da fala pequeno-burguesa, a hipocorreção só é possível porque aquele que transgride a regra (Giscard, p. ex., quando não admite o particípio passado com o verbo haver) manifesta aliás, por outros aspectos de sua linguagem, a pronúncia, por exemplo, e também por tudo o que ele é, por tudo o que ele faz, que ele poderia falar corretamente.

Uma situação linguística nunca é propriamente linguística, e, através de todas as questões colocadas pelo questionário tomado como ponto de partida, se encontravam colocadas, ao mesmo tempo, as questões mais fundamentais da sociolinguística (O que é falar com autoridade? Quais são as condições sociais de possibilidade de uma comunicação?), e as questões fundamentais da sociologia do sistema educacional, que estão todas organizadas em torno da questão fundamental da *delegação*.

O professor, quer queira quer não, quer saiba quer não, especialmente quando acha que está desterrado, permanece um mandatário, um delegado que não pode redefinir sua tarefa sem entrar em contradições nem colocar seus receptores em contradições enquanto não sejam transformadas as leis do mercado em relação às quais ele define negativamente ou positivamente as leis relativamente autônomas do pequeno mercado que ele instaura em sua classe. Por exemplo, um professor que se recusa a notar, ou que se recusa a corrigir a linguagem de seus alunos, tem o direito de fazê-lo, mas ele pode, ao fazê-lo, comprometer as chances de seus alunos no mercado matrimonial ou no mercado econômico, onde as leis do mercado linguístico dominante continuam a se impor. O não deve, entretanto, levar a uma demissão.

A ideia de produzir um espaço autônomo arrancado das leis do mercado é uma utopia perigosa, desde que não se coloque simultaneamente a questão das condições de possibilidade políticas da generalização dessa utopia.

P. É provavelmente interessante aprofundar a noção de competência linguística para ultrapassar o modelo chomskyano de emitente e locutor ideal; entretanto, suas análises da competência, no sentido de tudo o que tornaria legítima uma palavra, são por vezes bastante flutuantes, e, em particular, aquela do mercado: ora você entende o termo mercado no sentido econômico, ora você identifica o mercado na troca na macrossituação e parece-me que existe aí uma ambiguidade. Por outro lado, você não reflete o suficiente o fato de que a crise da qual você fala é uma espécie de subcrise, que está mais essencialmente ligada à crise de um sistema que nos engloba a todos. Seria preciso refinar a análise de todas as condições de situações de intercâmbio linguístico no espaço acadêmico ou no espaço educativo em sentido amplo.

– Mencionei aqui este modelo da competência e do mercado após alguma hesitação porque é bastante óbvio que, para defendê-lo completamente, eu precisaria de mais tempo, e que eu seria levado a desenvolver análises muito abstratas, que não interessariam necessariamente a todo mundo. Fico muito contente que a sua pergunta me permita fazer alguns esclarecimentos.

Eu confiro a esta palavra mercado um sentido muito amplo. Parece-me totalmente legítimo descrever como *mercado linguístico* tanto a relação entre duas donas de casa que conversam na rua como o espaço acadêmico ou a situação de entrevista pela qual os executivos são recrutados.

O que está em questão sempre que dois locutores se falam é a relação objetiva entre as suas competências, não somente a sua competência linguística (o seu domínio mais ou menos completo da linguagem legítima), mas também o conjunto de sua competência social, seu direito de falar, que depende objetivamente de seu sexo, idade, religião, *status* econômico e *status* social, informações que poderiam ser conhecidas de antemão ou ser antecipadas através de índices imperceptíveis (ele é educado, ele tem uma roseta etc.). Esta relação confere estrutura ao mercado e define um certo tipo de lei de formação de preços. Há uma microeconomia e uma macroeconomia de produtos linguísticos, entendendo-se que a microeconomia nunca é autônoma em relação às leis macroeconômicas. Por exemplo, em uma situação de bilinguismo, observa-se que o locutor muda de língua de uma forma que nada tem de aleatória. Pude observar, tanto na Argélia quanto em uma aldeia bearnesa, que as pessoas mudam de linguagem segundo o assunto abordado, mas também segundo o mercado, segundo a estrutura da relação entre os interlocutores, a propensão a adotar a língua dominante crescendo com a posição daquele ao qual alguém se dirige na hierarquia prévia das competências linguísticas: a quem seja considerado importante, alguém se esforça em dirigir-se no melhor francês possível; a língua dominante domina quanto mais os dominantes dominem mais completamente o mercado particular. A probabilidade de o locutor adotar o francês para se expressar é tanto maior quanto mais o mercado seja dominado pelos dominantes, por exemplo, nas situações oficiais. E a situação acadêmica faz parte da série de mercados oficiais. Nesta análise não há economismo. Não se trata de dizer que todo mercado seja um mercado econômico. Mas tampouco se deve dizer que não haja mercado linguístico que não envolva, em alguma medida, interesses econômicos.

Quanto à segunda parte da questão, ela suscita o problema do direito científico à abstração. Abstrai-se de um certo número de coisas e trabalha-se no espaço assim definido.

P. No sistema escolar tal como você o definiu por este conjunto de propriedades, você acha que o professor conserva, ou não, uma certa margem de manobra? E qual seria ela?

— É uma questão muito difícil, mas acho que sim. Se eu não estivesse convencido de que existe uma margem de manobra, eu não estaria aqui.

Mais seriamente, ao nível da análise, penso que uma das consequências práticas do que eu disse é que uma consciência e um conhecimento das leis específicas do mercado linguístico do qual determinada classe é o lugar podem, e isso seja qual for o objetivo que se persiga (preparar-se para o bacharelado, iniciar-se na literatura moderna ou na linguística), transformar completamente a maneira de ensinar.

É importante saber que uma produção linguística deve uma parte capital de suas propriedades à estrutura do público dos receptores. Basta consultar as fichas dos alunos de uma turma para perceber essa estrutura: em uma turma onde três quartos dos alunos são filhos de operários, deve-se tomar consciência da necessidade de explicitar os pressupostos. Toda comunicação que se queira eficaz supõe também um conhecimento do que os sociólogos chamam de o grupo dos pares: o professor sabe que a sua pedagogia pode ser confrontada, na sala de aula, por uma contrapedagogia, por uma contracultura; essa contracultura – e é ainda uma escolha –, ele pode, dado o que queira transmitir, combatê-la dentro de certos limites, o que supõe que ele a conheça. Conhecê-la é, por exemplo, conhecer o *peso relativo* das diferentes formas de competência. Entre as mudanças muito profundas sobrevindas ao sistema escolar francês, há efeitos qualitativos das transformações quantitativas: a partir de um certo limiar estatístico na representação dos filhos das classes populares no interior de uma classe, a atmosfera global da classe muda, as formas de confusão mudam, o tipo de relações com os professores muda. Tudo isso são coisas que podemos observar e levar em conta praticamente.

Mas tudo isso apenas concerne aos meios. E, de fato, a sociologia não pode responder à questão dos fins últimos (O que se deve ensinar?): eles são definidos pela estrutura das relações entre as classes. As mudanças na definição do conteúdo do ensino, e mesmo a liberdade que é deixada aos professores para viverem sua crise, se devem ao fato de que há também uma crise na definição dominante do conteúdo legítimo, e de que a classe dominante é atualmente o lugar de conflitos acerca do que merece ser ensinado.

Eu não posso (isso seria usurpação, eu agiria como um profeta) definir o projeto de ensino; eu posso simplesmente dizer que os professores devem saber que são delegados, mandatários, e que os seus próprios efeitos proféticos ainda supõem o apoio da instituição. O que não quer dizer que eles não devam lutar para ser parte integrante da definição do que devem ensinar.

P. Você apresentou o professor de Francês como o emitente legítimo de um discurso legítimo que é o reflexo de uma ideologia dominante e de classes dominantes através de um utensílio muito fortemente "impregnado" dessa ideologia dominante: a linguagem.

Você não acha que essa definição também é muito redutora? Há, de resto, uma contradição entre o início da sua exposição e o final, onde você dizia que a aula de Francês e os exercícios da oralidade também poderiam ser o lugar de uma tomada de consciência, e que essa mesma linguagem, que poderia ser o veículo dos modelos das classes dominantes, também poderia dar àqueles que temos diante de nós, e a nós mesmos, algo que é o meio de acessar aos manuseios de utensílios que são utensílios indispensáveis.

Se estou aqui, na Afef [*Association Française pour l'Enseignement du Français* (Associação Francesa para o Ensino do Francês)], é porque penso que a linguagem também é um utensílio que tem seu manual de instruções e que não funcionará se não se adquirir o seu manual de instruções; é porque estamos convencidos disso que exigimos mais cientificidade no estudo de nossa disciplina. O que você acha?

Você acha que a troca verbal na sala de aula é apenas a imagem de uma legalidade que também seria a legalidade social e política? A classe não é também objeto de uma contradição que existe na sociedade: a luta política?

– Eu não disse nenhuma das palavras que você pôs na minha boca! Eu nunca disse que a linguagem era a ideologia dominante. Eu acredito mesmo nunca ter pronunciado aqui a expressão "ideologia dominante"... Isso, para mim, é um mal-entendido muito triste: todo o meu esforço consiste, ao contrário, em destruir os automatismos verbais e mentais.

O que significa *legítimo*? Esta palavra é uma palavra técnica do vocabulário sociológico que eu emprego deliberadamente, porque só palavras técnicas permitem dizer, e, portanto, pensar, e de maneira rigorosa, as coisas difíceis. Uma instituição, uma ação, ou um uso que seja dominante e ignorado como tal, isto é, tacitamente reconhecido, são legítimos. A linguagem que os professores empregam, aquela que você emprega para falar comigo (uma voz: "Você também a emprega!" Claro. Eu a emprego, mas passo o meu tempo dizendo que o faço!), a linguagem que *nós* empregamos neste espaço é uma língua dominante desconhecida como tal, isto é, tacitamente reconhecida como legítima. É uma linguagem que produz o essencial de seus efeitos parecendo não ser o que é. Donde a pergunta: Se é verdade que falamos uma linguagem legítima, será que tudo o que podemos dizer nesta linguagem não é afetado por ela, mesmo que coloquemos esse instrumento a serviço da transmissão de conteúdos que se queiram críticos?

Outra questão fundamental: Será que essa linguagem dominante e desconhecida como tal, isto é, reconhecida como legítima, não está em afinidade com certos conteúdos? Será que ela não exerce efeitos de censura? Será que ela não torna certas coisas difíceis ou impossíveis de dizer? Esta linguagem legítima não é feita, entre outras coisas, para proibir a franqueza? Eu não deveria ter dito "feita para". (Um dos princípios da sociologia é recusar o funcionalismo do pior: os mecanismos sociais não são o produto de uma intenção maquiavélica, são muito mais inteligentes do que os mais inteligentes dos dominantes.)

Para dar um exemplo incontestável: no sistema escolar, acho que a linguagem legítima tem afinidade com uma certa relação com o texto que nega (no sentido psicanalítico do termo) a relação com a realidade social da qual o texto fala. Se os textos são lidos por pessoas que os leem de tal maneira que não os leem, é em grande parte porque as pessoas são formadas para falar uma linguagem na qual se fala para dizer que não se diz o que se diz. Uma das propriedades da linguagem legítima é precisamente que ela *desrealiza* o que ela diz. Jean-Claude Chevalier o disse muito bem sob a forma de uma piada: "Uma escola que ensina a oralidade é ainda uma escola? Uma linguagem oral que se ensine na escola é ainda oral?"

Tomo um exemplo muito preciso, do domínio da política. Fiquei impressionado de me confrontar com o fato de que os mesmos interlocutores que, em situação de conversa, fazem análises políticas muito complicadas das relações entre a direção, os operários, os sindicatos e suas seções locais, estivessem completamente desarmados, e não tivessem praticamente mais nada a dizer além de banalidades, assim que eu lhes fazia perguntas do tipo daquelas que são feitas nas pesquisas de opinião – e também nas dissertações. Ou seja, questões que demandam que se adote um estilo que consiste em falar de tal maneira que a questão do verdadeiro ou do falso não seja suscitada. O sistema escolar ensina não somente uma linguagem, mas uma relação com a linguagem que é solidária com uma relação com as coisas, uma relação com os seres, uma relação com o mundo completamente desrealizada[13]. [...]

---

13. Outros desenvolvimentos podem ser encontrados em: BOURDIEU, P. Le fétichisme de la langue. In: *Actes de la Recherche en Sciences Sociales*, 04/07/1975, p. 2-32. • L'économie des échanges linguistiques. In: *Langue Française*, 34, mai./1977, p. 17-34. • Le langage autorisé – Note sur les conditions sociales de l'efficacité du discours rituel. In: *Actes de la Recherche en Sciences Sociales*, 5-6, nov./1975, p. 183-190.

Algumas propriedades dos campos[14]

Os campos apresentam-se à apreensão sincrônica como espaços estruturados de posições (ou de postos) cujas propriedades dependem de sua posição nesses espaços e que podem ser analisados independentemente das características de seus ocupantes (em parte determinadas por elas). Existem *leis gerais dos campos*: campos tão diferentes quanto o campo da política, o campo da filosofia e o campo da religião têm leis de funcionamento invariante (é isso que faz com que o projeto de uma teoria geral não seja insensato e que, desde agora, se possa usar o que se aprende sobre o funcionamento de cada campo particular para interrogar e interpretar outros campos, ultrapassando assim a antinomia mortal da monografia ideográfica e da teoria formal e vazia). Cada vez que se estuda um novo campo, seja o campo da filologia do século XIX, da moda atual ou da religião na Idade Média, descobre-se propriedades específicas, peculiares a um campo particular, ao mesmo tempo que se faz progredir o conhecimento dos mecanismos universais dos campos que são especificados em função de variáveis secundárias. Por exemplo, as variáveis nacionais fazem com que mecanismos genéricos, tais como a luta entre os pretendentes e os dominantes, assumam formas diferentes. Mas sabe-se que em todo campo haverá uma luta, cujas formas específicas devem ser sempre procuradas, entre o novo concorrente, que tenta eliminar os obstáculos do direito de entrada, e o dominante, que tenta defender o monopólio e excluir a concorrência.

Um campo, tratar-se-ia do campo científico, define-se, entre outras coisas, ao definir questões e interesses específicos, que sejam irredutíveis às questões e aos interesses próprios de ou-

---

14. Exposição feita na École Normale Supérieure, em novembro de 1976, para um grupo de filólogos e historiadores da literatura.

tros campos (não podemos ocupar um filósofo com questões de geógrafos), e que não sejam recebidas de alguém que não tenha sido construído para entrar neste campo (cada categoria de interesses implica a indiferença em relação a outros interesses, outros investimentos, assim destinados a serem percebidos como absurdos, insanos ou sublimes, desinteressados). Para que um campo funcione é preciso que haja desafios e pessoas prontas para jogar o jogo, dotadas do *habitus* que implica o conhecimento e o reconhecimento das leis imanentes do jogo, questões etc.

Um *habitus* de filólogo é, ao mesmo tempo, uma "profissão", um capital de técnicas, de referências, um conjunto de "crenças", como a propensão a conferir tanta importância às notas quanto ao texto, propriedades que têm a ver com a história (nacional e internacional) da disciplina, a sua posição (intermediária) na hierarquia das disciplinas, e que são, ao mesmo tempo, a condição do funcionamento do campo e o produto desse funcionamento (mas não integralmente: um campo pode se contentar em acolher e consagrar um certo tipo de *habitus* já mais ou menos completamente constituído).

A estrutura do campo é um *estado* da relação de poder entre os agentes ou as instituições engajadas na luta ou, se se preferir, da distribuição do capital específico que, acumulado no decurso das lutas anteriores, orienta as estratégias ulteriores. Essa estrutura, que está no início das estratégias destinadas a transformá-la, está ela mesma sempre em jogo: o que está em jogo nas lutas, cujo lugar é o campo, é o monopólio da violência legítima (autoridade específica) que é característico do campo considerado, isto é, em última instância, a conservação ou a subversão da estrutura da distribuição do capital específico. (Falar de capital específico é dizer que o capital vale *em relação a* um certo campo, portanto nos limites desse campo, e que só é convertível em uma outra espécie de capital sob certas condições. Basta, p. ex., pensar no fracasso de Cardin quando quis transferir para a alta cultura um capital acumulado na alta cultura: o último dos críticos de arte não podia deixar de afirmar sua superioridade estrutural de membro de um campo estruturalmente mais legítimo dizendo que tudo o que Cardin fazia em matéria de arte legítima era detestável e impondo assim a seu capital a taxa de conversão mais desfavorável.)

Aqueles que, em um estado determinado da relação de poder, monopolizam (mais ou menos completamente) o capital específico, fundamento do poder ou da autoridade específica característica de um campo, são inclinados a estratégias de conservação – aquelas que, nos campos de produção de bens culturais tendem à defesa da *ortodoxia* –, enquanto os menos providos de capital (que também são frequentemente os recém-chegados, e, portanto, na maioria dos casos, os mais jovens) são inclinados às estratégias de subversão – aquelas da *heresia*. É a heresia, a heterodoxia, como ruptura crítica, frequentemente ligada à crise, com a *doxa*, que faz os dominantes saírem do silêncio e que os obriga a produzir o discurso defensivo da ortodoxia, pensamento direito e de direita que visa a restaurar o equivalente à adesão silenciosa da *doxa*.

Outra propriedade, já menos visível, de um campo: todas as pessoas que estão engajadas em um campo têm em comum um certo número de interesses fundamentais, a saber, tudo o que está ligado à própria existência do campo: daí uma cumplicidade objetiva subjacente a todos os antagonismos. Esquecemos que a luta pressupõe um acordo entre os antagonistas sobre o que merece ser combatido e que é reprimido no que se considera evidente, deixado ao estado de *doxa*, isto é, tudo o que constitui o próprio campo, o jogo, as questões, todos os pressupostos tacitamente aceitos, sem mesmo sabê-lo, pelo fato de jogar, de entrar no jogo. Aqueles que participam da luta contribuem para a reprodução do jogo ao contribuírem, mais ou menos completamente segundo os campos, para produzir a crença no valor das questões. Os novos participantes devem pagar uma taxa de entrada que consiste no reconhecimento do valor do jogo (a seleção e a cooptação prestam sempre muita atenção nos índices da adesão ao jogo, do investimento) e no conhecimento (prático) dos princípios de funcionamento do jogo. Eles são votados às estratégias de subversão, mas que, sob pena de exclusão, permanecem acantonadas em certos limites. E, de fato, *as revoluções parciais*, das quais os campos são continuamente o lugar, não põem em questão os próprios fundamentos do jogo, sua axiomática fundamental, a base das crenças últimas sobre as quais repousa todo o jogo. Ao contrário, nos campos de produção de bens culturais, religião, literatura, arte, a subversão herética afirma ser o retorno às fontes, à origem, ao espírito, à verdade do jogo, contra a banalização e a degradação de que foi objeto. (Um dos fatores que coloca os diferentes jogos ao abrigo das revoluções totais, de uma natureza capaz de destruir não somente os dominantes e a dominação, mas o próprio jogo, é precisamente a própria importância do investimento, em tempo, esforço etc., que a entrada no jogo supõe e que, como as provas dos ritos de passagem, contribui para tornar praticamente *impensável* a destruição pura e simples do jogo. É assim que setores inteiros da cultura – diante de filólogos, não posso deixar de pensar na filologia... – são salvos pelo custo que a aquisição dos conhecimentos necessários, mesmo para destruí-los nas formas, supõe.)

Através do conhecimento prático dos princípios do jogo que é tacitamente exigido dos novos participantes, é toda a história do jogo, todo o passado do jogo, que estão presentes em cada ato de jogo. Não é por acaso que um dos indícios mais seguros da constituição de um campo é, com a presença na obra de traços da relação objetiva (às vezes até mesmo consciente) com outras obras, passadas ou contemporâneas, a aparição de um corpo de conservadores das vidas – os biógrafos – e das obras biográficas – os filólogos, os historiadores da arte e da literatura, que começam a arquivar os esboços, os cartões, os manuscritos, para "corrigi-los" (o direito de "correção" é a violência legítima do filólogo), para decifrá-los etc., biógrafos –, tantas pessoas que estão em consonância com a conservação do que se produz no campo, que têm interesse em conservar e em se conservar conservante. E um outro indício do funcionamento enquanto campo é o traço da história do campo na obra (e até mesmo na vida do produtor). Seria necessário analisar, a título de prova *a contrario*, a história das relações entre um pintor dito "naïf" (i. é, que entrou no campo um pouco inadvertidamente, sem pagar a entrada, sem pagar a concessão...) como o aduaneiro Rousseau e os artistas contemporâneos, os Jarry, Apollinaire ou Picasso, que jogam (literalmente, por todo tipo de fraudes mais ou menos caridosas), com aquele que não sabe jogar o jogo, que Bouguereau ou Bonnat sempre quiseram fazer na época do futurismo e do cubismo, e que quebra o jogo, mas apesar de si mesmo, e em todo caso sem sabê-lo, como o cachorro no jogo de boliche, em toda inconsciência, ao contrário de pessoas como Duchamp, ou mesmo Satie, que conhecem a lógica do campo o suficiente para desafiá-la e explorá-la ao mesmo tempo. Seria necessário analisar também a história da interpretação ulterior da obra, que, em favor da superinterpretação, a faz entrar na linha, isto é, na história, e se esforça em fazer desse pintor de domingo (os princípios estéticos de sua pintura, como a frontalidade brutal dos retratos, são aqueles que os membros das classes populares realizam em suas fotografias), um revolucionário consciente e inspirado.

Há um efeito de campo quando não se pode mais compreender uma obra (e o *valor*, i. é, a crença, que lhe é concedida) sem conhecer a história do campo de produção da obra – pelo que os exegetas, comentadores, intérpretes, historiadores, semiólogos e outros filólogos se acham justificados por existirem como os únicos capazes de dar razão à obra e ao reconhecimento de valor do qual ela é objeto. A sociologia da arte ou da literatura que relaciona *diretamente* as obras à posição no espaço social (a classe social) dos produtores ou de seus clientes sem considerar sua posição no campo da produção ("redução" que, a rigor, só se justifica para os "naïfs"), escamoteia tudo o que a obra deve ao campo e à sua história, isto é, muito precisamente, o que constitui uma obra de arte, de ciência ou de filosofia. Um problema filosófico (ou científico etc.) legítimo é um problema que os filósofos (ou cientistas etc.) reconhecem (em ambos os sentidos) como tal (porque está inscrito na lógica da história do campo e nas suas disposições historicamente constituídas para e pelo pertencimento ao campo) e que, por causa da autoridade específica que lhe reconhecemos, tem todas as chances de ser amplamente reconhecido como legítimo. Mais uma vez, o exemplo dos "naïfs" é muito esclarecedor. São pessoas que se viram projetadas, em nome de uma problemática que elas ignoram completamente, na condição de pintores ou escritores (e também de revolucionários): as associações verbais de Jean-Pierre Brisset, sua longa sequência de equações de palavras, de aliterações e de mudanças de assunto, que ele destinava às sociedades científicas e às conferências acadêmicas, por um erro de campo que atesta sua inocência, teriam permanecido os delírios de lunático, que inicialmente se viu nelas, se a "patafísica" de Jarry, os trocadilhos de Apollinaire ou de Duchamp, a escrita automática dos surrealistas não tivessem criado a problemática em referência à qual elas poderiam fazer sentido. Esses poetas-objetos, esses pintores-objetos, esses revolucionários objetivos, nos permitem observar, no estado isolado, o poder de transmutação do campo. Esse poder não se exerce menos, embora de maneira menos visível e mais fundamentada, nas obras de profissionais que, conhecendo o jogo, ou seja, a história do jogo e a problemática, sabem o que fazem (o que não quer dizer, de forma alguma, que sejam cínicos), de modo que a *necessidade* que a leitura sacralizante aí detecta não aparece tão evidentemente como o produto de um acaso objetivo (o que ela também é, uma vez que supõe uma harmonia miraculosa entre uma disposição filosófica e um estado de expectativas inscritas no campo). Heidegger é frequentemente um Spengler ou um Jünger passados pela retorta do campo filosófico. Ele tem a dizer coisas muito simples: a técnica é o declínio do Ocidente; desde Descartes tudo vai de mal a pior etc. O campo ou, mais exatamente, o *habitus* do profissional previamente ajustado às exigências do campo (p. ex., à definição em vigor da problemática legítima) vai funcionar como um instrumento de tradução: ser "revolucionário conservador", em filosofia, é revolucionar a imagem da filosofia kantiana mostrando que, na raiz dessa filosofia que se apresenta como a crítica da metafísica, existe a metafísica. Essa transformação sistemática dos problemas e dos temas não é o produto de uma pesquisa consciente (e calculada, cínica), mas um efeito automático do pertencimento ao campo e do domínio da história específica do campo que ela implica. Ser filósofo é dominar o que é preciso dominar da história da filosofia para saber se conduzir como filósofo em um campo filosófico.

Devo insistir uma vez mais que o princípio das estratégias filosóficas (ou literárias etc.) não é o cálculo cínico, a busca consciente da maximização do ganho específico, mas uma relação inconsciente entre um *habitus* e um campo. As estratégias das quais estou falando são ações objetivamente orientadas para fins que podem não ser os fins subjetivamente perseguidos. E a teoria do *habitus* visa a fundar a possibilidade de uma ciência das práticas que escapa da alternativa do finalismo e do mecanismo. (A palavra interesse, que empreguei muitas vezes, também é muito perigosa, porque arrisca evocar um utilitarismo que é o grau zero da sociologia. Dito isso, a sociologia não pode prescindir do axioma do interesse, entendido como o *investimento específico* nas questões, que é ao mesmo tempo a condição e o produto do pertencimento a um campo.) O *habitus*, sistema de disposições adquiridas pela aprendizagem implícita ou explícita que funciona como um sistema de esquemas geradores, e gerador de estratégias que podem ser objetivamente conformes aos interesses objetivos de seus autores sem terem sido expressamente concebidas para esse fim. Há toda uma reeducação a fazer para escapar da alternativa do finalismo naïf (que faria escrever, p. ex., que a "revolução" que levou Apollinaire às audácias de *Lundi rue Christine* e outras poéticas *ready made* lhe foram inspiradas pela preocupação em se colocar na cabeça do movimento indicado por Cendrars, os futuristas ou Delaunay) e da explicação do tipo mecanicista (que tomaria essa transformação como um efeito direto e simples de determinações sociais). Quando as pessoas só precisam permitir seu *habitus* para obedecerem à necessidade imanente do campo e satisfazerem as exigências que aí se encontram inscritas (o que constitui, em todo campo, a definição mesma de excelência), elas não têm nenhuma consciência de sacrificarem-se a um dever, e menos ainda de buscarem a maximização do ganho (específico). Elas, portanto, têm o benefício suplementar de se verem e serem vistas como perfeitamente desinteressadas[15].

---

15. Outros desenvolvimentos podem ser encontrados em: BOURDIEU, P. Le couturier et sa grife – Contribution a une théorie de la magie. In: *Actes de la recherche en sciences sociales*, 1, 1975, p. 7-36. • L'ontologie politique de Martin Heidegger. In: *Actes de la Recherche en Sciences Sociales*, 5-6, 1975, p. 109-156. • *Le sens pratique*. Paris: De minuit, 1980.

O mercado linguístico[16]

Vou tentar expor o que tenho a dizer de forma progressiva, tendo em conta a diversidade da audiência, que não pode ser mais dispersa do que é, tanto pela diversidade das disciplinas, pela diversidade das competências nas disciplinas etc., correndo o risco de parecer um pouco simplista para alguns e ainda demasiado rápido e demasiado alusivo para outros. Em primeiro lugar, apresentarei uma série de conceitos e de princípios que me parecem fundamentais, esperando que, no restante do dia, possamos esclarecer, discutir, voltar a esse ou aquele ponto que eu possa ter mencionado demasiado rapidamente.

O que eu gostaria, basicamente, é de explicitar um modelo muito simples, que poderia ser formulado assim: *habitus* linguístico + mercado linguístico = expressão linguística, discurso. A partir dessa fórmula muito geral, vou explicar sucessivamente os termos, começando pela noção de *habitus*. Advertindo, como sempre o faço, contra a tendência a fetichizar os conceitos: é preciso levar os conceitos a sério, controlá-los e, sobretudo, fazê-los trabalhar sob controle, sob vigilância, na pesquisa. É assim que eles melhoram pouco a pouco, não pelo controle lógico puro, que os fossiliza. Um bom conceito – qual seja, ao que me parece, o caso do *habitus* – destrói muitos falsos problemas (a alternativa do mecanismo e do finalismo, p. ex.) e suscita muitos outros, mas reais. Quando é bem construído e bem controlado, tende a defender-se contra as reduções.

O *habitus* linguístico, grosseiramente definido, distingue-se de uma competência de tipo chomskyano pelo fato de ser produto de condições sociais e pelo fato de não ser simples produção de discursos, mas produção de discursos ajustada a uma "situa-

---

[16]. Apresentação feita na Universidade de Genebra em dezembro de 1978.

ção", ou antes ajustada a um mercado ou a um campo. A noção de situação foi invocada muito cedo (penso, p. ex., em Prieto, que nos *Principes de noologie* [Princípios de noologia], insistiu no fato de uma série de comportamentos linguísticos não poder ser compreendida independentemente de uma referência implícita à *situação*: quando eu digo eu, preciso saber que sou eu quem digo eu, senão pode ser um outro; pode-se pensar ainda nos quiproquós entre eu e você que as histórias engraçadas utilizam etc.) como uma correção de todas as teorias que enfatizam exclusivamente a competência, esquecendo-se das condições de execução da competência. Ela tem sido utilizada, em particular, para questionar os pressupostos implícitos do modelo saussuriano no qual a palavra (como a *performance* em Chomsky) é reduzida a um ato de *execução*, no sentido que essa palavra tem na execução de uma obra de música, mas também na execução de uma ordem. A noção de situação vem lembrar que existe uma lógica específica da execução; que o que acontece no nível da execução não é simplesmente dedutível do conhecimento da competência. A partir daí, fui levado a me perguntar se, conservando essa noção, ainda muito abstrata, de situação, não se fazia o que Sartre reprovava na teoria das tendências: reproduzir o concreto cruzando duas abstrações, isto é, neste caso, a situação e a competência.

Os sofistas invocaram uma noção que me parece muito importante, a de *kairos*. Professores da palavra, eles sabiam que não basta ensinar as pessoas a falar, mas que também era necessário ensiná-las a falar propositadamente. Em outras palavras, a arte de falar, de falar bem, de fazer figuras de palavras ou de pensamento, de manipular a linguagem, de dominá-la, não é nada sem a arte de usar essa arte apropositadamente. O *kairos*, originalmente, é o objetivo do alvo. Quando você fala apropositadamente, você acerta o objetivo. Para acertar o alvo, para que as palavras acertem na mosca, para que as palavras paguem, para que as palavras produzam seus efeitos, devemos dizer não somente as palavras gramaticalmente corretas, mas as palavras socialmente aceitáveis.

Em meu artigo na *Langue française*, tentei mostrar como a noção de aceitabilidade reintroduzida pelos chomskyanos é totalmente insuficiente, porque reduz a aceitabilidade à gramaticalidade. De fato, a aceitabilidade definida sociologicamente não consiste somente no fato de falar corretamente uma língua: em alguns casos, se for preciso, por exemplo, ter um ar um pouco descontraído, um francês demasiado impecável pode ser inaceitável. Na sua definição completa, a aceitabilidade supõe a conformidade das palavras não somente às regras imanentes da língua, mas também às regras, dominadas intuitivamente, que são imanentes a uma "situação" ou antes a certo mercado linguístico. O que é esse *mercado linguístico*? Eu darei uma primeira definição provisória que eu deverei então complicar. Há mercado linguístico todas as vezes em que alguém produz um discurso para receptores capazes de o avaliar, de o apreciar e de lhe dar um preço. O conhecimento da competência linguística por si só não permite prever qual será o valor de uma *performance* linguística em um mercado. O preço que os produtos de uma competência determinada receberão em um determinado mercado depende das leis de formação de preços próprias desse mercado. Por exemplo, no mercado escolar, o imperfeito do subjuntivo recebia um grande valor no tempo dos meus professores, que identificavam sua identidade docente com o fato de empregar – pelo menos na terceira pessoa do singular – o que hoje faria rir e já não é possível perante um público de estudantes, exceto para fazer um sinal metalinguístico para marcar que se o faz, mas que se poderia não o fazer. Da mesma forma, a tendência à hipocorreção controlada dos intelectuais de hoje se explica pelo medo de corrigir demais, e, como a rejeição da gravata, ela é uma dessas formas controladas de não controle que estão ligadas a efeitos de mercado. O mercado linguístico é algo muito concreto e muito abstrato ao mesmo tempo. Concretamente, é uma certa situação social, mais ou menos oficial e ritualizada, um certo conjunto de interlocutores, situados mais ou menos alto na hierarquia social, tantas propriedades que são percebidas e apreciadas de maneira infraconsciente e que orientam inconscientemente a produção linguística. Definido em termos abstratos, é um certo tipo de leis (variáveis) de formação dos preços das produções linguísticas. Lembrar que há leis de formação de preços é lembrar que o valor de uma competência particular depende do mercado particular no qual é executada e, mais exatamente, do estado das relações nas quais se define o valor atribuído ao produto linguístico de diferentes produtores.

Isso leva a substituir a noção de competência pela noção de *capital linguístico*. Falar de capital linguístico significa que há benefícios linguísticos: alguém que tenha nascido no *7º arrondissement* – esse é o caso atualmente da maioria das pessoas que governam a França – assim que abre a boca, recebe uma vantagem linguística, que nada tem de fictícia e ilusória, como o sugere essa espécie de economismo que um marxismo primário nos impôs. A própria natureza da sua linguagem (que se pode analisar foneticamente etc.) diz que está autorizado a falar ao ponto de pouco importar o que diga. O que os linguistas consideram a função eminente da linguagem, a saber, a função de comunicação, pode não ser totalmente satisfeita sem que a sua função real, social, deixe, por isso, de ser satisfeita; as situações de relações de poder linguísticas são as situações nas quais esta fala sem se comunicar, sendo a missa o limite. Foi por isso que me interessei pela liturgia. Estes são casos nos quais o locutor autorizado tem tanta autoridade, nos quais tem tão obviamente para si a instituição, as leis do mercado, todo o espaço social, que pode falar para não dizer nada, isso diz muito.

O capital linguístico é o poder sobre os mecanismos de formação dos preços linguísticos, o poder de fazer as leis de formação dos preços funcionarem a seu favor e de recolher a mais-valia específica. Todo ato de interação, toda comunicação linguística, mesmo entre duas pessoas, entre dois amigos, entre um rapaz e sua namorada, todas as interações linguísticas são espécies de micromercados que permanecem sempre dominados pelas estruturas globais.

Como mostram bem as lutas nacionais nas quais a língua é uma questão importante (p. ex., no Quebec), existe uma relação muito clara de dependência entre os mecanismos de dominação política e os mecanismos de formação dos preços linguísticos característicos de uma situação social determinada. Por exemplo, as lutas entre francófonos e arabófonos, que se observam em vários países de língua árabe anteriormente colonizados pela

França, ainda têm uma dimensão econômica, no sentido em que eu a entendo, isto é, no sentido de que, através da defesa de um mercado dos seus próprios produtos linguísticos, os detentores de uma competência determinada defendem o seu valor de produtores linguísticos. Diante das lutas nacionalistas, a análise balança entre o economismo e o misticismo. A teoria que eu proponho permite compreender que as lutas linguísticas podem não ter bases econômicas evidentes, ou somente muito retraduzidas, e, no entanto, envolver interesses igualmente vitais, por vezes mais vitais do que os interesses econômicos (no sentido estrito).

Portanto, reintroduzir a noção de mercado é lembrar o simples fato de que uma competência só tem valor enquanto existir um mercado para ela. É assim que as pessoas que hoje querem defender seu valor enquanto detentoras de um capital de latinista são obrigadas a defender a existência do mercado do latim, isto é, em particular, a reprodução pelo sistema escolar dos consumidores de latim. Um certo tipo de conservadorismo, por vezes patológico, no sistema escolar só é compreensível a partir dessa lei simples de que uma competência sem mercado se torna sem valor, ou, mais exatamente, deixa de ser um capital linguístico para se tornar uma simples competência no sentido dos linguistas.

Assim, um capital só se define como tal, só funciona como tal e só provê ganhos em um determinado mercado. Ora, precisamos esclarecer um pouco essa noção de mercado e tentar descrever as relações objetivas que conferem a esse mercado a sua estrutura. O que é o mercado? Há produtores individuais (representação marginalista do mercado) que oferecem seu produto e depois o julgamento de uns e outros é exercido e sai um preço de mercado. Essa teoria liberal do mercado é falsa tanto para o mercado linguístico quanto para o mercado dos bens econômicos. Assim como no mercado econômico há monopólios, relações de poder objetivas que fazem com que todos os produtores e todos os produtos não sejam iguais no início, também no mercado linguístico há relações de poder. Portanto, o mercado linguístico tem leis de formação de preços que são tais que nem todos os produtores de produtos linguísticos, de palavras, são iguais. As relações de poder que dominam esse mercado e que fazem com que certos produtores e certos produtos tenham de antemão um privilégio supõem que o mercado linguístico seja relativamente unificado. Veja o documento extraído de um jornal bearnês que publiquei no artigo intitulado "A ilusão do comunismo linguístico": vocês encontram, em poucas frases, a descrição de um sistema de relações de poder linguísticas. A propósito do prefeito de Pau, que, durante uma cerimônia em homenagem a um poeta bearnês, dirige-se ao público em bearnês, o jornal escreve: "Essa atenção toca o público". Esse público é composto de pessoas cuja primeira língua é o bearnês, e elas são "tocadas" pelo fato de um prefeito bearnês lhes falar em bearnês. Elas são tocadas pela atenção, que é uma forma de condescendência. Para que haja condescendência, é preciso haver diferença objetiva: a condescendência é a utilização demagógica de uma relação objetiva de poder, pois que aquele que condescende se serve da hierarquia para negá-la; no exato momento em que a nega, ele a explora (como aquele do qual se diz que é "simples"). Estes são casos nos quais uma relação de interação em um pequeno grupo deixa transparecer bruscamente relações de poder transcendentes. O que se passa entre um prefeito bearnês e bearneses não é redutível ao que se passa na interação entre eles. Se o prefeito bearnês pode parecer marcar sua atenção aos seus concidadãos bearneses, é porque ele desempenha a relação objetiva entre o francês e bearnês. E se o francês não fosse uma língua dominante, se não houvesse um mercado linguístico unificado, se o francês não fosse a língua legítima, aquela que se deve falar nas situações legítimas, isto é, nas *situações oficiais*, no exército, na agência dos correios, nas contribuições, na escola, nos discursos etc., o fato de falar bearnês não teria esse efeito "comovente". Isto é o que entendo por *relações de poder linguísticas*: são relações que são transcendentes à situação, que são irredutíveis às relações de interação tal como se as pode apreender na situação. Isso é importante porque, quando se fala de situação, pensa-se que se reintroduziu o social porque se reintroduziu a interação. A descrição interacionista das relações sociais, que é em si muito interessante, torna-se perigosa quando nos esquecemos que essas relações de interação não são como um império em um império;

se nos esquecermos do que se passa entre duas pessoas, entre um patrão e sua empregada doméstica, ou entre dois colegas, ou entre um colega francófono e um colega de germanófono, essas relações entre duas pessoas são sempre dominadas pela relação objetiva entre as línguas correspondentes, isto é, entre grupos que falam essas línguas. Quando um suíço alemânico fala com um suíço francófono, é a Suíça alemã e a Suíça francófona que se falam. Mas devemos voltar à pequena anedota do começo. O prefeito bearnês só pode produzir esse efeito de condescendência porque ele é catedrático. Se não fosse catedrático, seu bearnês seria um bearnês de camponês, e, portanto, sem valor, e os camponeses aos quais esse "bearnês de qualidade" não é, aliás, dirigido (eles dificilmente frequentam reuniões oficiais), só se preocupam em falar francês. Restaura-se esse bearnês de qualidade no momento em que os camponeses tendem cada vez mais a abandoná-lo pelo francês. Devemos nos perguntar a quem interessa restaurar o bearnês no momento em que os camponeses se sentem obrigados a falar francês para os seus filhos, para que possam ter sucesso na escola.

O camponês bearnês que, para explicar que não pensava em ser prefeito de sua aldeia, se bem que tivesse obtido o maior número de votos, disse que "não sabe falar", tem da competência legítima uma definição perfeitamente realista, perfeitamente sociológica: a definição dominante da competência legítima é, com efeito, tal que a sua competência real é ilegítima. (Seria necessário partir daí para analisar um fenômeno como aquele do porta-voz, palavra interessante para aqueles que falam de *língua* e de *palavra*.) Para que os efeitos de capital e de dominação linguística se exerçam, é preciso que o mercado linguístico esteja relativamente unificado, ou seja, que o conjunto dos locutores esteja submetido à mesma lei de formação de preços das produções linguísticas; isso quer dizer concretamente que o último dos camponeses bearneses, quer ele saiba ou não (na verdade, ele o sabe bem, porquanto ele diz que não sabe falar) é medido objetivamente com uma norma que é aquela do francês parisiense padrão. E mesmo que ele nunca tenha ouvido "o francês parisiense padrão" (na verdade, ele ouve cada vez mais "graças" à televisão), mesmo que ele nunca tenha ido a Paris, o orador bearnês é dominado pelo locutor parisiense e, em todas as suas interações, na agência dos correios, na escola etc., ele está em relação objetiva com ele. Eis o que significa a *unificação do mercado* ou *relações de dominação linguística*: no mercado linguístico se exercem formas de dominação que têm uma lógica específica e, como em todo mercado de bens simbólicos, há formas específicas de dominação que não são de modo algum redutíveis à dominação estritamente econômica, nem em seu modo de exercício, nem nos proveitos que proporcionam.

Uma das consequências dessa análise concerne à situação da própria investigação, que, enquanto interação, é um dos lugares onde se atualizam as relações de poder linguísticas e culturais e a dominação cultural. Não se pode sonhar com uma situação de pesquisa "pura" de todo efeito de dominação (como alguns sociolinguistas por vezes acreditam). Sob pena de tomar artefatos por fatos, pode-se somente incluir na análise dos "dados" a análise das determinações sociais da situação na qual foram produzidas, a análise do mercado linguístico no qual foram estabelecidos os fatos analisados.

Eu fiz, há quase quinze anos, uma pesquisa sobre as preferências das pessoas, os gostos em um sentido muito amplo, em matéria de culinária, música, pintura, vestuário, parceiro sexual etc. A maior parte do material havia sido coletada em interações verbais. Ao fim de uma série de análises, cheguei a me perguntar qual é o peso relativo, na determinação das preferências, do capital cultural medido pelo título escolar e da origem social, e como os pesos relativos desses dois fatores variam segundo os diferentes domínios da prática – os gostos parecendo, por exemplo, mais ligados a origem social em matéria de cinema, e mais ligados à instrução em matéria de teatro. Eu poderia ter continuado indefinidamente a calcular coeficientes de correlação, mas a hipercorreção metodológica me teria impedido de interrogar a situação na qual eu havia coletado esse material. Será que, dentre as variáveis explicativas, a mais importante não é, escondida atrás do próprio material, *o efeito das características próprias da situação da pesquisa*? Desde o início da pesquisa, eu estivera consciente de que o efeito da legitimidade, que também desempenha um papel muito grande em matéria de linguagem, fazia com que os membros das classes populares interrogados sobre sua cultura tendessem consciente ou inconscientemente, em uma situação de pesquisa, a selecionar o que lhes parecesse o mais conforme à imagem que tinham da cultura dominante, de modo que não se podia levá-los a simplesmente dizer o que verdadeiramente gostavam. O mérito de Labov é ter insistido no fato de que, dentre as variáveis que uma análise sociolinguística rigorosa deve fazer variar, está a situação de pesquisa: a originalidade de seu estudo sobre o falar do Harlem consiste, em grande medida, no fato de ele registrar esse efeito da relação de pesquisa para ver o que se obtinha quando o pesquisador já não era um anglófono branco, mas um membro do gueto falando a outro membro do gueto. Se variarmos a situação de pesquisa, observaremos que, quanto mais aliviamos a tensão do controle ou quanto mais nos distanciamos dos setores mais controlados da cultura, mais o desempenho está ligado à origem social. Ao contrário, quanto mais reforçamos o controle, mais ele está ligado ao capital escolar. Em outras palavras, o problema do peso relativo das duas variáveis não pode ser resolvido no absoluto, por referência a uma espécie de situação qualquer que seja constante; ele só pode ser resolvido se introduzirmos uma variável que deve ser posta como fator dessas duas variáveis, a natureza do mercado no qual serão oferecidos os produtos linguísticos ou culturais. (Parêntese: a epistemologia é frequentemente percebida como uma espécie de metadiscurso que transcende a prática científica; aos meus olhos, é uma reflexão que realmente muda a prática e leva a evitar erros, a não medir a eficácia de um fator esquecendo-se do fator dos fatores, qual seja a situação na qual os fatores são medidos. Saussure dizia: é preciso saber o que o linguista faz; a epistemologia consiste em trabalhar para saber o que se faz.)

O que a pesquisa cultural ou linguística registra não é uma manifestação direta da competência, mas um produto complexo da relação entre uma competência e um mercado, produto que não existe fora dessa relação; é uma *competência em situação*, uma competência para um mercado particular (muitas vezes o sociolinguista tende a ignorar os efeitos do mercado porque seus dados foram coletados em uma situação constante a partir deste ponto de vista, ou seja, a relação consigo mesmo, o entrevistador). A única maneira de controlar a relação é *fazê-la variar variando as situações de mercado*, em vez de privilegiar uma situação de mercado dentre outras (como, p. ex., Labov, com o discurso de um negro do Harlem para outros negros do Harlem) e ver a *verdade* da língua, a língua popular autêntica, no discurso produzido nessas condições.

Os efeitos de dominação, as relações de poder objetivas do mercado linguístico, se exercem em todas as situações linguísticas: na relação com um parisiense, o burguês provinciano de língua occitana "perde seus meios", seu capital colapsa. Labov descobriu que o que se entende sob o nome de linguagem popular na pesquisa, é a linguagem popular tal como aparece em uma situação de mercado dominada pelos valores dominantes, isto é, uma linguagem avariada. As situações nas quais as relações de dominação linguística são exercidas, isto é, as situações oficiais (*formal*, em inglês), são situações nas quais as relações realmente estabelecidas, as interações, estão perfeitamente conformes com as leis objetivas do mercado. Voltamos ao camponês bearnês dizendo: eu não sei falar; ele quer dizer, eu não sei falar como se deve falar nas situações oficiais; ao me tornar prefeito, eu me tornei um personagem oficial, obrigado a fazer discursos oficiais, portanto submetido às leis oficiais do francês oficial. Não sendo capaz de falar como Giscard fala, eu não sei falar. Quanto mais oficial é uma situação, mais aquele que acede à palavra deve ser pessoalmente autorizado. Ele deve ter títulos escolares, deve ter um bom sotaque, deve, portanto, ter nascido no lugar certo. Quanto mais uma situação se aproxima da oficial, mais ela tem como lei de formação de preços as leis gerais. Ao contrário, quando se diz "falando sério", pode-se ir, como em um bistrô popular, dizemos, nós vamos criar uma espécie de ilha de liberdade em relação às leis da linguagem que continuam a funcionar, nós o sabemos, mas nos damos uma licença. (Licença é uma palavra típica dos dicionários.) Pode-se, como se costuma dizer, falar o que se pensa, pode-se fazê-lo francamente, pode-se falar livremente. Essa franqueza é o falar popular em uma situação popular quando coloca-se entre parênteses as leis do mercado. Mas seria um erro dizer: a verdadeira linguagem popular é a franqueza. Não é mais verdadeira do que a outra: a verdade da competência popular é *também* o fato de que, quando ela é confrontada por um mercado oficial, ela está avariada, enquanto quando está em seu terreno, em uma relação doméstica, familiar, com os seus, é uma franqueza. É importante saber que a franqueza existe, mas como uma ilha arrancada das leis do mercado. Uma ilha que se obtém ao concordar com uma franqueza (há marcadores para dizer que se vai instaurar um jogo excepcional, que se pode dar-se ao luxo). Os efeitos de mercado se exercem sempre, inclusive sobre as classes populares, que são sempre virtualmente sujeitos jurídicos das leis do mercado. Isso é o que eu chamo de legitimidade: falar de *legitimidade linguística* é lembrar que ninguém deve ignorar a lei linguística. Isso não quer dizer que os membros das classes populares reconheçam a beleza do estilo de Giscard. Quer dizer que, se estiverem na frente de Giscard, perderão as estribeiras; que *de facto* sua linguagem estará avariada, que se calarão, que estarão condenados ao silêncio, um silêncio que se diz respeitoso. As leis do mercado exercem um efeito muito forte de *censura* sobre aqueles que só podem falar em situação de franqueza (i. é, deixando claro que se deve abdicar por um momento das exigências ordinárias) e que são condenados ao silêncio em situações oficiais nas quais questões políticas, sociais e culturais importantes estejam em jogo. (O mercado matrimonial é, p. ex., um mercado no qual o capital linguístico desempenha um papel determinante: penso que seja uma das mediações através das quais se realiza a homogamia de classe.) O efeito de mercado que censura a franqueza é um caso particular de um efeito mais geral da censura que leva a uma eufemização: cada campo especializado, o campo filosófico, o campo religioso, o campo literário etc., tem as suas próprias leis e tende a censurar as palavras que não estejam em conformidade com essas leis.

As relações com a linguagem parecem-me estar muito próximas do que são as relações com o corpo. Por exemplo, indo bem depressa, a relação burguesa com o corpo ou com a linguagem é a relação de bem-estar dos que estão em seu elemento, que têm para si as leis do mercado. A experiência do bem-estar é uma experiência quase divina. Sentir-se como deve ser, exemplar, é a experiência do absoluto. É justamente isso o que se exige das religiões. Esse sentimento de ser o que se deve ser é um dos proveitos mais absolutos dos dominantes. Ao contrário, a relação pequeno-burguesa com o corpo e a língua é uma relação descrita como timidez, como tensão, hipercorreção; fazem demais ou não fazem o bastante, estão desconfortáveis na própria pele.

P. Que relação você estabelece entre o *ethos* e o *habitus*, e outros conceitos como o de *hexis*, que você também emprega?

– Eu empreguei a palavra *ethos*, depois de muitas outras, em oposição à ética, para designar um conjunto objetivamente sistemático de disposições à dimensão ética, princípios práticos (a ética sendo um sistema intencionalmente coerente de princípios explícitos). Essa distinção é útil, sobretudo para controlar erros práticos: por exemplo, se nos esquecemos de que podemos ter princípios no estado prático, sem ter uma moral sistemática, uma ética, nos esquecemos de que, pelo simples fato de questionar, interrogar, obrigamos as pessoas a passarem do *ethos* à ética; pelo fato de propor, para sua apreciação, normas constituídas, verbalizadas, supomos que esta passagem esteja resolvida. Ou, em outro sentido, esquecemo-nos de que as pessoas podem se mostrar incapazes de responder a problemas de ética enquanto são capazes de responder *na prática* às situações que colocam as questões correspondentes.

A noção de *habitus* engloba a noção de *ethos,* e é por isso que emprego cada vez menos essa noção. Os princípios práticos de classificação que são constitutivos do *habitus* são *indissociavelmente* lógicos e axiológicos, teóricos e práticos (sempre que dizemos branco ou preto, dizemos bom ou mau). A lógica prática sendo voltada para a prática envolve, inevitavelmente, valores. É por isso que abandonei a distinção à qual tive de recorrer uma ou duas vezes, entre o *eidos* como um sistema de esquemas lógicos e o *ethos* como um sistema de esquemas práticos, axiológicos (e isso, sobretudo, porque compartimentalizando o *habitus* em dimensões, *ethos*, *eidos*, *hexis*, corre-se o risco de reforçar a visão realista que leva a pensar em termos de instâncias separadas). Além disso, todos os princípios de escolha são incorporados, se tornam posturas, disposições do corpo: os valores são gestos, maneiras de ficar em pé, de andar, de falar. A força do *ethos* consiste em ser uma moral que se tornou *hexis*, gesto, postura.

Vê-se por que vim, pouco a pouco, a utilizar apenas a noção de *habitus*. Esta noção de *habitus* tem uma longa tradição: a escolástica a empregou para traduzir a *hexis* de Aristóteles. (Ela pode ser encontrada em Durkheim, que, em *A evolução pedagógica na França*, observa que a educação cristã teve que resolver os problemas postos pela necessidade de moldar *habitus* cristãos com uma cultura pagã; e também em Mauss, no famoso texto sobre as técnicas do corpo, mas nenhum desses autores o faz desempenhar um papel decisivo.) Por que procurar essa velha palavra? Porque essa noção de *habitus* permite enunciar algo que é semelhante ao que a noção de hábito evoca, enquanto se distingue em um ponto essencial. O *habitus*, como a palavra o diz, é o que se adquiriu, mas que se encarnou de forma duradoura no corpo sob a forma de disposições permanentes. A noção lembra, portanto, de forma constante, que ela se refere a algo histórico, que está ligada à história individual, e que se inscreve em um modo de pensamento genético, em oposição a modos de pensamento essencialistas (como a noção de competência encontrada no léxico chomskyano). Por outro lado, a escolástica também denominava *habitus* algo como uma propriedade, um *capital*. E, de fato, o *habitus* é um capital, mas que, sendo incorporado, apresenta-se exteriormente como inatismo. Mas por que não dizer hábito? O hábito é considerado espontaneamente como repetitivo, mecânico, automático, antes reprodutivo do que produtivo. Ora, eu queria insistir na ideia de que o *habitus* é algo poderosamente gerador. O *habitus* é, indo depressa, um produto dos condicionamentos que tende a reproduzir a lógica objetiva dos condicionamentos, mas fazendo-lhes sofrer uma transformação; é uma espécie de máquina transformadora que faz com que nós "reproduzamos" as condições sociais de nossa própria produção, mas de uma forma relativamente imprevisível, de uma forma tal que não podemos simplesmente e mecanicamente passar do conhecimento das condições de produção ao conhecimento dos produtos. Se bem que essa capacidade de engendramento de práticas ou de discursos ou de obras não tenha nada de inata, que ela seja historicamente constituída, ela não é completamente redutível às suas condições de produção e, antes de tudo, no que ela funciona de forma *sistemática*: só se pode falar de *habitus* linguístico, por exemplo, sob a condição de não esquecer que é apenas uma dimensão do *habitus* como sistema de esquemas geradores de práticas e de esquemas de percepção das práticas, e de abster-se de autonomizar a produção de palavras em relação à produção de escolhas estéticas, ou de gestos, ou de qualquer outra prática possível. O *habitus* é um princípio de invenção que, produzido pela história, é relativamente arrancado da história: as disposições são *duráveis*, o que provoca toda sorte de efeitos de histerese (de atraso, de defasagem, dos quais o exemplo por excelência é Don Quixote). Pode-se pensá-lo por analogia com um programa de computador (analogia perigosa, porque mecanicista), mas um programa autocorretivo. Consiste em um conjunto sistemático de princípios simples e parcialmente substituíveis, a partir dos quais podem ser inventadas uma infinidade de soluções que não podem ser deduzidas diretamente de suas condições de produção.

Princípio de uma autonomia real em relação às determinações imediatas da "situação", o *habitus* não é, entretanto, uma espécie de essência a-histórica, cuja existência seria apenas o desenvolvimento, enfim, um destino definido de uma vez por todas. Os ajustes que são incessantemente impostos pelas necessidades de adaptação a situações novas e imprevistas podem determinar transformações duradouras do *habitus*, mas que permanecem dentro de certos limites: entre outras razões, porque o *habitus* define a percepção da situação que o determina.

A "situação" é, de uma certa forma, a condição permissiva para o cumprimento do *habitus*. Quando as condições objetivas do cumprimento não são dadas, o *habitus*, continuamente contrariado pela situação, pode ser o lugar de forças explosivas (ressentimento) que podem esperar (até mesmo supervisionar) a oportunidade de se exercer, e que se expressam sempre que as condições objetivas (posição de poder do chefinho) lhe são oferecidas. (O mundo social é um imenso reservatório de violência acumulada, que se revela quando encontra as condições para o seu cumprimento.) Em suma, como reação contra o mecanismo instantaneísta, se é levado a insistir nas capacidades "assimilativas" do *habitus*; mas o *habitus* também é uma adaptação, ele realiza sem cessar um ajuste ao mundo que só excepcionalmente assume a forma de uma conversão radical.

P. Como você diferencia um campo de um aparelho?

– Uma diferença que me parece capital. A noção de aparelho reintroduz o funcionalismo do pior: é uma máquina infernal, programada para realizar certos fins. O sistema escolar, o Estado, a Igreja, os partidos, não são aparelhos, mas campos. No entanto, sob certas condições, eles podem começar a funcionar como aparelhos. São estas as condições que é preciso examinar.

Em um campo, agentes e instituições estão em luta, com forças diferentes, e segundo as regras constitutivas desse espaço de jogo, para se apropriarem dos ganhos específicos que estão em jogo neste jogo. Aqueles que dominam o campo têm os meios para fazê-lo funcionar em seu benefício; mas devem contar com a resistência dos dominados. Um campo se torna um aparelho quando os dominantes têm os meios para anular a resistência e as reações dos dominados. Ou seja, quando o baixo clero, os militantes, as classes populares etc., só podem sofrer a dominação; quando todos os movimentos vão de cima para baixo e os efeitos da dominação são tais que cessam a luta e a dialética que são constitutivas do campo. Há história enquanto houver pessoas que se revoltem, que façam histórias. A "instituição total" ou totalitária, asilo, prisão, campo de concentração, tal como descrito por Goffman, ou o estado totalitário, tenta instituir o fim da história.

Vê-se bem a diferença entre os campos e os aparelhos nas revoluções. Faz-se como se bastasse apoderar-se do "Aparelho de Estado" e mudar o programa da grande máquina, para ter uma ordem social radicalmente nova. De fato, a vontade política deve contar com a lógica dos campos sociais, universos extremamente complexos nos quais as intenções políticas podem ser desviadas, retornadas (isto é verdade tanto da ação dos dominantes como da ação subversiva, como o testemunha tudo o que é descrito na linguagem inadequada da *recuperação*, que é ainda ingenuamente finalista). Só se pode assegurar que a ação política produza os efeitos desejados se ela tiver a ver com aparelhos, isto é, com organizações nas quais os dominados sejam reduzidos *à execução perinde ac cadaver* (militantes, militares etc.). Os aparelhos são, portanto, um estado, que se pode considerar como patológico, dos campos[17].

---

17. Outros desenvolvimentos podem ser encontrados em: BOURDIEU, P. Le fétichisme de la langue. In: *Actes de la Recherche en Sciences Sociales*, 4, jul./1975, p. 2-32. • L'économie des échanges linguistiques. In: *Langue Française*, 34, mai./1977, p. 17-34. • Le langage autorisé – Note sur les conditions sociales de l'efficacité du discours rituel. In: *Actes de la Recherche en Sciences Sociales*, 5-6, nov./1975, p. 183-190. • L'ontologie politique de Martin Heidegger. In: *Actes de la Recherche en Sciences Sociales*, 5-6, nov./1975, p. 109-157.

A censura[18]

Eu gostaria de falar brevemente da noção de censura. A censura da qual toda obra tem um traço também está em curso nesta assembleia. O tempo de fala é um recurso escasso, e estou muito consciente do quanto o uso da palavra é uma monopolização do tempo de fala para conservá-lo por um tempo demasiadamente longo.

O que quero dizer pode ser resumido em uma *fórmula geradora*: toda expressão é um ajuste entre um *interesse expressivo* e uma *censura* constituída pela estrutura do campo no qual essa expressão é oferecida, e esse ajuste é o produto de um trabalho de eufemização que pode ir até o silêncio, limite do discurso censurado. Esse trabalho de eufemização leva a produzir algo que é uma formação de compromisso, uma combinação do que era para dizer, que pretendia ser dito, e do que poderia ser dito dada a estrutura constitutiva de um certo campo. Em outras palavras, o dizível em um certo campo é o resultado do que se poderia chamar de enformação: falar é enformar. Quero dizer com isso que o discurso deve suas propriedades mais específicas, suas propriedades de forma, e não somente seu conteúdo, às condições sociais de sua produção, ou seja, às condições que determinam o que é para dizer, e às condições que determinam o campo de recepção no qual esta coisa a dizer será ouvida. É por aí que se pode ultrapassar a oposição relativamente ingênua entre a análise interna e a análise externa das obras ou dos discursos.

Do ponto de vista do sociólogo, que tem o seu próprio princípio de pertinência, ou seja, o seu próprio princípio de

---

18. Intervenção no Simpósio sobre a Ciência das obras [Lille, mai./1974]. Publicado em *Information sur les Sciences Sociales*, 16 (3/4), 1977, p. 385-388.

constituição do seu objeto, o interesse expressivo será o que se pode chamar de interesse político em um sentido muito amplo, tendo-se em conta que há interesses políticos em todo grupo. Assim, dentro de um campo restrito (aquele que esse grupo constitui, p. ex.), a *polidez* é o resultado da transação entre o que há a dizer e as restrições externas constitutivas de um campo. Eis um exemplo emprestado de Lakoff. Diante do tapete de seus anfitriões, o visitante não dirá: "Oh, que tapete bonito, quanto vale?", e sim: *"Será que posso* lhe perguntar quanto ele vale?" O "Será que eu posso" corresponde a esse trabalho de eufemização, que consiste em enformar. Tendo que expressar uma certa intenção, pode-se ou não enformar, nestas formas às quais se reconhece, por exemplo, um discurso filosófico que, ao mesmo tempo, se anuncia como tendo que ser recebido segundo as formas, isto é, enquanto forma e não enquanto conteúdo. Uma das propriedades do discurso em forma é impor as normas de sua própria percepção; dizer "trate-me segundo as formas", isto é, conforme as formas que eu me dou, e, sobretudo, *não me reduza* ao que eu *nego* pela enformação. Em outras palavras, defendo aqui o direito à "redução": o discurso eufemizado exerce uma violência simbólica que tem por efeito específico proibir a única violência que ele merece e que consiste em reduzi-lo ao que ele diz, mas de uma forma tal que ele pretenda não o dizer. O discurso literário é um discurso que diz "trate-me como eu peço para ser tratado, isto é, semiologicamente, enquanto estrutura". Se a história da arte e a sociologia da arte são tão *retrógradas*, é que o discurso artístico foi muito bem-sucedido em impor a sua própria norma de percepção: é um discurso que diz "trate-me como uma finalidade sem fim", "trate-me como forma e não como substância".

Quando digo que o campo funciona como censura, quero dizer que o campo é uma certa estrutura da distribuição de uma certa espécie de capital. O capital pode ser da autoridade universitária, do prestígio intelectual, do poder político, da força física, segundo o campo considerado. O porta-voz autorizado é detentor seja em pessoa (é o carisma), seja por delegação (é o sacerdote ou o professor) de um capital institucional de autoridade que faz com que lhe seja dado crédito, com que se lhe conceda a palavra. Benveniste, analisando a palavra grega *skeptron*, disse que é algo que se passava com o orador que faria uso da palavra para manifestar que a sua palavra era uma palavra autorizada, uma palavra à qual se obedece, nem que seja apenas a escutando.

Se, portanto, o campo funciona como censura, é porque aquele que entra nesse campo está imediatamente situado em uma certa estrutura, a estrutura da distribuição do capital: o grupo lhe concede ou não lhe concede a palavra; lhe concede ou não lhe concede *crédito*, em ambos os sentidos do termo. Por isso mesmo, o campo exerce uma censura sobre o que ele gostaria de dizer, sobre o discurso louco, *idios logos*, que ele gostaria de deixar escapar, e lhe impõe só deixar passar o que é conveniente, que é dizível. Isso exclui duas coisas: o que não pode ser dito, dada a estrutura da distribuição dos meios de expressão, o indizível, e o que poderia ter sido dito, quase demasiado facilmente, mas que é censurado, o inominável.

Simples enformação, o trabalho de eufemização aparentemente incide sobre a forma, mas, no final, o que produz é indissociável da forma na qual se manifesta. A questão de saber o que teria sido dito em um outro campo, isto é, de uma outra forma, não tem absolutamente nenhum sentido: o discurso de Heidegger só faz sentido enquanto discurso filosófico. Substituir autêntico e inautêntico por distinto (ou único) e comum (ou vulgar) é operar uma mudança extraordinária. Primeiramente, o que funciona enquanto eufemismo é todo o sistema. Utilizei a palavra eufemismo com hesitação, porque o eufemismo substitui uma palavra por outra (a palavra tabu). De fato, a eufemização que quero descrever aqui é aquela que é operada pela totalidade do discurso. Por exemplo, no texto célebre de Heidegger sobre *das Man*, são tratados, por um lado, os transportes em comum, e, por outro lado, o que alguns chamam de os "meios de comunicação de massa". Eis duas referências muito reais que são o objeto possível de um discurso ordinário, e que o sistema de relações constitutivo do discurso filosófico oculta. Não é simplesmente uma palavra que é dita por outra, é o discurso enquanto tal, e, através dele, todo o campo, que funciona como instrumento de censura.

Há mais: tratando-se, por exemplo, de determinar a estrutura do que é dito no lugar onde nós estamos, não basta fazer uma análise do discurso, é preciso apreender o discurso como produto de todo um trabalho sobre o grupo (convite ou não convite etc.). Em suma, é preciso fazer uma análise das condições sociais de constituição do campo no qual o discurso é produzido, porque é aí que reside o verdadeiro princípio do que podia e do que não podia ser dito aqui. Mais profundamente, uma das formas mais incontroláveis, para um grupo, de reduzir as pessoas ao silêncio, é excluí-las de posições a partir das quais se pode falar. Ao contrário, uma das formas de um grupo controlar o discurso consiste em colocar em posições nas quais se fala pessoas que só dirão o que o campo autoriza e pede. Para compreender o que pode ser dito em um sistema educacional é preciso conhecer os mecanismos de recrutamento do corpo docente, e seria totalmente ingênuo acreditar que é no nível do discurso dos professores que se pode apreender o que pode aí ser dito e por quê.

Toda expressão é, de certa forma, uma violência simbólica que só pode ser exercida por aquele que a exerce, e que só pode ser sofrida por aquele que a sofre, porque é desconhecida enquanto tal. E se é desconhecida enquanto tal, é em parte porque é exercida pela mediação de um trabalho de eufemização. Ontem, alguém mencionou o problema da recepção (a propósito da eficácia da ideologia): o que eu digo engloba tanto a produção quanto a recepção. Quando, por exemplo, em *A educação sentimental*, Flaubert projeta toda a sua "representação" da estrutura da classe dominante, ou, mais exatamente, a relação que ele mantém com a sua posição na classe dominante sob a forma da impossibilidade de ver esta classe de outra maneira, ele projeta algo que ele mesmo ignora, ou melhor, que ele nega e desconhece porque o trabalho de eufemização que ele faz esta estrutura sofrer contribui para escondê-la dele, e qualquer coisa que seja igualmente desconhecida e negada pelos comentadores (porque eles são o produto das próprias estruturas que encomendaram a produção da obra). Em outras palavras, para que Flaubert seja lido hermeneuticamente, é necessário todo o sistema do qual o seu próprio discurso é ele mesmo um produto dentre outros. Quando se fala de ciência das obras, é, portanto, importante saber que, pelo simples fato de se autonomizar as obras, concede-se às obras o que elas pedem, ou seja, tudo[19].

---

[19]. Outros desenvolvimentos podem ser encontrados em BOURDIEU, P. L'ontologie politique de Martin Heidegger. In: *Actes de la Recherche en Sciences Sociales*, 5-6, nov./1975, p. 109-156.

A "juventude" é apenas uma palavra[20]

P. Como o sociólogo aborda o problema dos jovens?

— O reflexo profissional do sociólogo é de lembrar que as divisões entre as idades são arbitrárias. É o paradoxo de Pareto dizendo que não sabemos com que idade começa a velhice, como não sabemos onde começa a riqueza. De fato, a fronteira entre a juventude e a velhice é, em todas as sociedades, uma questão controversa. Por exemplo, li há alguns anos um artigo sobre a relação entre jovens e idosos, em Florença, no século XVI, que mostrou que os velhos propunham à juventude uma ideologia da virilidade, da *virtú*, e da violência, o que era uma forma de reservarem para si a sabedoria, isto é, o poder. Da mesma forma, Georges Duby mostra como, na Idade Média, os limites da juventude eram objeto de manipulação pelos detentores do patrimônio, que deviam manter em estado de juventude, ou seja, de irresponsabilidade, os jovens nobres que podiam reivindicar a sucessão.

Encontraremos coisas totalmente equivalentes nos ditos e provérbios, ou tão simplesmente os estereótipos sobre a juventude, ou ainda na filosofia, de Platão a Alain, que atribuía a cada idade a sua paixão específica, à adolescência o amor, e a idade madura a ambição. A representação ideológica da divisão entre jovens e velhos concede, aos mais jovens, coisas que fazem com que, em contrapartida, eles deixem muitas coisas aos mais velhos. Vê-se muito bem, no caso do esporte, por exemplo, no *rugby*, com a exaltação dos "bons rapazes", bons brutos dóceis condenados à dedicação obscura do jogo de atacantes que os

---

20. Entrevista com Anne-Marie Métailié, publicada em *Les jeunes et le premier emploi*. Paris: Association des Âges, 1978, p. 520-530.

dirigentes e comentadores exaltam ("Seja forte e cala a boca, não pense"). Essa estrutura, que se encontra em outros lugares (p. ex., nas relações entre os sexos), lembra que, na divisão lógica entre os jovens e os velhos, trata-se de poder, de *divisão* (no sentido de partilha) dos poderes. As classificações por idade (mas também por sexo ou, certamente, por classe...) sempre voltam a impor limites e a produzir uma *ordem* à qual cada um deve se ater, na qual cada um deve permanecer no seu lugar.

P. O que você entende por velho? Os adultos? Aqueles que estão em produção? Ou a terceira idade?

– Quando digo jovem/velho, tomo a relação em sua forma mais vazia. Somos sempre o velho ou o jovem de alguém. É por isso que os cortes, seja em grupos etários, seja em gerações, são bastante variáveis e são uma questão de manipulação. Por exemplo, Nancy Munn, uma etnóloga, mostra que, em certas sociedades da Austrália, a magia de juventude que as velhas empregam para recuperar sua juventude é considerada totalmente diabólica, porque perturba os limites entre as idades e não sabemos mais quem é jovem e quem é velho. O que quero lembrar é simplesmente que a juventude e a velhice não são dados, mas construídos socialmente, na luta entre os jovens e os velhos. As relações entre a idade social e a idade biológica são muito complexas. Se comparássemos os jovens de diferentes frações da classe dominante, por exemplo, todos os alunos que entram na Escola Normal, na ENA [Escola Nacional de Administração], na X [Universidade Paris Nanterre] etc., no mesmo ano, veríamos que estes "jovens" têm tanto mais os atributos do adulto, do velho, do nobre, do notável etc., quanto mais próximos eles estiverem do núcleo do poder. Quando passamos dos intelectuais para os CEOs, tudo o que *torna* jovem, cabelo comprido, *jeans* etc., desaparece.

Cada campo, como mostrei a propósito da moda ou da produção artística e literária, tem *as suas leis específicas de envelhecimento*: para saber como são aí cortadas as *gerações*, é preciso conhecer as leis específicas do funcionamento do campo, as questões controvertidas e as divisões que esta controvérsia opera ("nova onda", "novo romance", "novos filósofos", "novos magistrados" etc.). Não há nada aqui que não seja muito banal, mas que demonstre que a idade é um dado biológico socialmente manipulado e manipulável; e que o fato de falar dos jovens como de uma unidade social, de um grupo constituído, dotado de interesses comuns, e de reportar esses interesses a uma idade definida biologicamente, já constitui uma manipulação evidente. Seria necessário pelo menos analisar as diferenças entre *as* juventudes, ou, para ir rápido, entre as *duas* juventudes. Por exemplo, poderíamos comparar sistematicamente as condições de existência, o mercado de trabalho, o orçamento de tempo etc., dos "jovens" que já estão trabalhando, e dos adolescentes da mesma idade (biológica) que são estudantes: de um lado, as restrições, dificilmente atenuadas pela solidariedade familiar, do universo econômico real; de outro, as facilidades de uma economia quase lúdica de assistidos, subvencionados com refeições e alojamento baratos, entradas com desconto para teatro e cinema etc. Nós encontraríamos diferenças análogas em todos os domínios da existência: por exemplo, rapazes malvestidos, com cabelos muito compridos, que, na noite de sábado, passeiam com a namorada em uma moto ruim, são esses que são presos pelos policiais.

Em outras palavras, é por um formidável abuso de linguagem que se pode subsumir sob o mesmo conceito universos sociais que praticamente nada têm em comum. Em um caso, temos um universo de adolescência, no verdadeiro sentido, isto é, de irresponsabilidade provisória: esses "jovens" estão em uma espécie de *no man's land* social, são adultos para certas coisas, são crianças para outras, jogam dos dois lados. É por isso que muitos adolescentes de classe média alta sonham em prolongar a adolescência: é o complexo de Frédéric de *A educação sentimental*, que eterniza a adolescência. Dito isto, as "duas juventudes" não representam outra coisa senão os dois polos, os dois extremos de um espaço de possibilidades oferecidas aos "jovens". Uma das contribuições interessantes do trabalho de Thévenot é mostrar que, entre essas posições extremas, o estudante burguês e, no outro extremo, o jovem operário que sequer tem adolescência, encontramos hoje todas as figuras intermediárias.

P. Será que não foi a transformação do sistema escolar o que produziu essa espécie de continuidade onde havia uma diferença mais nítida entre as classes?

– Um dos fatores dessa confusão das oposições entre as diferentes juventudes de classe é o fato de as diferentes classes sociais terem ascendido de forma proporcionalmente mais relevante ao ensino secundário, e de, ao mesmo tempo, uma parte dos (biologicamente) jovens que até então não tinha acesso à adolescência, descobriu esse *status* temporário, "meio criança, meio adulto", "nem criança, nem adulto". Eu acredito que seja um fato social muito importante. Mesmo nos meios aparentemente mais afastados da condição estudantil do século XIX, isto é, na pequena aldeia rural, com os filhos de camponeses ou de artesãos que vão ao CES [Conselho Econômico e Social] local, mesmo neste caso, os adolescentes são colocados, durante um tempo relativamente longo, na idade ou antes que tivessem estado no trabalho, nessas posições quase exteriores ao universo social que definem a condição adolescente. Parece que um dos efeitos mais poderosos da situação do adolescente decorre dessa espécie de existência separada que *exclui socialmente*. As escolas do poder, e em particular as grandes escolas, colocam os jovens em recintos separados do mundo, espécies de espaços monásticos onde levam uma vida à parte, onde fazem retiro, retirados do mundo e inteiramente ocupados em se prepararem para as mais "altas funções": eles aí fazem coisas muito gratuitas, dessas coisas que se faz na escola, exercícios em branco. Há alguns anos, quase todos os jovens tiveram acesso a uma forma mais ou menos realizada e, sobretudo, mais ou menos longa dessa experiência; por mais curta e superficial que possa ter sido, essa experiência é decisiva, porque basta para provocar uma ruptura mais ou menos profunda com o "isso é óbvio". Conhecemos o caso do filho de um mineiro que deseja descer até a mina o mais rápido possível, porque é entrar no mundo dos adultos. (Ainda hoje, uma das razões pelas quais os adolescentes das classes populares querem deixar a escola e começar a trabalhar muito cedo, é o desejo de ascender o mais rápido possível ao *status* de adulto e às capacidades econômicas que lhe são associadas: ter dinheiro é muito importante para se afirmar perante os amigos, perante as meninas, para poder sair com os amigos e com as meninas, e, portanto, para ser reconhecido e se reconhecer como "homem". É um dos fatores do desconforto que a escolaridade prolongada suscita nos filhos das classes populares.) Dito isto, o fato de ser colocado em uma situação de "estudante" induz muitas coisas que são constitutivas da situação acadêmica: eles têm o seu pacote de livros amarrados por uma cordinha, eles estão sentados em suas mobiletes baratinando uma menina, eles estão entre jovens, meninos e meninas, fora do trabalho, eles são dispensados em casa das tarefas domésticas em nome do fato de estudarem (fator importante, as classes populares se dobram a essa espécie de contrato tácito que faz com que os alunos sejam marginalizados).

Eu acho que essa marginalização simbólica tem uma certa importância, especialmente porque ela é um dos efeitos fundamentais da escola, que é a manipulação das aspirações. A escola, sempre o esquecemos, não é simplesmente um lugar onde se aprendem coisas, saberes, técnicas etc., é também uma instituição que atribui títulos, ou seja, direitos e, ao mesmo tempo, confere aspirações. O antigo sistema escolar produzia menos interferência do que o sistema atual, com seus currículos complicados, que fazem com que as pessoas tenham aspirações mal-ajustadas às suas chances reais. Outrora, havia setores relativamente claros: se fossemos além do certificado, entraríamos em um curso complementar, em uma EPS [Educação Física e Esportiva], em uma faculdade ou em uma escola secundária; esses setores eram claramente hierarquizados e as pessoas não se confundiam. Hoje, há uma série de setores mal diferenciados e é preciso estar muito alerta para escapar de becos sem saída ou armadilhas, e também da cilada das orientações e dos títulos desvalorizados. Isso contribui para favorecer uma certa perda das aspirações em relação às chances reais. O antigo estado do sistema escolar interiorizava muito fortemente os limites; fazia aceitar o fracasso ou os limites como justos ou inevitáveis... Por exemplo, os professores primários eram pessoas selecionadas e formadas, consciente ou inconscientemente, de tal maneira a serem separados dos camponeses e dos operários, permanecendo, ao mesmo tempo, completamente separados dos professores do ensino médio. Ao colocar na situação do "secundarista", mesmo com algum desconto, crianças pertencentes a classes para as quais o ensino secundário era outrora absolutamente inacessível, o sistema atual encoraja essas crianças e suas famílias a esperarem pelo que o sistema escolar garantia aos alunos das escolas de ensino médio na época em que não tinham acesso a essas instituições. Entrar no ensino secundário significa entrar nas aspirações que estavam inscritas no fato de aceder ao ensino secundário em uma etapa anterior: frequentar o ensino médio quer dizer calçar, como botas, a aspiração a se tornar professor do ensino médio, médico, advogado, notário, tantas posições que o ensino médio proporcionava no período entreguerras. Ora, quando os filhos das classes populares não estavam no sistema, o sistema não era o mesmo. Ao mesmo tempo, há desvalorização pelo simples efeito da inflação, e também pelo fato da mudança da "qualidade social" dos detentores de títulos. Os efeitos da inflação escolar são mais complicados do que se costuma dizer: pelo fato de um título valer sempre quanto valem seus titulares, um título que se torna mais frequente é por isso mesmo desvalorizado, mas ainda assim ele perde seu valor porque se torna acessível a pessoas "sem valor social".

P. Quais são as consequências desse fenômeno de inflação?

— Os fenômenos que acabei de descrever fazem com que as aspirações inscritas objetivamente no sistema tal como era no estado anterior sejam decepcionadas. A discrepância entre as aspirações que o sistema escolar favorece pelo conjunto dos efeitos que mencionei e as chances que garante está realmente no princípio da decepção e da recusa coletivas que se opõem à adesão coletiva (que eu evocava com o filho do mineiro) da época anterior e à submissão antecipada às chances objetivas, que era uma das condições tácitas do bom funcionamento da economia. Foi uma espécie de ruptura do círculo vicioso que fez o filho do mineiro querer descer até a mina, sem sequer se perguntar se ele poderia não o fazer. É evidente que o que descrevi aqui não vale para toda a juventude: ainda há muitos adolescentes, em particular adolescentes burgueses, que estão no círculo como antes; que veem as coisas como antes, que querem fazer as grandes faculdades, o MIT ou a Harvard Business School, todos os concursos que se possa imaginar, como antes.

P. Nas classes populares, essas crianças se encontram defasadas no mundo do trabalho.

– Alguém pode se sair suficientemente bem no sistema escolar para não ser isolado do mundo do trabalho, sem, no entanto, se sair bem o bastante para conseguir encontrar um emprego pelos títulos escolares. (Esse era um tema antigo da literatura conservadora de 1880, que falava de bacharéis desempregados e que já temia os efeitos da ruptura do círculo de oportunidades, aspirações e evidências associadas.) Alguém pode ser muito infeliz no sistema escolar, sentir-se aí completamente estrangeiro e participar, apesar de tudo, dessa espécie de subcultura acadêmica, da banda de estudantes que se encontra nos bailes, que têm um estilo estudantil, que estão suficientemente integrados a esta vida para serem separados da sua família (que já não compreendem e que já não os compreende: "Com a sorte que têm!") e, por outro lado, ter uma espécie de sentimento de desânimo, de desespero diante do trabalho. De fato, para este efeito de arrancamento do círculo, acrescenta-se ainda, apesar de tudo, a descoberta confusa do que o sistema escolar promete a alguns; a descoberta confusa, mesmo através do fracasso, de que o sistema escolar ajuda a reproduzir privilégios.

Eu acho – escrevi isso há dez anos – que para que as classes populares possam descobrir que o sistema escolar funciona como um instrumento de reprodução, seria necessário que elas passassem pelo sistema escolar. Porque no fundo elas poderiam acreditar que a escola era libertadora, ou, não importa o que digam os porta-vozes, nada pensar acerca disso, desde que nunca tivessem nada a ver com isso, exceto na escola primária. Atualmente, nas classes populares, tanto entre os adultos como entre os adolescentes, opera-se a descoberta, que ainda não encontrou sua linguagem, porque o sistema escolar é um veículo de privilégios.

P. Mas como explicar então que se constate, há três ou quatro anos, uma despolitização muito maior, ao que parece?

– A revolta confusa – questionamento do trabalho, da escola etc. – é global, ela põe em causa o sistema escolar como um todo e se opõe absolutamente ao que era a experiência do fracasso no antigo estado do sistema (e que, no entanto, certamente não desapareceu; basta escutar as entrevistas: "Eu não gostava de francês, não gostava da escola etc."). O que se opera através das formas mais ou menos anômicas, anárquicas, de revolta não é o que se entende ordinariamente por politização, ou seja, que os aparelhos políticos estejam preparados para registrar e para reforçar. É um questionamento mais geral e mais vago, uma espécie de mal-estar no trabalho, algo que não é político no sentido estabelecido, mas que poderia sê-lo; algo que parece muito com certas formas de consciência política que são ao mesmo tempo muito cegas para si mesmas, porque não encontraram seu discurso, e de uma força revolucionária extraordinária, capaz de ultrapassar os aparelhos, que encontramos, por exemplo, entre os subproletários ou os operários de primeira geração de origem camponesa. Para explicar o seu próprio fracasso, para suportá--lo, essas pessoas devem questionar todo o sistema, como um bloco, o sistema escolar, e também a família, com a qual está relacionado, e todas as instituições, com a identificação da escola ao quartel, do quartel à fábrica. Há uma espécie de esquerdismo espontâneo que evoca por mais de um traço o discurso dos subproletários.

P. E isso tem influência nos conflitos geracionais?

– Uma coisa muito simples, e na qual não pensamos, é que as aspirações de sucessivas gerações, de pais e de filhos, são constituídas em relação a diferentes estados da estrutura da distribuição de bens e das oportunidades de aceder aos diferentes bens: o que para os pais era um privilégio extraordinário (na época em que tinham vinte anos, p. ex., uma em mil pessoas de sua idade, e de seu meio, tinha carro) tornou-se banal, estatisticamente. E muitos conflitos de geração são conflitos entre sistemas de aspirações constituídos em idades diferentes. O que para a geração 1 foi uma conquista de toda a vida, para a geração 2 foi dado desde o nascimento, imediatamente. A discrepância é particularmente forte no caso das classes em declínio, que já não têm sequer o que tinham aos vinte anos, e isso em uma época na qual todos os privilégios dos seus vinte anos (p. ex., esquiar ou tomar banho de mar) se tornaram *comuns*. Não é por acaso que o racismo antijovens (muito visível nas estatísticas, embora, infelizmente, não disponhamos de análises por frações de classes) provenha das classes em declínio (como os pequenos artesãos ou comerciantes), ou dos indivíduos em declínio e idosos em geral. Nem todos os idosos são antijovens, obviamente, mas a velhice também é um declínio social, uma perda de poder social e, por esse viés, os velhos participam da relação com os jovens que também é característica das classes em declínio. Evidentemente, os velhos das classes em declínio, ou seja, os velhos comerciantes, os velhos artesãos etc., acumulam no mais alto grau todos os sintomas: são antijovens, mas também antiartistas, anti-intelectuais, anticontestação, são contra tudo que muda, tudo que se move etc., justamente porque têm o seu futuro atrás de si, porque não têm futuro, enquanto os jovens se definem como tendo futuro, como definindo o futuro.

P. Mas será que o sistema escolar não está na origem dos conflitos intergeracionais, na medida em que pode aproximar nas mesmas posições sociais pessoas que foram formadas em estados diferentes do sistema escolar?
– Podemos partir de um caso concreto: atualmente, em muitas posições intermediárias da administração pública nas quais há progressão de carreira, encontram-se, lado a lado, no mesmo departamento, jovens bacharéis ou mesmo licenciados, recém-saídos do sistema escolar, e pessoas de cinquenta a sessenta anos que saíram, trinta anos antes, com o diploma de ensino médio, em uma época do sistema escolar em que o diploma de ensino médio ainda era um título relativamente raro, e que, pelo autodidatismo e pela antiguidade, chegaram a posições de quadros que agora só são acessíveis a bacharéis. Aí, o que se opõe, não são velhos e jovens, são praticamente dois estados do siste-

ma escolar, dois estados da escassez diferencial de títulos, e esta oposição objetiva se traduz em lutas de classes: não podendo dizer que são chefes porque são antigos, os velhos invocarão a experiência associada à antiguidade, enquanto os jovens invocarão a competência garantida pelos seus títulos. A mesma oposição pode ser encontrada no terreno sindical (p. ex., no sindicato FO [Força Operária] dos PTT [Correios, Telégrafos e Telefones]) sob a forma de uma luta entre jovens esquerdistas barbudos e velhos militantes de tendência à antiga Sfio [Seção Francesa da Internacional Operária]. Encontram-se também, lado a lado, no mesmo departamento, no mesmo posto, engenheiros saídos uns da Arts et Métiers e os outros da Polytechnique; a identidade aparente de *status* esconde que uns, como se costuma dizer, têm futuro, e que apenas passam por uma posição que, para os outros, é ponto de chegada. Neste caso, os conflitos correm o risco de assumir outras formas, porque os jovens velhos (porque *acabados*) têm todas as chances de terem internalizado o respeito pelo título escolar como registro de uma diferença de natureza. É assim que, em muitos casos, conflitos vividos como conflitos geracionais serão de fato realizados através de pessoas ou de grupos etários constituídos em torno de relações diferentes com o sistema escolar. É em uma relação comum com um estado particular do sistema escolar, e nos interesses específicos, diferentes daqueles da geração definida pela relação com um outro estado, muito diferente, do sistema, que é preciso (hoje em dia) buscar um dos princípios unificadores de uma geração: o que é comum a todos os jovens, ou pelo menos a todos aqueles que se beneficiaram minimamente do sistema escolar, que obtiveram uma qualificação mínima, é o fato de que, globalmente, esta geração é mais qualificada para o mesmo trabalho do que a geração precedente (entre parênteses, pode-se notar que as mulheres que, por uma espécie de discriminação, só acedem às posições à custa de uma superseleção, estão constantemente nesta situação, i. é, são quase sempre mais qualificadas do que os homens em uma posição equivalente...). É certo que, além de todas as diferenças de classe, os jovens têm interesses coletivos de geração, porque, independentemente do efeito da discriminação "antijovens", o simples fato de terem lidado com diferentes estados do sistema escolar faz com que sempre obtenham menos de seus títulos do que a geração precedente teria obtido. Há uma desqualificação estrutural da geração. Isso é, sem dúvida, importante para entender essa espécie de desencantamento que é relativamente comum a toda a geração. Mesmo na burguesia, uma parte dos conflitos atuais é provavelmente explicada pelo fato de o prazo de sucessão ser mais longo, de, como bem o demonstrou Le Bras em um artigo na *Population*, a idade na qual se transmite o patrimônio ou as posições se tornar cada vez mais tardia, e de os juniores da classe dominante terem que roer seus freios. Isso certamente não é estranho à contestação que se observa nas profissões liberais (arquitetos, advogados, médicos etc.), no ensino etc. Assim como os velhos têm interesse em remeter os jovens à juventude, assim também os jovens têm interesse em remeter os idosos à velhice.

Há períodos nos quais a busca do "novo", pela qual os "recém-chegados" (que são também, na maioria das vezes, os mais jovens biologicamente) empurram os "já chegados" para o passado, para o ultrapassado, para a morte social ("ele está acabado"), se intensifica, e nos quais, ao mesmo tempo, as lutas entre as gerações atingem uma maior intensidade: são os momentos nos quais as trajetórias dos mais jovens e dos mais velhos se embatem, nos quais os "jovens" aspiram "cedo demais" à sucessão. Esses conflitos são evitados enquanto os velhos conseguem regular o ritmo de ascensão dos mais jovens, regular as carreiras e os cursos, controlar as velocidades de curso nas carreiras, frear aqueles que não sabem se frear, os ambiciosos que "queimam as etapas", que se "fazem crescer" (de fato, na maior parte do tempo, eles não precisam frear, porque os "jovens" – que podem ter cinquenta anos de idade – internalizaram os limites, as idades modais, i. é, a idade na qual se pode "razoavelmente reivindicar" uma posição, e nem pensam em reivindicá-la antes da hora, antes que "a sua hora tenha chegado"). Quando o "senso de limite" se perde, vê-se surgirem conflitos acerca dos limites de idade, dos limites entre as idades, que têm por desafio a transmissão do poder e dos privilégios entre as gerações.

A origem e a evolução das espécies de melômanos[21]

P. Por que você parece ter uma espécie de relutância em falar de música?

– Em primeiro lugar, o discurso sobre a música faz parte das ocasiões de exibição intelectual mais procuradas. Falar de música é a ocasião por excelência para manifestar a extensão e a universalidade da própria cultura. Penso, por exemplo, no programa de rádio *Le Concert Égoïste* [O Concerto Egoísta]: a lista de obras selecionadas, os comentários destinados a justificar a escolha, o tom da confidência íntima e inspirada, são todos estratégias de apresentação de si, destinadas a oferecer de si a imagem mais lisonjeira, a mais conforme à definição legítima de "homem culto", isto é, "original" nos limites da conformidade. Não existe nada que, tanto quanto os gostos musicais, permita afirmar a própria "classe", nada tampouco pelo que alguém seja tão infalivelmente classificado.

Mas a exibição de cultura musical não é uma exibição cultural como as outras. A música é, por assim dizer, a mais espiritual das artes do espírito, e o amor à música é uma garantia de "espiritualidade". Basta pensar no valor extraordinário que as versões secularizadas da linguagem religiosa (p. ex., psicanalíticas) conferem ao léxico da "escuta"; ou evocar as poses e as posturas concentradas e recolhidas que os ouvintes se sentem obrigados a adotar em audições públicas de música. A música está ligada à alma: poder-se-ia invocar as inúmeras variações sobre a alma da música e a música da alma ("a música interior"). Só existem concertos espirituais... Ser "insensível à música" é uma forma

---

21. Entrevista com Cyril Huvé, publicada no *Le Monde de la Musique*, n. 6, dez./1978, p. 30-31.

especialmente inevitável de barbárie: a "elite" e as "massas", a alma e o corpo...

Mas isso não é tudo. A música é a arte "pura" por excelência. Situando-se além das palavras, a música não diz nada e não tem *nada a dizer*; não tendo função expressiva, ela se opõe diametralmente ao teatro, que, mesmo em suas formas mais depuradas, permanece portador de uma mensagem social, e que só pode "passar" com base em um acordo imediato e profundo com os valores e as expectativas do público. O teatro divide e se divide: a oposição entre o teatro da margem direita e o teatro da margem esquerda do Sena, entre o teatro burguês e o teatro de vanguarda, é inseparavelmente estética e política. Nada disso na música (se deixarmos de lado algumas raras exceções recentes): a música representa a forma mais radical, a mais absoluta da negação do mundo e especialmente do mundo social que realiza toda forma de arte.

Basta ter em mente que não há prática mais classificatória, mais distintiva, isto é, mais estreitamente ligada à classe social e ao capital escolar possuído, do que a frequentação de concerto ou a prática de um instrumento musical "nobre" (mais raras, de resto, do que a frequentação de museus ou mesmo de galerias, p. ex.) para compreender que o concerto estava predisposto a se tornar uma das grandes celebrações burguesas.

P. Mas como explicar que os gostos musicais sejam tão profundamente reveladores?

– As experiências musicais estão enraizadas na experiência corporal mais primitiva. Provavelmente não há gostos à exceção talvez dos gostos alimentares – que sejam mais profundamente cavilhados ao corpo do que os gostos musicais. É isso o que faz com que, como disse La Rochefoucauld, "nosso amor-próprio sofra mais impacientemente a condenação de nossos gostos do que de nossas opiniões". De fato, nossos gostos nos exprimem ou nos traem mais do que os nossos julgamentos, políticos, por exemplo. E provavelmente nada é mais duro de sofrer do que os "maus" gostos dos outros. A intolerância estética tem violências terríveis. Os gostos são inseparáveis dos

149

desgostos: a aversão aos estilos de vida diferentes é, sem dúvida, uma das mais fortes barreiras entre as classes. É por isso que se diz que gosto e cor não se discute. Pense no alvoroço provocado pela mínima transformação da rotina ordinária das estações de rádio ditas culturais.

O que é intolerável para aqueles que têm certo gosto, isto é, uma certa disposição adquirida a "diferenciar e apreciar", como diz Kant, é sobretudo a *mistura* de gêneros, a confusão de domínios. Os produtores de rádio ou de televisão que fazem conviver violinista e violista (ou pior, o violinista cigano), a música e a sala de concertos, uma entrevista de Janos Starker e uma entrevista com um cantor de tango argentino etc., realizam, por vezes conscientemente, por vezes inconscientemente, verdadeiros barbarismos rituais, transgressões sacrílegas, misturando o que deve estar separado, o sagrado e o profano, e reunindo o que as classificações incorporadas – os gostos – mandam separar.

P. E esses gostos profundos estão ligados a experiências sociais particulares?

– Certamente. Por exemplo, quando, em um belíssimo artigo, Roland Barthes descreve o gozo estético como uma espécie de comunicação imediata entre o corpo "interno" do intérprete, presente no "grão de voz" do cantor (ou nas "almofadas dos dedos" da cravista) e o corpo do ouvinte, ele se apoia em uma experiência particular da música, aquela dada por um conhecimento precoce, familiar, adquirido pela prática. Entre parênteses, Barthes tem toda a razão em reduzir a "comunicação das almas", como dizia Proust, a uma comunicação dos corpos. É bom lembrar que Teresa d'Ávila e João da Cruz falam do amor divino na linguagem do amor humano. Música é "coisa corporal". Ela encanta, enleva, move e comove: ela está menos além das palavras do que aquém, em gestos e movimentos do corpo, ritmos, exaltações e abrandamentos, tensões e descontrações. O mais "místico", o mais "espiritual" das artes é talvez simplesmente o mais corporal. Este é provavelmente o que faz com que seja tão difícil falar de música de outra maneira que não seja por adjetivos ou por exclamações: Cassirer disse que as palavras-chave da experiência religiosa, mana, Wakanda, orenda, são exclamações, isto é, expressões de arrebatamento.

Mas, para voltar às variações de gostos segundo as condições sociais, não ensinarei nada a ninguém dizendo que se pode identificar tão infalivelmente a classe social de pertença ou, se se quiser, a "classe" ("ele tem classe") a partir das músicas preferidas (ou, mais simplesmente, das estações de rádio ouvidas) quanto a partir dos aperitivos consumidos, Pernod, Martini ou uísque. No entanto, a pesquisa mostra que se pode ir mais longe na descrição e na explicação das diferenças de gostos do que a simples distinção de um gosto "culto", de um gosto "popular" e de um gosto "mediano", que associa as mais "nobres" das produções populares, por exemplo, para cantores, Brel e Brassens, às mais difundidas das obras clássicas, Valsas de Strauss ou Bolero de Ravel (a cada época, obras "distintas" caem no "vulgar" ao se difundirem: o exemplo mais típico é aquele do Adágio de Albinoni, que passou em alguns anos do *status* de descoberta de musicólogo ao *status* de cantiga tipicamente "média"; poder-se-ia dizer o mesmo de muitas das obras de Vivaldi).

As diferenças mais sutis que separam os estetas ou os amadores a propósito das obras ou dos intérpretes do repertório mais reconhecido remetem, não (ou não somente) a preferências últimas e inefáveis, mas a diferenças no modo de aquisição da cultura musical, na forma das experiências originárias da música. Por exemplo, a oposição que Barthes faz, no mesmo artigo, entre Fischer Dieskau, o profissional da indústria fonográfica, e Panzera, que leva à perfeição as qualidades do amador, é típica de uma relação particular com a música, que remete a condições de aquisição particulares e que torna particularmente sensível e lúcido (é ainda a relação gosto/desgosto) às "faltas" da nova cultura média, característica da era do vinil: de um lado, uma arte expressiva, dramática e sentimentalmente clara, que tem uma voz "sem grãos"; do outro, a arte da dicção que se realiza na melodia francesa, Duparc, o último Fauré, Debussy, e a morte de Mélisande, antítese da morte de Boris, excessivamente eloquente e dramática.

Tendo apreendido o esquema gerador que está no princípio dessa oposição, pode-se prolongar ao infinito a enumeração dos gostos e dos desgostos: de um lado a orquestra, patética ou grandiloquente, em todo caso expressiva; do outro o intimismo do piano, o instrumento materno por excelência, e a intimidade do salão burguês.

No princípio dessa classificação, desse gosto, há duas maneiras de adquirir a cultura musical, associadas a dois modos de consumo de música: de um lado, a familiaridade originária com a música; do outro, o gosto passivo e escolar do amante do vinil. Duas relações com a música que se pensam espontaneamente uma em relação à outra; os gostos são sempre distintivos, e a exaltação de certos artistas antigos (Panzera, Cortot), louvados até nas suas imperfeições, que evocam a liberdade do amador, tem por contrapartida a desvalorização dos intérpretes atuais, mais conformes às novas exigências da indústria de massa.

A Tribuna dos críticos de discos se organiza quase sempre segundo este esquema triangular: um antigo, célebre, por exemplo Schnabel; modernos, desacreditados pela sua perfeição imperfeita de profissionais sem alma; um novo que reúne as virtudes antigas do amador inspirado e as possibilidades técnicas do profissional, por exemplo Pollini ou Abbado.

É porque os gostos são distintivos que eles mudam: a exaltação dos artistas do passado – testemunhada pelas inúmeras reedições de 78rpm antigas ou gravações radiofônicas – provavelmente tem alguma relação com a aparição de uma cultura musical fundada mais no disco do que na prática de um instrumento e a frequentação do concerto, e na banalização da perfeição instrumental imposta pela indústria fonográfica e pela concorrência inseparavelmente econômica e cultural entre os artistas e os produtores.

P. Em outras palavras, a evolução da produção musical é indiretamente uma das causas da mudança dos gostos?

– Sem nenhuma dúvida. Aqui ainda a produção contribui para produzir o consumo. Mas a economia da produção musical ainda precisa ser feita. Sob pena de só escapar da celebração mística para cair no economicismo mais descaradamente reducionista, seria necessário descrever o conjunto das mediações através das quais a indústria fonográfica consegue impor aos artistas, e mesmo aos maiores (Karajan está, creio eu, no terceiro integral das sinfonias de Beethoven), um repertório e, por vezes, até mesmo um jogo e um estilo, contribuindo assim para impor uma definição particular de gostos legítimos.

A dificuldade do empreendimento reside no fato de que, em matéria de bens culturais, a produção implica a produção de consumidores, ou seja, mais precisamente, a produção do gosto musical, da necessidade da música, da crença na música. Para se dar conta realmente disso, que é o essencial, será necessário analisar toda a rede de relações de concorrência e complementaridade, de cumplicidade na concorrência, que unem todos os agentes envolvidos, compositores ou intérpretes, célebres ou desconhecidos, produtores fonográficos, críticos, apresentadores de rádio, professores etc., enfim, todos aqueles que têm interesse pela música, interesses na música, investimentos – no sentido econômico ou psicológico – na música, que são apanhados em jogo, no jogo.

A metamorfose dos gostos[22]

Como mudam os gostos? Será que podemos descrever cientificamente a lógica da transformação dos gostos?

Antes de responder a essas perguntas, é preciso lembrar como se definem *os gostos*, isto é, as práticas (esportes, atividades de lazer etc.) e as propriedades (móveis, gravatas, chapéus, livros, pinturas, cônjuges etc.) através das quais se manifesta *o gosto* entendido como princípio das escolhas assim operadas.

Para que haja gostos, é preciso que haja bens classificados, de "bom" ou "mau" gosto, "distintos" ou "vulgares", classificados e ao mesmo tempo classificadores, hierarquizados e hierarquizantes, e pessoas dotadas de princípios de classificação, de gostos, que lhes permitam identificar, entre esses bens, aqueles que lhes convêm, aqueles que são "do seu gosto". Com efeito, pode existir um gosto sem bens (gosto sendo tomado no sentido de princípio de classificação, de princípio de divisão, de capacidade de distinção) e bens sem gosto. Diz-se, por exemplo: "eu corri todas as lojas de Neuchâtel e não encontrei nada ao meu gosto". Isso suscita a questão de saber o que é esse gosto que preexiste aos bens capazes de satisfazê-lo (contradizendo o adágio: *ignoti nulla cupido*, do desconhecido não há desejo).

Mas também haverá casos nos quais os bens não encontrarão os "consumidores" que os considerariam ao seu gosto. O exemplo por excelência desses bens que precedem o gosto dos consumidores é o da pintura ou da música de vanguarda, que desde o século XIX só encontram os gostos que "exigem" muito tempo depois do momento em que foram produzidos, às vezes muito depois da morte do produtor. Isto suscita a questão de saber se os bens que precedem os gostos (à parte, seguramen-

---

22. Apresentação feita na Universidade de Neuchâtel em maio de 1980.

te, o gosto dos produtores) contribuem para fazer os gostos; a questão da eficácia simbólica da oferta de bens ou, mais precisamente, do efeito da realização sob a forma de bens de um gosto particular, aquele do artista.

Chegamos, assim, a uma definição provisória: os gostos, entendidos como o conjunto das práticas e das propriedades de uma pessoa ou de um grupo, são o produto de um encontro (de uma harmonia preestabelecida) entre os bens e um gosto (quando digo "minha casa é do meu gosto", eu digo que encontrei a casa conveniente para o meu gosto, onde o meu gosto se reconhece, se encontra). Dentre esses bens, é preciso introduzir, sob o risco de chocar, todos os objetos de eleição, de afinidade eletiva, como os objetos de simpatia, de amizade ou de amor.

Coloquei há pouco a questão de maneira elíptica: Em que medida o bem que é a realização do meu gosto, que é a potencialidade realizada, faz o gosto no qual se reconhece? O amor pela arte fala frequentemente a mesma linguagem do amor: a paixão à primeira vista é o encontro miraculoso entre uma expectativa e sua realização. É também a relação entre um povo e seu profeta ou porta-voz: "não me procuraríeis se não me tivésseis encontrado". Aquele que falou é alguém que potencialmente tinha algo a dizer e que só o soube quando alguém lho disse. De uma certa forma, o profeta não traz nada; ele apenas prega para convertidos. Mas pregar para convertidos também é fazer alguma coisa. É realizar essa operação tipicamente social e quase mágica, esse encontro entre um já objetivado e uma expectativa implícita, entre uma linguagem e disposições que só existem no estado prático. Os gostos são o produto desse encontro entre duas histórias, uma no estado objetivado, a outra no estado incorporado, que são objetivamente concedidas. A partir daí, sem dúvida, uma das dimensões do milagre do encontro com a obra de arte: descobrir uma coisa ao seu gosto é se descobrir, é descobrir o que se quer ("isso é exatamente o que eu queria"), o que tínhamos a dizer e que não sabíamos dizer, e que, por conseguinte, não sabíamos.

No encontro entre a obra de arte e o consumidor há um terceiro ausente, aquele que produziu a obra, que fez uma coisa ao seu gosto graças à sua capacidade de transformar seu gosto em objeto, transformá-lo de um estado de alma, ou, mais exatamente, de um estado de corpo, em algo visível e conforme ao seu gosto. O artista é esse profissional da transformação do implícito em explícito, da objetivação, que transforma o gosto em objeto, que realiza o potencial, ou seja, aquele senso prático do belo que só pode ser conhecido realizando-se. Com efeito, o senso prático do belo é puramente negativo e quase exclusivamente *recusa*. O objetivador do gosto está, em relação ao produto de sua objetivação, na mesma relação que o consumidor: ele pode considerá-lo ou não ao seu gosto. Se lhe reconhece a competência necessária para objetivar um gosto. Mais exatamente, o artista é alguém que reconhecemos como tal ao nos reconhecermos no que ele faz, ao reconhecermos no que ele faz o que teríamos feito se o soubéssemos fazer. É um "criador", palavra mágica que se pode empregar uma vez definida a operação artística como operação mágica, isto é, tipicamente social. (Falar de produtor, como é preciso fazê-lo, muito frequentemente, para romper com a representação ordinária do artista como criador – privando-se assim de todas as cumplicidades imediatas que esta linguagem é assegurada de encontrar tanto entre os "criadores" como entre os consumidores, que gostam de pensar em si mesmos como "criadores", com o tema da leitura como recriação –, é se expor a esquecer que o ato artístico é um ato de produção de uma espécie totalmente particular, uma vez que deve fazer existir completamente algo que já estava lá, na expectativa mesma de sua aparição, e fazê-lo existir de maneira totalmente diferente, i. é, como uma coisa sagrada, como objeto de crença.)

Os gostos, como conjunto de escolhas feitas por uma pessoa determinada, são, portanto, o produto de um encontro entre o gosto objetivado do artista e o gosto do consumidor. Resta compreender como acontece que, em um dado momento, haja bens para todos os gostos (mesmo que provavelmente não haja gostos para todos os bens); que os mais diversos clientes encontrem objetos ao seu gosto. (Em toda a análise que faço, pode-se mentalmente substituir objeto de arte por bem ou serviço religioso. A analogia com a Igreja faz ver assim que a atualização um pouco precipitada substituiu uma oferta bastante monolítica por uma oferta muito diversificada, fazendo com que haja para todos os gostos missa em francês, em latim, de batina, à paisana etc.). Para dar conta desse ajustamento quase milagroso da oferta à demanda (com exceções representadas pela superação da demanda pela oferta), poder-se-ia invocar, como o faz Max Weber, a busca consciente do ajustamento, a transação calculada dos clérigos com as expectativas dos leigos. Seria assim supor que o sacerdote de vanguarda, que oferece aos moradores de um subúrbio operário uma missa "libertada", ou o sacerdote integrista que diz a missa em latim, tenham uma relação cínica ou pelo menos calculista com a sua clientela, que entrem com ela em uma relação de oferta e demanda totalmente consciente; que sejam informados da demanda – não se sabe como, uma vez que ela só se formula e se dá a conhecer na sua objetivação – e que se esforcem em satisfazê-la (há sempre essa suspeita em relação ao escritor de sucesso: seus livros foram bem-sucedidos porque ele foi ao encontro das demandas do mercado, subentendem-se as demandas mais baixas, as mais fáceis, as mais indignas de serem satisfeitas). Supõe-se, portanto, que por uma espécie de faro mais ou menos cínico ou sincero, os produtores se ajustem à demanda: bem-sucedido seria aquele que encontrou o "nicho".

A hipótese que vou propor para dar conta do universo dos gostos em um dado momento é completamente diferente, mesmo se as intenções e as transações conscientes nunca sejam excluídas, evidentemente, da produção cultural. (Certos setores do espaço de produção – esta é uma das suas propriedades distintivas – obedecem da maneira mais cínica do mundo à busca calculada do ganho, e, portanto, do "nicho": dá-se um tema, dá-se seis meses, dá-se seis milhões, e o "escritor" deve fazer um romance que será um *best-seller*.) O modelo que proponho está, portanto, em desacordo com o modelo que se impõe espontaneamente, e que tende a fazer do produtor cultural, escritor, artista, sacerdote, profeta, feiticeiro, jornalista, um calculador econômico racional, que, por uma espécie de estudo de mercado, conseguiria pressentir e satisfazer necessidades dificilmente formuladas ou mesmo ignoradas, de maneira a tirar o maior proveito possível de sua capacidade de antecipar, e, portanto, de preceder os concorrentes. De fato, há espaços de produção nos quais os produtores trabalham muito menos com os olhos fixos em seus clientes, ou seja, no que é chamado de público-alvo, do que em seus concorrentes. (Mas esta é ainda uma formulação finalista que apela demasiadamente para a estratégia consciente.) Mais exatamente, eles trabalham em um espaço no qual o que eles produzem depende muito estreitamente de sua posição no espaço de produção (peço perdão aqui àqueles que não estão habituados à sociologia: sou obrigado a avançar uma análise sem poder justificá-la de forma simples). No caso do jornalismo, o crítico do *Figaro* produz não com os olhos fixos em seu público, mas com referência ao *Nouvel Observateur* (e vice-versa). Para isso, ele não precisa se referir a ele intencionalmente: basta-lhe seguir seu gosto, suas próprias inclinações, para se definir contra o que pensa ou diz o crítico do lado oposto, que faz, ele mesmo, a mesma coisa. Ele pensa contra o crítico do *Nouvel Observateur* sem sequer ter acesso à sua consciência. Isto se vê na sua retórica, que é aquela do desmentido antecipado: dir-se-á que sou um velho decrépito conservador porque critico Arrabal, mas eu entendo Arrabal o suficiente para assegurá-lo de que não há nada a compreender. Ao se reconfortar, ele reconforta seu público, que se inquieta com obras inquietantes porque ininteligíveis – se bem que esse público as compreenda sempre o suficiente para sentir que elas querem dizer coisas que ele compreende muito bem. Para dizer as coisas de maneira um tanto quanto objetivista e determinista, o produtor é comandado em sua produção pela posição que ele ocupa no espaço de produção. Os produtores produzem produtos diversificados pela própria lógica das coisas e sem buscar a distinção (é claro que o que tentei mostrar se opõe diametralmente a todas as teses sobre o consumo conspícuo que fariam da busca consciente da diferença o único princípio de mudança da produção e do consumo cultural).

Há, portanto, uma lógica do espaço de produção que faz com que os produtores, querendo ou não, produzam bens diferentes. As diferenças objetivas podem, naturalmente, ser subjetivamente redobradas, e por um longo tempo os artistas, que são objetivamente distintos, também procuram se distinguir – em particular na *maneira*, na forma, naquilo que lhes é peculiar, em oposição ao tema, à função. Dizer, como o tenho feito algumas vezes, que os intelectuais, como os fonemas, só existem pela diferença, não implica que toda diferença tenha por princípio a busca da diferença: não basta buscar a diferença, felizmente, para encontrá-la, e, por vezes, em um universo onde a maioria busca a diferença, basta não a buscar para ser muito diferente...

Do lado dos consumidores, como as pessoas vão escolher? Em função de seu gosto, isto é, de forma amiúde negativa (pode-se sempre dizer o que não se quer, i. é, muitas vezes os gostos dos outros): gosto que se constitui no confronto com gostos já realizados, que ensina a si mesmo o que é ao se reconhecer nos objetos que são gostos objetivados.

Compreender os gostos, fazer a sociologia do que as pessoas têm, de suas propriedades e de suas práticas, é, portanto, conhecer, por um lado, as condições nas quais se produzem os produtos oferecidos e, por outro lado, as condições nas quais se produzem os consumidores. Assim, para compreender os esportes que as pessoas praticam, é preciso conhecer suas disposições, mas também a oferta, que é o produto de invenções históricas. O que significa que o mesmo gosto poderia, em um outro estado de oferta, se exprimir em práticas fenomenalmente totalmente diferentes e, no entanto, estruturalmente equivalentes. (Esta é a intuição prática dessas equivalências estruturais entre objetos fenomenalmente diferentes e, no entanto, praticamente substituíveis que nos faz dizer, p. ex., que Robbe-Grillet é, no século XX, o que Flaubert é no século XIX; o que significa que aquele que escolhesse Flaubert na oferta da época estaria hoje em uma posição homóloga à daquele que escolhesse Robbe-Grillet.)

Tendo recordado como os gostos são engendrados no encontro entre uma oferta e uma demanda, ou, mais precisamente, entre objetos classificados e sistemas de classificação, podemos examinar como esses gostos mudam. Primeiro, do lado da produção, da oferta: o campo artístico é o lugar de uma mudança permanente, a ponto de, como vimos, ser suficiente, para desacreditar um artista, para desqualificá-lo como artista, remetê-lo ao passado, mostrando que seu estilo apenas reproduz um estilo já atestado no passado, e que, falsário ou fóssil, ele não passa de um imitador, consciente ou inconsciente, e totalmente desprovido de valor, porque totalmente desprovido de originalidade.

O campo artístico é o lugar de revoluções parciais que perturbam a estrutura do campo sem questionar o campo enquanto tal e o jogo que aí se joga. No campo religioso, tem-se a dialética da ortodoxia e da heresia – ou da "reforma", modelo da subversão específica. Os inovadores artísticos são, como os reformadores, pessoas que dizem aos dominantes: "você traiu, é preciso voltar à fonte, à mensagem". Por exemplo, as oposições em torno das quais se organizam as lutas literárias ao longo do século XIX e até hoje podem, em última análise, agrupar-se na oposição entre os jovens, isto é, os últimos a chegar, os novos operadores, e os antigos, os estabelecidos, o *establishment*: escuro/claro, difícil/fácil, profundo/superficial etc., essas oposições opõem definitivamente idades e gerações artísticas, isto é, posições diferentes no campo artístico que a linguagem nativa opõe como avançado/ultrapassado, vanguarda/retaguarda etc. (Vemos de passagem que a descrição da estrutura de um campo, das relações de poder específicas que o constituem como tal, encerra uma descrição da história desse campo.) Entrar no jogo da produção, existir intelectualmente, é entrar para a história, e ao mesmo tempo remeter ao passado aqueles que, em outra época, também entraram para a história. (Entrar para a história é fazer história, que é o produto da luta, que é a própria luta; quando não há mais luta, não há mais história. Enquanto há luta, há história, e, portanto, esperança. A partir do momento em que já não há luta, i. é, resistência dos dominados, há um monopólio dos dominantes e a história termina. Os dominantes, em todos os campos, veem sua dominação como o fim da história – no duplo sentido de termo e propósito –, que não tem além e se encontra, portanto, eternizada.) Entrar para a história, portanto, é remeter ao passado, ao ultrapassado, ao desclassificado, aqueles que foram, por algum tempo, dominantes. Aqueles que são assim remetidos ao passado podem ser simplesmente desclassificados, mas também podem se tornar clássicos, isto é, eternizados (seria preciso examinar, mas não posso fazê-lo aqui, as condições dessa eternização, o papel do sistema escolar etc.). A alta-costura é o campo no qual o modelo que descrevi é visto mais claramente, tão claramente que é quase fácil demais, e corre-se o risco de compreender rápido demais, fácil demais, mas pela metade (caso frequente nas ciências sociais: a moda é um desses mecanismos que nunca acabamos de compreender porque compreendemos facilmente demais). Por exemplo, Bohan, o sucessor de Dior, fala de seus vestidos na linguagem do bom gosto, da discrição, da moderação, da sobriedade, condenando implicitamente todas as audácias espalhafatosas daqueles que se situam a sua "esquerda" no campo; ele fala de sua esquerda, como o jornalista do *Figaro* fala do *Libération*. Quanto aos costureiros de vanguarda, eles falam da moda na linguagem da política (a pesquisa foi feita logo depois de 1968), dizendo que é preciso "fazer a moda descer até a rua", "colocar a alta-costura ao alcance de todos" etc. Vemos aí que existem equivalências entre esses espaços autônomos que fazem com que a linguagem possa passar de um a outro com significados aparentemente idênticos e realmente diferentes. O que coloca a questão de saber se, quando se fala de política em certos espaços relativamente autônomos, não se faz a mesma coisa que Ungaro falando de Dior.

Tem-se então um primeiro fator de mudança. Por outro lado, será que isso vai prosseguir? Pode-se imaginar um campo de produção que acelere e que "semeie" os consumidores. É o caso do campo de produção cultural, ou pelo menos de alguns de seus setores, desde o século XIX. Mas esse também foi o caso, recentemente, do campo religioso: a oferta precedeu a demanda; os consumidores de bens e serviços religiosos não pediram tanto... Tem-se aí um caso em que a lógica interna do campo funciona no vácuo, verificando a tese central que eu proponho, a saber, que a mudança não é produto de uma busca do ajuste à demanda. Sem esquecer esses casos de defasagem, pode-se dizer que, de forma geral, os dois espaços, o espaço de produção de bens e o espaço de produção de gostos, mudam grosso modo no mesmo ritmo. Dentre os fatores que determinam a mudança da demanda há, sem sombra de dúvida, a elevação do nível, quantitativo e qualitativo, de demanda que acompanha a elevação do nível de instrução (ou da duração da escolarização) e que faz com que um número sempre maior de pessoas entre na corrida pela apropriação de bens culturais. O efeito da elevação do nível de instrução é exercido, entre outros, por intermédio do que eu chamo de efeito de intimação estatutária ("a nobreza obriga"), e que determina os detentores de um certo título escolar, funcionando como um título de nobreza, para realizar as práticas – frequentar os museus, comprar um toca-discos, ler o *Le Monde* – que estão inscritas na sua definição social, poderíamos dizer na sua "essência social". Assim, o alongamento geral da escolaridade e, em particular, a intensificação da utilização que as classes, já grandes utilizadoras, podem fazer do sistema escolar, explicam o crescimento de todas as práticas culturais (previsto, no caso do museu, pelo modelo que havíamos construído em 1966). E pode-se compreender na mesma lógica que a parcela de pessoas que se dizem capazes de ler notas musicais ou tocar um instrumento cresce fortemente quando avançamos para as gerações mais jovens. A contribuição da mudança da demanda para a mudança de gostos se vê bem em um caso como o da música, onde a elevação do nível da demanda coincide com um abaixamento do nível da oferta, com o *disco* (teríamos o equivalente no domínio da leitura com o livro de bolso). A elevação do nível de demanda determina uma translação da estrutura dos gostos, estrutura hierárquica, que vai dos mais raros, Berg ou Ravel hoje em dia, aos menos raros, Mozart ou Beethoven; de maneira mais simples, todos os bens oferecidos tendem a perder sua raridade relativa e seu valor distintivo à medida que cresce o número de consumidores que estão ao mesmo tempo inclinados e aptos a se apropriarem deles. A divulgação desvaloriza; os bens desclassificados já não são classificáveis; bens que pertenciam aos *happy few* se tornam comuns. Aqueles que se reconheciam como *happy few* pelo fato de lerem *A educação sentimental* ou Proust devem ir a Robbe-Grillet ou, além, a Claude Simon, Duvert etc. A raridade do produto e a raridade do consumidor diminuem simultaneamente. É assim que o disco e os discófilos "ameaçam" a raridade do melômano. Opor Panzera a Fisher Diskau, produto impecável da indústria do vinil, como outros oporão Mengelberg a Karajan, é reintroduzir a raridade abolida. Pode-se compreender na mesma lógica o culto das "velhas ceras" ou das gravações ao vivo. Em todos os casos, trata-se de reintroduzir a raridade: nada de mais comum do que as valsas de Strauss, mas que charme quando são interpretadas por Furtwängler. E Tchaikovsky por Mengelberg! Outro exemplo, Chopin, por muito tempo desqualificado pelo piano de jovens garotas de boa família, conseguiu agora encontrar defensores inflamados entre os jovens musicólogos. (Se acontece de, para abreviar, empregarmos uma linguagem finalista, estratégica, para descrever esses processos, devemos ter em mente que esses empreendimentos de reabilitação são totalmente sinceros e "desinteressados", e consideram essencial o fato de que aqueles que reabilitam contra aqueles que desqualificaram não conheciam as condições contra as quais se dirigiam aqueles que desqualificaram Chopin.) A raridade pode, portanto, vir do modo de escuta (disco, concerto ou execução pessoal), do intérprete, da própria obra: quando ela é ameaçada de um lado, pode-se reintroduzi-la em um outro contexto. E o fim do fim pode consistir em brincar com fogo, seja associando os gostos mais raros para a música mais erudita com as formas mais aceitáveis das músicas populares, de preferência exóticas, seja experimentando interpretações rigorosas e altamente controladas das obras mais "fáceis" e as mais ameaçadas de "vulgaridade". Não é preciso dizer que os jogos do consumidor se juntam a certos jogos de compositores que, como Mahler ou Stravinsky, podem também gostar de brincar com fogo, utilizando em segundo grau músicas populares, ou até mesmo "vulgares", emprestadas do teatro de revista ou da gafieira.

Estas são apenas algumas das estratégias (principalmente inconscientes) pelas quais os consumidores defendem sua raridade defendendo a raridade dos produtos que eles consomem ou da maneira de consumi-los. De fato, o mais elementar, o mais simples, consiste em fugir dos bens disseminados, desclassificados, desvalorizados. Sabemos, a partir de uma pesquisa realizada em 1979 pelo Instituto Francês de Demoscopia, que existem compositores, por exemplo, Albinoni, Vivaldi ou Chopin, cujo "consumo" cresce à medida que avançamos na direção das pessoas mais idosas e também das pessoas menos instruídas: as músicas que eles oferecem são ao mesmo tempo *antiquadas* e *desclassificadas*, isto é, banalizadas, comuns.

O abandono da música desclassificada e antiquada é acompanhado de uma fuga em direção a músicas mais raras no momento considerado, ou seja, é claro, a músicas mais modernas: e observamos assim que a raridade das músicas, medida pela pontuação média que lhes é conferida por uma amostra representativa de ouvintes, aumenta à medida que se avança em direção a obras mais modernas, como se a dificuldade objetiva das obras fosse tanto maior quanto mais encerrassem *história acumulada*, mais referências à história, e exigissem, portanto, uma competência mais demorada para ser adquirida, e, portanto, mais rara. Passamos de 3,0 para 5 para Monteverdi, Bach e Mozart, para 2,8 para Brahms, 2,4 para Puccini e, ligeira inversão, 2,3 para Berg (mas se tratava de Lulu) e 1,9 para Ravel, o Concerto para a mão esquerda. Em suma, podemos prever que o público mais "informado" vai se deslocar continuamente (e os programas de concerto o testemunham) para a música moderna, e cada vez mais moderna. Mas há também os retornos: vimos o exemplo de Chopin. Ou as renovações: a música barroca tocada por Harnoncourt ou Malgoire. Donde resultam ciclos bastante semelhantes àqueles da moda de vestuário, exceto que o período é mais longo. Poderíamos compreender nessa lógica as maneiras sucessivas de tocar Bach, de Busch a Leonhardt, passando por Münchinger, cada qual "reagindo" à maneira precedente.

Vemos que as "estratégias" de distinção do produtor e as estratégias de distinção dos consumidores mais sofisticados, ou seja, os mais distintos, se encontram desprovidas da necessidade de procurar. É o que faz com que o encontro com a obra seja frequentemente vivido na lógica do milagre e do amor à primeira vista. E que a experiência do amor pela arte seja exprimida e vivida na linguagem do amor[23].

---

23. Outros desenvolvimentos podem ser encontrados em BOURDIEU, P. La production de la croyance – Contribution à une économie de biens symboliques. In: *Actes de la Recherche en Sciences Sociales*, 13, 1977, p. 3-40.

Como podemos ser desportistas?[24]

Não sendo um historiador das práticas esportivas, faço figura de amador entre os profissionais, e só posso lhes pedir, segundo a fórmula, "que levem na esportiva"... Mas acho que a inocência conferida pelo fato de não ser especialista pode, por vezes, levar a colocar questões que os especialistas já não se colocam porque pensam tê-las resolvido, e tomam como garantidos certos pressupostos que estão talvez no próprio fundamento de sua disciplina. As questões que eu vou colocar vêm de fora, são questões de um sociólogo que encontra entre seus objetos as práticas e os consumos esportivos sob a forma, por exemplo, de tabelas estatísticas que apresentam a distribuição das práticas esportivas segundo o nível de instrução, idade, sexo, profissão, e que é assim levado a se interrogar não somente sobre as relações entre essas práticas e essas variáveis, mas sobre o próprio sentido que essas práticas revestem nessas relações.

Penso que podemos, sem fazer muita violência à realidade, considerar o conjunto das práticas e dos consumos esportivos oferecidos aos agentes sociais, *rugby*, futebol, natação, atletismo, tênis ou golfe, como uma *oferta* destinada a encontrar uma certa *demanda social*. Se adotarmos um modelo desse tipo, dois conjuntos de questões são suscitados. Primeiramente, será que existe um espaço de produção, dotado de lógica própria, de história própria, dentro do qual se engendram os "produtos esportivos", ou seja, o universo das práticas e do consumo esportivo disponível e socialmente aceitável em um determinado momento? Em segundo lugar, quais são as condições sociais de possibilidade da apropriação dos diferentes "produtos desportivos" assim produzidos, prática de golfe ou de esqui de fundo,

---
24. Palestra introdutória no Congresso Internacional da Hispa, realizado no Insep (Paris), em março de 1978.

leitura da *Équipe* ou reportagem televisiva da Copa do Mundo de Futebol? Em outras palavras, como se produz a demanda por "produtos esportivos", como as pessoas adquirem o "gosto" pelo esporte, e por um esporte em detrimento de outro, enquanto prática ou enquanto espetáculo? Mais precisamente, segundo quais princípios os agentes escolhem entre as diferentes práticas ou consumos esportivos que lhes são oferecidos em um dado momento como possíveis?

Parece-me que deveríamos primeiro nos interrogar sobre as condições históricas e sociais de possibilidade desse fenômeno social que aceitamos demasiado facilmente como garantido, o "esporte moderno". Ou seja, sobre as condições sociais que tornaram possível a constituição do sistema das instituições e dos agentes direta ou indiretamente ligados à existência de práticas e consumos esportivos, a partir de "grupamentos esportivos", públicos ou privados, cuja função é assegurar a representação e a defesa dos interesses dos praticantes de um esporte determinado e, ao mesmo tempo, elaborar e impor o cumprimento das normas que regem essa prática, até para os produtores e vendedores de bens (equipamentos, instrumentos, vestimentas especiais etc.) e de serviços necessários para a prática do esporte (professores, instrutores, treinadores, médicos desportivos, jornalistas desportivos etc.), e para os produtores e vendedores de espetáculos desportivos e de bens associados (maiôs ou fotos de estrelas, ou loteria, p. ex.). Como se constituiu, progressivamente, esse corpo de especialistas, que vivem direta ou indiretamente do esporte? (Corpo do qual fazem parte os sociólogos e historiadores do esporte – o que, sem dúvida, não contribui para facilitar o surgimento da questão.) E, mais precisamente, quando esse sistema de agentes e instituições começou a funcionar como um *campo de concorrência* no qual se confrontam agentes que têm interesses específicos ligados à posição que ocupam? Se for verdade, como minha interrogação tende a sugerir, que o sistema das instituições e dos agentes que têm relação com o esporte tende a funcionar como um campo, segue-se que não se pode compreender diretamente o que são os fenômenos desportivos em um dado momento em um dado ambiente social relacionando-os diretamente com as condições econômicas e sociais das sociedades correspondentes: a história do esporte é uma história relativamente autônoma, que, apesar de ser marcada pelos grandes eventos da história econômica e política, tem o seu próprio ritmo, as suas próprias leis de evolução, as suas próprias crises, enfim, a sua cronologia específica.

Isso quer dizer que uma das tarefas mais importantes da história social do esporte poderia ser fundar-se a si mesma, fazendo a genealogia histórica da aparição de seu objeto como *realidade específica*, irredutível a qualquer outra. Com efeito, só ela pode responder à pergunta – que nada tem a ver com uma questão acadêmica de *definição* – de saber a partir de que momento (não se trata de uma data precisa) pode-se falar de esporte, isto é, a partir de quando se constituiu um campo de concorrência no interior do qual o esporte foi definido como uma prática específica, irredutível a um simples jogo ritual ou ao divertimento festivo. O que equivale a perguntar se a aparição do esporte no sentido moderno do termo não é correlativa de uma *ruptura* (que pôde ocorrer progressivamente) com atividades que podem aparecer como os "ancestrais" dos esportes modernos, ruptura correlativa à constituição de um campo de práticas específicas, que é dotado de desafios próprios, das suas próprias regras, e onde se engendra e se investe toda uma cultura ou uma competência específica (quer se trate da competência inseparavelmente cultural e física do atleta de alto nível ou da competência cultural do dirigente ou do jornalista esportivo etc.), cultura de uma certa forma esotérica, separando o profissional e o leigo. Isto leva a questionar todos os estudos que, por um anacronismo essencial, criticam os *jogos* das sociedades pré-capitalistas, europeus ou nao europeus, erroneamente tratados como práticas pré-desportivas, e os *esportes* propriamente ditos, cuja aparição e contemporanea da constituição de um campo de produção de "produtos esportivos". Essa comparação só é fundada quando, fazendo exatamente o contrário do que fez a busca das "origens", ela tem por finalidade, como em Norbert Elias, apreender a especificidade da prática propriamente esportiva, ou, mais precisamente, determinar como certos exercícios físicos preexistentes puderam receber um significado e uma função radicalmente novos – tão radicalmente novos quanto no caso de uma simples invenção, como o vôlei ou o basquete – ao tornarem-se esportes, definidos em seus desafios, suas regras do jogo, e, ao mesmo tempo, na qualidade social dos participantes, praticantes ou espectadores, pela lógica específica do "campo esportivo".

Uma das tarefas da história social do esporte poderia, portanto, ser fundar realmente a legitimidade de uma ciência social do esporte *como objeto científico separado* (o que não é de todo óbvio), estabelecendo a partir de quando, ou melhor, a partir de qual conjunto de condições sociais podemos verdadeiramente falar de esporte (em oposição a simples *jogo* – significado ainda presente na palavra inglesa *sport*, mas não no uso que é feito dessa palavra fora dos países anglo-saxões, onde ela foi introduzida *ao mesmo tempo* que a prática social, radicalmente nova, que ela designava). Como se constituiu esse *espaço* de jogo, tendo sua lógica própria, esse lugar de práticas sociais totalmente particulares, que foram definidas no curso de uma história própria e que só podem ser compreendidas a partir desta história? (P. ex., a dos regulamentos esportivos ou a dos *recordes*, palavra interessante, que lembra a contribuição que a atividade dos historiadores, responsáveis por registrar – *to record* – e por celebrar as proezas, oferece para a própria constituição de um campo e de sua cultura esotérica.)

Não possuindo a cultura histórica necessária para responder a essas questões, tentei mobilizar o que eu sabia da história do futebol e do *rugby* para tentar, pelo menos, melhor colocá-las. (É evidente que nada permite supor que o processo de constituição de um campo tenha assumido, em todos os casos, a mesma forma, e é provável que, segundo o modelo descrito por Gerschenkron para o desenvolvimento econômico, os esportes que vieram à existência mais tardiamente devam a esse "atraso" terem conhecido uma história diferente, baseada principalmente no empréstimo de esportes mais antigos, e, portanto, mais "avançados"). Parece indiscutível que a passagem do jogo ao esporte propriamente dito tenha se realizado nas grandes escolas reservadas às "elites" da sociedade burguesa, nas *public schools* inglesas, onde as crianças das famílias da aristocracia ou da classe média alta retomaram um certo número de *jogos populares*, ou seja, vulgares, submetendo-os a uma mudança de sentido e de função bastante semelhante àquela à qual o campo da música erudita submeteu as danças populares, *bourrées*, sarabandas ou gavotas, para fazê-las entrar em formas eruditas como resultado.

Para caracterizar, em seu princípio, essa transformação, podemos dizer que os exercícios corporais da "elite" estão separados das ocasiões sociais ordinárias às quais os jogos populares permaneceram associados (festivais agrícolas, p. ex.) e despojados de funções sociais (e, *a fortiori*, religiosas) ainda ligadas a numerosos jogos tradicionais (como os jogos rituais praticados em várias sociedades pré-capitalistas em certas viragens do ano agrário). A escola, lugar da *skholé*, do lazer, é o local onde práticas dotadas de funções sociais e integradas no calendário coletivo são convertidas em *exercícios corporais*, atividades que são em si mesmas o seu fim, uma espécie de arte pela arte corporal, sujeita a regras específicas, cada vez mais irredutíveis a qualquer necessidade funcional, e inseridas em um calendário específico. A escola é o lugar por excelência do exercício dito gratuito, e onde se adquire uma disposição distante e neutralizante em relação ao mundo social, a mesma que está implicada na relação burguesa com a arte, a linguagem e o corpo: a ginástica torna o corpo um uso que, como o uso acadêmico da linguagem, é para si mesmo o seu fim. O que é adquirido na e pela experiência escolar, uma espécie de retiro fora do mundo e da prática da qual os grandes internatos das escolas de "elite" representam a forma completa, é a inclinação para a atividade por nada, dimensão fundamental do *ethos* das "elites" burguesas, que sempre se orgulham do desinteresse e se definem pela distância eletiva – afirmada na arte e no esporte – dos interesses materiais. O *fair play* é a maneira de jogar o jogo daqueles que não se deixam envolver no jogo a ponto de esquecer que se trata de um jogo, daqueles que sabem manter a "distância do papel", como diz Goffman, implicado em todos os papéis prometidos aos futuros dirigentes.

A autonomização do campo das práticas esportivas também é acompanhada de um processo de *racionalização* destinado, segundo os termos de Weber, a assegurar a previsibilidade e a calculabilidade, além das diferenças e dos particularismos: a constituição de um *corpus* de regulamentos específicos e de um corpo de dirigentes especializados (*governing bodies*) recrutados, pelo menos originalmente, dentre os *old boys* das *public schools*, andam de mãos dadas. A necessidade de regras fixas e de aplicação universal impõe-se assim que os "intercâmbios" esportivos se estabelecem entre diferentes instituições de ensino, depois entre regiões etc. A autonomia relativa do campo das práticas esportivas nunca se afirma tão claramente quanto nas faculdades de autoadministração e regulamentação, fundadas em uma tradição histórica ou garantidas pelo Estado, que são reconhecidas pelas associações desportivas: esses organismos são investidos do direito de fixar as normas concernentes à participação das provas que organizam, e lhes cumpre exercer, sob o controle dos tribunais, um poder disciplinar (exclusões, sanções etc.) destinado a fazer respeitar as regras específicas que editam; além disso, eles conferem *títulos* específicos, como os títulos esportivos e também, como na Inglaterra, os títulos de treinadores.

A constituição de um campo de práticas esportivas é solidária com a elaboração de uma filosofia do esporte que é uma filosofia política do esporte. Dimensão de uma filosofia aristocrática, a teoria do amadorismo faz do esporte uma prática desinteressada, à maneira da atividade artística, mas que é mais adequada do que a arte para a afirmação das virtudes viris dos futuros líderes: o esporte é concebido como uma escola de coragem e de virilidade, capaz de "formar caráter" e de inculcar a vontade de vencer (*will to win*), que é a marca dos verdadeiros líderes, mas uma vontade de vencer segundo as regras – é o *fair play*, disposição cavalheiresca em tudo oposta à busca vulgar da vitória a todo preço. (Deveríamos mencionar, neste contexto, a ligação entre as virtudes esportivas e as virtudes militares: que se pense na exaltação dos feitos dos anciãos de Oxford ou de Eton nos campos de batalha ou nos combates aéreos.) Essa moral aristocrática, elaborada por aristocratas (o primeiro Comitê Olímpico contava com não sei quantos duques, condes, lordes, e todos de velha nobreza) e garantida por aristocratas – todos aqueles que compõem a *self perpetuating oligarchy* das organizações internacionais e nacionais –, é evidentemente *adaptada* às exigências do tempo, e, como se vê no Barão Pierre de Coubertin, ela "integra" os pressupostos essenciais da moral burguesa da empresa privada, da iniciativa privada, batizada – o inglês muitas vezes serve de eufemismo – de *self help*. A exaltação do esporte como dimensão de um novo tipo de aprendizagem, chamando uma instituição escolar totalmente nova, que se exprime em Coubertin, encontra-se em Demolins, outro discípulo de Frédéric Le Play, fundador da École des Roches e autor de *À quoi tient la supériorité des anglo-saxons* [A que se deve a superioridade dos anglo-saxões] e de *l'Éducation nouvelle* [A nova educação], onde ele critica o liceu quartel napoleônico (tema que desde então se tornou um dos lugares-comuns da "sociologia da França", produzida na Sciences Po e em Harvard). O que me parece estar em jogo neste debate (que vai muito além do esporte), é uma definição de educação burguesa que se opõe à definição pequeno-burguesa e professoral: é a "energia", a "coragem", a "vontade", virtudes de "líderes" (do exército ou de alguma empresa), e, sobretudo, talvez a "iniciativa" (privada), o "espírito empreendedor", contra o saber, a erudição, a docilidade "escolar", simbolizada pelo grande liceu quartel e suas disciplinas etc. Em suma, provavelmente seria um equívoco esquecer que a definição moderna de esporte, frequentemente associada ao nome de Coubertin, é parte integrante de um "ideal moral", isto é, de um *ethos* que é o das frações dominantes da classe dominante, e que encontra sua realização nas grandes instituições de ensino privado, destinadas prioritariamente aos filhos dos dirigentes da indústria privada, como a École des Roches, realização paradigmática desse ideal. Valorizar a *educação* contra a *instrução*, o *caráter* ou a *vontade* contra a *inteligência*, o *esporte* contra a *cultura*, é afirmar, no próprio seio do mundo escolar, a existência de uma hierarquia irredutível à hierarquia propriamente escolar (o que privilegia o segundo termo dessas oposições). É, se assim se pode dizer, desqualificar ou desacreditar os valores que reconhecem outras frações da classe dominante ou de outras classes, em particular as frações intelectuais da pequena burguesia e dos "filhos dos professores", concorrentes formidáveis dos filhos de burgueses no terreno da simples competência escolar. É opor ao "sucesso escolar" outros princípios de "sucesso" e de legitimação do sucesso. (Como pude estabelecer em uma pesquisa recente sobre o patronato francês, a oposição entre as duas concepções de educação corresponde a duas fileiras de acesso à direção de grandes empresas, uma levando da École des Roches ou dos grandes colégios jesuítas à faculdade de direito ou, mais recentemente, à Sciences Po, à inspeção das finanças ou à HEC, a outra levando do liceu de província à Politécnica.) A exaltação do esporte, escola de caráter etc., encerra uma nuança de anti-intelectualismo. Basta ter em mente que as frações dominantes da classe dominante tendem sempre a pensar sua oposição às frações dominadas – "intelectuais", "artistas", "queridos professores" – através da oposição entre o masculino e o feminino, o viril e o efeminado, que assume conteúdos diferentes segundo as épocas (p. ex., hoje em dia, cabelo curto/cabelo comprido, cultura científica ou "econômico-política"/cultura artístico-literária etc.), para compreender uma das implicações mais importantes da exaltação do esporte e, em particular, dos esportes "masculinos", como o rúgbi, e para ver que o esporte, como qualquer prática, é uma questão de lutas entre as frações da classe dominante e também entre as classes sociais.

O campo das práticas desportivas é o lugar de lutas que têm, entre outras coisas, por desafio o monopólio da imposição da definição legítima da prática desportiva e da função legítima da atividade esportiva, amadorismo contra profissionalismo, esporte-prática contra esporte-espetáculo, esporte distintivo (de elite) e esporte popular (de massa) etc.; e esse próprio campo está inserido no campo das lutas pela definição do *corpo legítimo* e do *uso legítimo do corpo*, lutas que, além dos treinadores, dirigentes, professores de ginástica e outros mercados de bens e serviços esportivos, opõem os moralistas e em particular o clero, os médicos e em particular os higienistas, os educadores no sentido mais amplo – conselheiros conjugais, nutricionistas etc. –, os árbitros da elegância e do bom gosto – costureiras etc. As lutas pelo monopólio da imposição da definição legítima desta classe particular de usos do corpo que são os usos esportivos apresentam, sem dúvida, invariantes trans-históricas: penso, por exemplo, na oposição, do ponto de vista da definição do exercício legítimo, entre os profissionais da pedagogia corporal (professores de ginástica etc.) e os médicos, isto é, entre as duas formas de *autoridade* específica ("pedagógica"/"científica") ligadas às duas espécies de *capital específico*, ou ainda à oposição recorrente entre duas filosofias antagônicas do uso do corpo. Uma, mais ascética, que, nessa espécie de aliança de palavras que é a própria expressão da "cultura física", enfatiza a *cultura*, a anti-*physis*, a contra-natureza, o esforço, a recuperação, a retidão, e a outra, mais hedonista, que privilegia a natureza, a *physis*, reduzindo a cultura do corpo, a cultura física, a uma espécie de *laissez-faire*, ou de retorno ao *laissez-faire*, como hoje em dia a expressão corporal, que ensina a desaprender as disciplinas e as contenções inúteis, impostas, entre outras coisas, pela ginástica comum. A relativa autonomia do campo das práticas corporais implicando, por definição, a dependência relativa, o desenvolvimento, no seio do campo, das práticas orientadas para um ou outro polo, para o ascetismo ou para o hedonismo, depende, em grande medida, do estado das relações de poder entre as frações da classe dominante e entre as classes sociais no campo das lutas pela definição do corpo legítimo e dos usos legítimos do corpo. É assim que o progresso de tudo o que se coloca sob o nome de "expressão corporal" só pode ser compreendido em relação ao progresso, visível, por exemplo, nas relações entre pais e filhos, e, mais geralmente, em tudo o que diz respeito à pedagogia, de uma nova variante da moral burguesa, impulsionada por certas frações ascendentes da burguesia (e da pequena burguesia), e privilegiando o liberalismo nas questões educacionais, mas também nas relações hierárquicas e em matéria de sexualidade, em detrimento do rigorismo ascético (denunciado como "repressivo").

Era necessário mencionar essa primeira fase, que me parece determinante, porque o esporte ainda traz a marca de suas origens: além da ideologia aristocrática do esporte como atividade desinteressada e gratuita, que os tópicos rituais do discurso de celebração perpetuam, contribui para mascarar a verdade de uma parte crescente de práticas esportivas, a prática de esportes como o tênis, a equitação, o iatismo e o golfe, deve, sem dúvida, uma parte de seu "interesse", tanto hoje quanto na origem, aos *ganhos de distinção* que proporciona (não é por acaso que a maioria dos clubes mais seletos, ou seja, os mais seletivos, são organizados em torno de *atividades esportivas*, que servem de oportunidade ou de pretexto para reuniões eletivas). Os ganhos distintivos são redobrados quando a distinção entre as práticas distintas e distintivas, como os esportes "chiques", e as práticas "vulgares" que se tornaram, em virtude de sua disseminação, numerosos esportes originalmente reservados à "elite", como o futebol (e, em menor grau, o *rugby*, que por certo tempo ainda mantém um duplo *status* e um duplo recrutamento social) é acompanhado da oposição, ainda mais decidida, entre a prática do esporte e o simples consumo de espetáculos esportivos. Com efeito, sabe-se que a probabilidade de praticar um esporte além da adolescência (ainda mais na meia-idade ou na velhice) diminui acentuadamente à medida que se desce na hierarquia social (assim como a probabilidade de fazer parte de um clube desportivo) ao passo que a probabilidade de assistir na televisão (a frequentação de eventos nos estádios obedece a leis mais complexas) um dos eventos esportivos que são considerados os mais populares, como o futebol e o *rugby*, diminui acentuadamente à medida que se sobe na hierarquia social.

Assim, por maior que seja a importância da prática de esportes – e em particular esportes coletivos como o futebol – para os adolescentes das classes populares e médias, não podemos ignorar que os esportes ditos populares, ciclismo, futebol e *rugby, também*, e, sobretudo, funcionam como espetáculos (que podem dever parte de seu interesse à participação imaginária autorizada pela experiência passada de uma prática real): eles são "populares", mas no sentido que esse adjetivo possui todas as vezes que é aplicado aos produtos materiais ou culturais de produção em série, como automóveis, móveis ou canções. Em suma, o esporte nascido dos jogos realmente populares, isto é, *produzidos pelo povo*, retorna ao povo, à maneira da *folk music*, sob a forma de espetáculos *produzidos pelo povo*. O espetáculo esportivo apareceria mais claramente como uma mercadoria de massa, e a organização de espetáculos esportivos como um ramo dentre outros do *show business*, se o valor coletivamente reconhecido para a prática de esportes (sobretudo desde que as competições esportivas se tornam uma das medidas da força relativa das nações, e, portanto, uma questão política) não contribuísse para mascarar o divórcio entre a prática e o consumo, e, ao mesmo tempo, as funções do mero consumo passivo.

Poder-se-ia perguntar, de passagem, se certos aspectos da evolução recente das práticas esportivas – como o recurso ao *doping* ou o avanço da violência tanto nos estádios quanto no público – não são em parte um efeito da evolução que mencionei de maneira demasiadamente rápida. Basta pensar, por exemplo, em tudo o que está implicado no fato de que um esporte como *rugby* (mas o mesmo é verdade nos Estados Unidos acerca do *football*, no sentido americano) se tenha tornado, por intermédio da televisão, um espetáculo de massa, transmitido muito além do círculo dos "praticantes" atuais ou passados, ou seja, junto a um público muito imperfeitamente provido da competência específica necessária para decifrá-lo adequadamente: o "conhecedor" dispõe de esquemas de percepção e apreciação que lhe permitem ver o que o leigo não vê, perceber uma necessidade onde o beócio só vê violência e confusão, e, por conseguinte, encontrar na prontidão de um gesto, na imprevisível necessidade de uma combinação bem-sucedida ou na orquestração quase miraculosa de um movimento de conjunto, um prazer que não é menos intenso nem menos sábio do que aquele proporcionado a um melômano por uma execução particularmente bem-sucedida de uma obra familiar; quanto mais a percepção é superficial e cega para todas essas delicadezas, essas nuanças, essas sutilezas, menos ela encontra prazer no espetáculo contemplado em si e para si mesmo, mais ela é exposta à busca do "sensacional", ao culto do feito aparente e da virtuosidade visível, e mais, sobretudo, ela se amarra exclusivamente a essa outra dimensão do espetáculo esportivo, o suspense e a ansiedade do resultado, encorajando assim entre os jogadores e, sobretudo, entre os organizadores, a busca da vitória a qualquer preço. Em outras palavras, tudo parece indicar que tanto em matéria de esporte como em matéria de música, a extensão do público além do círculo de amadores contribui para reforçar a regra dos puros profissionais. Quando, em um artigo recente, Roland Barthes opõe Panzera, cantor francês do período entreguerras, a Fischer Dieskau, em quem ele vê o protótipo do produto da cultura média, ele faz pensar naqueles que opõem ao jogo inspirado dos Dauger ou dos Boniface à "mecânica" do time de Béziers ou do time da França liderado por Fouroux. Ponto de vista de "praticante", antigo ou atual, que, em oposição ao simples consumidor, "discófilo" ou desportista de televisão, reconhece uma forma de excelência que, como o lembram as suas próprias imperfeições, é apenas o limite da competência do amador comum. Em suma, tudo permite supor que, tanto no caso da música como no caso do esporte, a competência puramente passiva, adquirida fora de qualquer prática, dos públicos novamente conquistados pelo disco ou pela televisão, é um fator permissivo da evolução da produção (vê-se de passagem a ambiguidade de certas denúncias dos vícios da produção em massa – em matéria de esporte como de música – que frequentemente recuperam a nostalgia aristocrática do tempo dos amadores).

Mais do que o encorajamento que oferece ao chauvinismo e ao sexismo, é sem nenhuma dúvida pela ruptura que estabelece entre os profissionais, virtuosos de uma técnica esotérica, e os leigos, reduzidos ao papel de simples consumidores, e que tende a tornar uma estrutura profunda da consciência coletiva, que o esporte exerce, sem dúvida, seus efeitos políticos mais decisivos: não é somente no domínio do esporte que os homens ordinários são reduzidos aos papéis *de fãs*, limites caricaturais do militante, votados a uma participação imaginária, que é apenas a compensação ilusória da expropriação em benefício dos especialistas.

De fato, antes de avançarmos na análise dos efeitos, seria necessário tentar precisar a análise dos determinantes da passagem do esporte como prática de elite, reservado aos amadores, ao esporte como espetáculo produzido por profissionais e destinado ao consumo de massa. Com efeito, não podemos nos contentar em invocar a lógica relativamente autônoma do campo de produção de bens e serviços esportivos e, mais precisamente, o desenvolvimento, no seio desse campo, de uma indústria do espetáculo esportivo que, sujeita às leis da rentabilidade, visa a maximizar a eficácia minimizando os riscos. (O que implica, em particular, a necessidade de um pessoal de gestão especializada e de um verdadeiro *gerenciamento* científico, capaz de organizar racionalmente o treinamento e a manutenção do capital físico dos profissionais – que se pense, p. ex., no *football* americano, onde o corpo de treinadores, médicos, *public relations*, excede o corpo dos jogadores e serve quase sempre de suporte publicitário para uma indústria de equipamentos e de acessórios esportivos.)

Na realidade, o desenvolvimento da própria prática do esporte, mesmo entre os jovens das classes dominadas, resulta, sem dúvida, por um lado, do fato de que o esporte estava predisposto a preencher em uma escala mais vasta as mesmas funções que estiveram no princípio de sua *invenção*, nas *public schools* inglesas, no final do século XIX: antes mesmo de ver aí um meio de "formar o caráter" (*to improve character*), segundo a velha crença vitoriana, as *public schools*, instituições totais, no sentido de Goffman, que devem assumir sua tarefa de gestão vinte e quatro horas por dia, sete dias por semana, viram nos esportes um meio de *ocupar, ao menor custo,* os adolescentes pelos quais eram responsáveis em tempo integral; como o observa um historiador, quando os alunos estão no terreno esportivo, eles são mais fáceis de supervisionar, se envolvem em uma atividade "saudável" e passam sua violência aos seus colegas em vez de passá-las às instalações ou de importunar os seus mestres. Esta é, sem dúvida, uma das chaves para a disseminação do esporte e a proliferação de associações esportivas que, originalmente organizadas com base em concursos *voluntários*, progressivamente receberam o reconhecimento e a ajuda dos poderes públicos. Esse meio *extremamente econômico* de mobilizar, de ocupar e de controlar os adolescentes estava predisposto a se tornar um instrumento e uma questão de lutas entre todas as instituições total ou parcialmente organizadas em vista da mobilização e da conquista política das massas, e, ao mesmo tempo, em concorrência pela conquista simbólica da juventude, partidos, sindicatos, igrejas, certamente, mas também patrões paternalistas. Preocupados em assegurar um *envolvimento contínuo e total* da população operária, estes últimos ofereceram muito cedo aos seus empregados, além de hospitais e escolas, estádios e outros estabelecimentos esportivos (numerosas associações esportivas foram fundadas com a ajuda e sob o controle de patrões privados, como o testemunha, ainda hoje, o número de estádios com o nome de patrões). Sabemos da concorrência que, desde o nível da aldeia (com a rivalidade entre as associações leigas ou religiosas ou, mais próximos de nós, os debates em torno da prioridade a ser dada aos equipamentos esportivos) até o nível da nação em seu conjunto (com a oposição, p. ex., entre a Federação do Esporte da França, controlada pela Igreja, e a FSGT, controlada pelos partidos de esquerda), não cessou de opor as diferentes instâncias políticas a propósito do esporte. E, de fato, de maneira cada vez mais mascarada, à medida que progridem o reconhecimento e a ajuda do Estado, e, ao mesmo tempo, as aparências de neutralidade das organizações esportivas e dos responsáveis por essas organizações, o esporte é um dos desafios da luta política: a concorrência entre as organizações é um dos fatores mais importantes do desenvolvimento de uma necessidade social, ou seja, socialmente constituída, de práticas esportivas e de todos os equipamentos, instrumentos, pessoal e serviços correlativos; a imposição das necessidades em matéria de esporte nunca é tão evidente quanto no meio rural, onde a aparição de equipamentos e de equipes é quase sempre, como hoje em dia os clubes de jovens ou da terceira idade, o produto da ação da pequena burguesia ou da burguesia aldeã, que encontra aí uma oportunidade para impor seus serviços políticos de incentivo e gestão e para acumular ou manter um capital de notoriedade e honorabilidade sempre suscetível de ser reconvertido em poder político.

É evidente que a disseminação do esporte, das escolas "de elite" às associações desportivas de massa, é necessariamente acompanhada por uma mudança das funções atribuídas à prática pelos próprios desportistas e por aqueles que os coordenam, e, ao mesmo tempo, por uma transformação da própria prática esportiva que vai na mesma direção que a transformação das expectativas e das exigências do público doravante estendida bem além dos antigos praticantes: é assim que exaltação da proeza viril e o culto do espírito de equipe que os adolescentes de origem burguesa ou aristocrática das *public schools* inglesas, ou seus êmulos franceses dos bons velhos tempos, associavam à prática do *rugby* só pode se perpetuar entre os camponeses, os empregados ou os comerciantes do sudoeste da França à custa de uma profunda reinterpretação. É compreensível que aqueles que guardaram a nostalgia do *rugby* universitário, dominado pelos "voos de três quartos", tenham dificuldade em reconhecer a exaltação da *manliness* e o culto do *team spirit* no gosto da violência (o "combate") e a exaltação do sacrifício obscuro e tipicamente plebeu até nas suas metáforas ("ir para o carvão" etc.) para caracterizar os novos jogadores de *rugby* e especialmente os "atacantes de dever". Para compreender disposições tão afastadas do senso da gratuidade e do *fair play* das origens, é preciso ter em mente, entre outras coisas, o fato de que a carreira esportiva, que está praticamente excluída do campo das trajetórias admissíveis para uma criança da burguesia – tênis ou golfe à parte –, representa uma das únicas vias de ascensão social para as crianças das classes dominadas: o mercado esportivo é para o capital físico dos rapazes o que os currículos de prêmios de beleza e das profissões que propiciam – recepcionistas etc. – é para o capital físico das meninas. Tudo sugere que os "interesses" e valores com os quais os praticantes oriundos das classes populares e médias se importam no exercício do esporte estão em harmonia com as exigências correlativas da profissionalização (que podem, evidentemente, coincidir com as aparências do amadorismo) e da racionalização da preparação (treinamento) e da execução do exercício esportivo imposta pela busca da maximização da eficiência específica (medida em "vitórias", "títulos" ou "registros"), busca que é, ela mesma, correlativa, como vimos, ao desenvolvimento de uma indústria – privada ou pública – do espetáculo esportivo.

Temos aí um caso de encontro entre a oferta, ou seja, a forma particular de que se revestem a prática e o consumo esportivos propostos em um dado momento, e a demanda, ou seja, as expectativas, os interesses e os valores dos potenciais praticantes, sendo a evolução das práticas e dos consumos reais o resultado da confrontação e do ajuste permanentes entre um e outro. É evidente que a cada momento, cada novo participante deve contar com um estado determinado das práticas e dos consumos esportivos e de sua distribuição entre as classes, estado que não lhe cabe modificar e que é o resultado de toda a história anterior da concorrência entre os agentes e as instituições envolvidos no "campo esportivo". Mas se é verdade que, aqui como em outros lugares, o campo de produção contribui para produzir a necessidade de seus próprios produtos, resta que não se pode compreender a lógica segundo a qual os agentes se orientam para essa ou aquela prática esportiva e para essa ou aquela maneira de realizá-la sem levar em conta as disposições em relação ao esporte, que, sendo elas mesmas uma dimensão de uma relação particular com o próprio corpo, se inscrevem na unidade do sistema das disposições, o *habitus*, que está no princípio dos estilos de vida (seria fácil, p. ex., mostrar as homologias entre a relação com o corpo e a relação com a linguagem que são características de uma classe ou de uma fração de classe).

Perante a tabela estatística que representa a distribuição das diferentes práticas esportivas segundo as classes sociais que mencionei no começo, devemos primeiro nos interrogar sobre as variações do significado e da função sociais que as diferentes classes sociais conferem aos diferentes esportes. Seria fácil mostrar que as diferentes classes sociais não concordam quanto aos efeitos esperados do exercício físico, efeitos sobre o corpo externo, como a força aparente de uma musculatura visível, preferida por alguns, ou a elegância, a facilidade e a beleza, escolhida por outros, ou efeitos sobre o corpo interno, como a saúde, o equilíbrio psíquico etc.: em outras palavras, as variações das práticas segundo as classes se devem não somente às variações dos fatores que tornam possível ou impossível assumir os custos econômicos ou culturais, mas também às variações do recebimento e da avaliação dos ganhos, imediatos ou diferidos, que essas práticas deveriam obter. Assim, as diferentes classes são muito desigualmente atentas aos benefícios "intrínsecos" (reais ou imaginários, pouco importa, porquanto reais enquanto realmente esperados) que são esperados pelo próprio corpo: Jacques Defrance mostra, por exemplo, que se pode demandar à ginástica – é a demanda popular, que encontra satisfação no culturismo – que produza um corpo forte e contendo os sinais exteriores de sua força, ou, ao contrário, um corpo saudável – é a demanda burguesa, que encontra sua satisfação em atividades com função essencialmente higiênica. Não é por acaso que os "fabricantes de peso" têm, há muito tempo, representado um dos espetáculos mais tipicamente populares – pensemos no famoso Dédé la Boulange que oficiava na Place d'Anvers, associando sua lábia – e que os pesos e halteres destinados a desenvolver a musculatura foram por muito tempo – sobretudo na França – o esporte favorito das classes populares; e tampouco é por acaso que as autoridades olímpicas demoraram tanto para reconhecer oficialmente o halterofilismo, que, aos olhos dos fundadores aristocráticos do esporte moderno, simbolizava a força pura, a brutalidade e a indigência intelectual, ou seja, as classes populares.

Da mesma forma, as diferentes classes estão muito desigualmente preocupadas com os benefícios sociais proporcionados pela prática de certos esportes. Pode-se observar, por exemplo, que, além de suas funções propriamente higiênicas, o golfe tem um *significado distribucional* que, unanimemente conhecido e reconhecido (todo mundo tem um conhecimento prático da probabilidade de classes diferentes praticarem esportes diferentes), é totalmente oposto ao da petanca, cuja função puramente higiênica provavelmente não é tão diferente, e que tem um significado distributivo muito próximo daquele da Pernod e de todos os alimentos não somente econômicos, mas fortes (no sentido de condimentados) e que deveriam dar força, porque pesados, gordurosos e condimentados. Com efeito, tudo permite supor que a lógica da distinção contribui, determinantemente, com o tempo livre, para a distribuição entre as classes de uma prática que, como esta última, praticamente não requer capital econômico ou cultural, ou mesmo capital físico: crescendo regularmente até atingir a sua mais forte frequência nas classes médias e, em particular, entre os professores e funcionários dos serviços médicos, ela então diminui, e tão mais claramente quanto a preocupação em se distinguir do comum seja mais forte – como entre os artistas e os membros das profissões liberais.

O mesmo se aplica a todos os esportes que, exigindo apenas qualidades "físicas" e aptidões corporais cujas condições iniciais de aquisição parecem estar mais ou menos igualmente repartidas, são igualmente acessíveis nos limites do tempo e, secundariamente, da energia física disponível: a probabilidade de praticá-los aumentaria, sem nenhuma dúvida, à medida que se sobe na hierarquia social se, de acordo com uma lógica observada em outros domínios (a prática fotográfica, p. ex.), a preocupação com a distinção e a falta de gosto não desviassem os membros da classe dominante. É assim que a maioria dos esportes coletivos, basquete, handebol, *rugby*, futebol, cuja prática declarada culmina entre os empregados de escritório, técnicos e comerciantes, e também, provavelmente, os esportes individuais mais tipicamente populares, como o boxe ou a luta livre, combinam todas as razões para afastar os membros da classe dominante: a composição social de seu público, que intensifica a vulgaridade envolvida na sua divulgação, os valores envolvidos, como a exaltação da competição, e as virtudes exigidas, força, resistência, disposição para a violência, espírito de "sacrifício", de docilidade e de submissão à disciplina coletiva, antítese perfeita da "distância do papel" implicada nos papéis burgueses etc.

Tudo permite, portanto, supor que a probabilidade de praticar os diferentes esportes depende, em graus diferentes para cada esporte, do capital econômico e, secundariamente, do capital cultural e também do tempo livre; isso por intermédio da afinidade que se estabelece entre as disposições éticas e estéticas associadas a uma posição determinada no espaço social e os ganhos que, em função dessas disposições, parecem prometidos pelos diferentes esportes. A relação entre as diferentes práticas esportivas e a idade é mais complexa, porquanto ela não se define, por intermédio da intensidade do esforço físico exigido e pela disposição em relação a esse dispêndio que é uma dimensão do *ethos* de classe, senão na relação entre um esporte e uma classe: dentre as propriedades dos esportes "populares", a mais importante é que sejam tacitamente associados à juventude, espontânea e implicitamente creditados com uma espécie de licença provisória, que se exprime, entre outras coisas, pelo desperdício de um excesso de energia física (e sexual), e abandonados muito cedo (na maioria das vezes no momento do casamento que marca a entrada na vida adulta); ao contrário, os esportes "burgueses", praticados principalmente por suas funções de condicionamento físico e pelo proveito social que proporcionam, têm em comum adiar, bem além da juventude, a idade-limite da prática, e talvez tão mais longe quanto mais sejam prestigiosos e exclusivos (como o golfe).

De fato, *para além mesmo de toda busca de distinção*, está a relação com o próprio corpo, como dimensão privilegiada do *habitus*, que distingue as classes populares das classes privilegiadas como, no interior destas, distingue frações separadas por todo o universo de um estilo de vida. Assim, a relação instrumental com o próprio corpo que as classes populares exprimem em todas as práticas que têm o corpo por objeto ou desafio, regime alimentar ou cuidados de beleza, relação com a doença ou cuidados de saúde, também se manifesta na escolha de esportes que demandam um grande investimento de esforço, por vezes dor e sofrimento (como o boxe), e que exigem, em certos casos, que se ponha em jogo o próprio corpo, como o motociclismo, o paraquedismo, todas as formas de acrobacia e, em certa medida, todos os esportes de combate, nos quais se pode incluir o *rugby*. Ao contrário, a inclinação das classes privilegiadas à "estilização da vida" se encontra e se reconhece na tendência a tratar o corpo como um fim, com variações segundo se enfatize o próprio funcionamento do corpo como organismo, o que inclina ao culto higienista da "forma", ou a própria aparência do corpo como configuração perceptível, o "físico", isto é, o corpo para os outros. Tudo parece indicar que a preocupação com a cultura do corpo apareça, em sua forma mais elementar, isto é, como culto higienista da saúde, envolvendo, muitas vezes, uma exaltação ascética da sobriedade e do rigor dietético, nas classes médias que se dedicam de maneira particularmente intensiva à ginástica, o esporte ascético por excelência, porquanto se reduz a uma espécie de treinamento pelo treinamento. A ginástica e os esportes estritamente higiênicos, como caminhar ou correr, são atividades altamente racionais e racionalizadas: primeiro porque supõem uma fé resoluta na razão e nos proveitos diferidos, e muitas vezes impalpáveis, que ela promete (como a proteção contra o envelhecimento ou acidentes correlativos, proveito abstrato e negativo que só existe em relação a um referente perfeitamente teórico); em seguida porque só fazem sentido, na maioria dos casos, em função de um conhecimento abstrato dos efeitos de um exercício que é, ele mesmo, muitas vezes reduzido, como na ginástica, a uma série de movimentos abstratos, decompostos e organizados por referência a um fim específico e sábio (p. ex., os "abdominais") e que é para os movimentos totais e orientados para fins práticos de situações cotidianas o que a caminhada decomposta em gestos elementares do "manual do graduado" é para a caminhada comum. Assim, compreende-se que essas atividades encontrem e satisfaçam as expectativas ascéticas dos indivíduos em ascensão, que estão preparados para encontrar sua satisfação no próprio esforço, e para aceitar – é o sentido mesmo de toda a sua existência – gratificações diferidas pelo seu presente sacrifício. As funções higiênicas tendem cada vez mais a se associarem, ou mesmo a se subordinarem a funções que podemos chamar de estéticas à medida que se sobe na hierarquia social (sobretudo, aliás, em circunstâncias idênticas, entre as mulheres, mais fortemente exortadas a se submeterem a padrões que definem como o corpo deve ser, não somente na sua configuração perceptível, mas também na sua postura, sua atitude etc.). Por fim, é sem dúvida com as profissões liberais e a tradicional burguesia empresarial que as funções higiênicas e estéticas são mais claramente acompanhadas de funções sociais, inscrevendo-se os esportes, assim como os jogos de salão, ou os intercâmbios sociais (recepções, jantares etc.), entre as atividades "gratuitas" e "desinteressadas" que permitem acumular capital social. Vê-se isso no fato de que a prática do esporte, na forma-limite que ela assume com o golfe, a caça ou o polo dos clubes sociais, tende a se tornar um simples pretexto para encontros escolhidos ou, se se preferir, uma técnica de sociabilidade, assim como a prática do bridge ou da dança.

Para concluir, somente indicarei que o princípio das transformações das práticas e dos consumos esportivos deve ser buscado na relação entre as transformações da oferta e as transformações da demanda: as transformações da oferta (invenção ou importação de esportes ou de equipamentos novos, reinterpretação de esportes ou jogos antigos etc.) são engendradas nas lutas de competição pela imposição da prática esportiva legítima e pela conquista da clientela dos praticantes comuns (proselitismo esportivo), lutas entre os diferentes esportes e, dentro de cada esporte, entre as diferentes escolas ou tradições (p. ex., esqui na pista, fora da pista, de fundo etc.), lutas entre as diferentes categorias de agentes envolvidos nesta competição (atletas de alto rendimento, treinadores, professores de ginástica, produtores de equipamentos etc.); as transformações da demanda são uma dimensão da transformação dos estilos de vida, e, portanto, obedecem às leis gerais dessa transformação. A correspondência que se observa entre as duas séries de transformações se deve, sem dúvida, aqui, como em outros lugares, ao fato de que o espaço dos produtores (ou seja, o campo dos agentes e das instituições que são capazes de contribuir para a transformação da oferta) tende a reproduzir, em suas divisões, as divisões do espaço dos consumidores: em outras palavras, os *taste-makers* que são capazes de produzir ou impor (ou mesmo de vender) novas práticas ou novas formas de práticas antigas (como os esportes californianos ou as diferentes espécies de expressão corporal), assim como aqueles que defendem as práticas antigas ou as antigas maneiras de praticar, empenham em sua ação as disposições e as convicções constitutivas de um *habitus* onde se exprime uma posição determinada no campo dos especialistas e também no espaço social, e eles estão, por conseguinte, predispostos a exprimir, e, portanto, a *realizar* pela virtude da objetivação, as expectativas mais ou menos conscientes das frações correspondentes do público dos leigos.

Alta-costura e alta cultura[25]

O título desta exposição não é uma brincadeira. Eu verdadeiramente vou falar das relações entre a alta-costura e a cultura. A moda é um tema muito prestigioso na tradição sociológica, conquanto aparentemente um pouco frívolo. Um dos objetos mais importantes da sociologia do conhecimento seria a hierarquia dos objetos de pesquisa: um dos vieses pelos quais as censuras sociais são exercidas é precisamente essa hierarquia de objetos considerados dignos ou indignos de serem estudados. É um dos muito velhos temas da tradição filosófica; e, no entanto, a velha lição do *Parmênides*, segundo a qual há ideias de todas as coisas, inclusive da imundície e do pelo, tem sido pouco ouvida pelos filósofos que são geralmente as primeiras vítimas dessa definição social da hierarquia dos objetos. Penso que este preâmbulo não seja inútil porque, se quero comunicar algo esta noite, é precisamente essa ideia de que há proveitos científicos para se estudar cientificamente objetos indignos.

Meu argumento repousa sobre a homologia de estrutura entre o campo de produção desta categoria particular de bens de luxo que são os bens de moda, e o campo de produção desta outra categoria de bens de luxo que são os bens de cultura legítima como a música, a poesia ou a filosofia etc. O que faz com que, falando da alta-costura, não deixarei de falar da alta cultura. Falarei da produção de comentários sobre Marx ou sobre Heidegger, da produção de pinturas ou de discursos sobre a pintura. Vocês me dirão: "Por que não falar sobre isso diretamente?" Porque esses objetos legítimos são protegidos pela sua legitimidade contra o olhar científico e contra o trabalho de dessacralização pressuposto pelo estudo científico dos

---

[25]. Apresentado em *Noroit* (Arras, nov./1974) e publicado em *Noroit*, 192, nov./1974, p. 1-2, 7-17, 193-194; dez./1974-jan./1975, p. 2-11.

objetos sagrados (penso que a sociologia da cultura seja a sociologia da religião do nosso tempo). Falando de um assunto menos bem guardado, espero também fazer com que se ouça mais facilmente o que provavelmente se recusaria se eu o dissesse a propósito de coisas mais sagradas.

Minha intenção é oferecer uma contribuição para uma sociologia das produções intelectuais, isto é, para uma sociologia dos intelectuais, ao mesmo tempo que para a análise do fetichismo e da magia. Também aí me dirão: "Mas por que não ir estudar a magia nas sociedades primitivas, em vez de na Dior ou na Cardin?" Penso que uma das funções do discurso etnológico seja dizer coisas que são suportáveis quando se aplicam a populações remotas, com o respeito que lhes devemos, mas que o são muito menos quando as relacionamos com as nossas sociedades. No final de seu ensaio sobre a magia, Mauss se pergunta: "Onde está o equivalente em nossa sociedade?" Eu gostaria de mostrar que este equivalente deve ser procurado na *Elle* ou no *Le Monde* (especialmente na página literária). O terceiro tema de reflexão seria: Em que consiste a função da sociologia? Os sociólogos não são desmancha-prazeres que vêm destruir as comunhões mágicas? Estas são perguntas que vocês terão a oportunidade de decidir após me terem ouvido.

Começarei por descrever, muito rapidamente, a estrutura do campo de produção da alta-costura. Eu chamo de campo a um espaço de jogo, um campo de relações objetivas entre indivíduos ou instituições em competição por um objetivo idêntico. Os dominantes neste campo particular que é o mundo da alta-costura são aqueles que detêm, no mais alto grau, o poder de constituir objetos como raros pelo procedimento da "grife"; aqueles cuja grife tem o maior preço. Em um campo, e esta é a lei geral dos campos, os detentores da posição dominante, aqueles que têm mais capital específico, se opõem sob uma série de relações com os novos concorrentes (eu emprego intencionalmente essa metáfora emprestada da economia), recém-chegados, chegados atrasados, realizados, que não têm muito capital específico. Os antigos têm *estratégias de conservação* com o objetivo de tirar proveito de um capital progressivamente acumulado. Os novos concorrentes têm *estratégias de subversão* orientadas para uma acumulação de capital específico que pressupõem uma inversão mais ou menos radical da tábua de valores, uma redefinição mais ou menos revolucionária dos princípios de produção e de avaliação de produtos e, ao mesmo tempo, uma desvalorização do capital detido pelo dominante. Durante um debate televisionado entre Balmain e Scherrer, você teria imediatamente percebido, apenas por sua dicção, quem estava à "direita", quem estava à "esquerda" (no espaço relativamente autônomo do campo). (Devo fazer aqui um parêntese. Quando digo "direita" e "esquerda", eu sei ao dizê-lo que o equivalente prático que cada um de nós tem – com uma referência particular ao campo político – da construção teórica que eu proponho que suprirá a insuficiência inevitável da transmissão oral. Mas, ao mesmo tempo, sei que este equivalente prático corre o risco de se interpor, porque se eu tivesse em mente apenas a direita e a esquerda para compreender, eu jamais teria compreendido coisa alguma. A dificuldade particular da sociologia advém do fato de ela ensinar coisas que todo mundo sabe de uma certa forma, mas que não se quer saber ou não se pode saber porque a lei do sistema é escondê-las.) Volto ao diálogo entre Balmain e Scherrer. Balmain construía frases muito longas, um pouco pomposas, defendia a qualidade francesa, a criação etc.; Scherrer falava como um líder de Maio de 68, isto é, com frases inacabadas, reticências em toda parte etc. Da mesma forma, notei na imprensa feminina os adjetivos mais frequentemente associados aos diferentes costureiros. De um lado, vocês terão: "luxuoso, exclusivo, prestigioso, tradicional, refinado, selecionado, equilibrado, durável". E na outra ponta: "superchique, kitsch, bem-humorado, simpático, engraçado, radiante, livre, entusiástico, estruturado, funcional". A partir das posições que os diferentes agentes ou instituições ocupam na estrutura do campo e que, neste caso, correspondem muito estreitamente a sua antiguidade, pode-se prever, e, em todo caso, compreender, seus posicionamentos estéticos, tal como se exprimem nos adjetivos empregados para descrever seus produtos ou em qualquer outro indicador: quanto mais se vai do polo dominante ao polo dominado, mais há calças nas coleções; menos há provas; mais o tapete se acinzenta, os monogramas são substituídos por vendedoras em minissaias e de alumínio; mais se avança da margem direita para a margem esquerda. Contra as estratégias de subversão da vanguarda, os detentores da legitimidade, ou seja, os ocupantes da posição dominante, manterão sempre o discurso vago e pomposo do "isso é óbvio" inefável: como os dominantes no campo das relações entre as classes, eles têm estratégias conservadoras, defensivas, que podem permanecer silenciosas, tácitas, uma vez que somente têm que ser o que são para serem o que é preciso ser.

Ao contrário, os costureiros da margem esquerda têm estratégias que visam a derrubar os próprios princípios do jogo, mas em nome do jogo, do espírito do jogo: suas estratégias de retorno às fontes consistem em opor aos dominantes os princípios mesmos em nome dos quais estes últimos justificam sua dominação. Essas lutas entre os detentores e os pretendentes, os desafiantes, que, como no boxe, são condenados a "fazer o jogo", a assumir os riscos, estão no princípio das mudanças cujo lugar é o campo da alta-costura.

Mas a condição da entrada no campo é o reconhecimento do desafio e, ao mesmo tempo, o reconhecimento dos limites que não devem ser ultrapassados, sob pena de ser excluído do jogo. Segue-se que da luta interna só podem sair revoluções parciais, capazes de destruir a hierarquia, mas não o próprio jogo. Aquele que quiser fazer uma revolução em matéria de cinema ou de pintura diz: "Esse não é o *verdadeiro* cinema" ou "Não é isso a *verdadeira* pintura". Ele lança anátemas, mas em nome de uma definição mais pura, mais autêntica do que aquela em nome da qual os dominadores dominam.

Assim, cada campo tem as suas próprias formas de revolução, e, portanto, a sua própria periodização. E os recortes dos diferentes campos não estão necessariamente sincronizados. O fato é que as revoluções específicas têm uma certa relação com mudanças externas. Por que Courrèges fez uma revolução e em que a mudança introduzida por Courrèges é diferente daquela que se introduzia todos os anos sob a forma "um pouco mais curta, um pouco mais longa"? O discurso de Courrèges transcende amplamente a moda: ele não fala mais de moda, mas da mulher moderna que deve ser livre, desimpedida, esportiva, à vontade. De fato, penso que uma revolução específica, algo que seja um marco em um determinado campo, é a sincronização de uma revolução interna e de algo que se passa do lado de fora, no universo abrangente. O que Courrèges faz? Ele não fala da moda; ele fala do estilo de vida e diz: "Eu quero vestir a mulher moderna que deve ser ao mesmo tempo ativa e prática". Courrèges tem um gosto "espontâneo", ou seja, produzido em certas condições sociais, que faz com que lhe baste "seguir seu gosto" para responder ao gosto de uma nova burguesia que abandona uma certa etiqueta, que abandona a moda Balmain, descrita como moda para mulheres velhas. Ele abandona essa moda por uma moda que mostra o corpo, que o deixa ver e que pressupõe, portanto, que ele seja bronzeado e esportivo. Courrèges fez uma revolução específica em um campo específico porque a lógica das distinções internas o levou a encontrar algo que já existia do lado de fora.

A luta permanente dentro do campo é o motor do campo. Vemos de passagem que não há nenhuma antinomia entre estrutura e história, e que o que define a estrutura do campo tal como eu a vejo é também o princípio de sua dinâmica. Aqueles que lutam pela dominação fazem com que o campo se transforme, que se reestruture constantemente. A oposição entre a direita e a esquerda, a retaguarda e a vanguarda, o consagrado e o herético, a ortodoxia e a heterodoxia, muda constantemente de conteúdo substancial, mas permanece estruturalmente idêntica. Os novos concorrentes só podem fazer os antigos definharem porque a lei implícita do campo é a distinção em todos os sentidos do termo: a moda é a última moda, a última diferença. Um emblema da classe (em todos os sentidos do termo) definha quando perde seu poder distintivo, isto é, quando é disseminado. Quando a minissaia chegou às esquinas de Béthune, voltamos à estaca zero.

A dialética da pretensão e da distinção que está no princípio das transformações do campo de produção se encontra no espaço dos consumos: ela caracteriza o que chamo de luta de concorrência, luta de classes contínua e interminável. Uma classe possui uma propriedade determinada, a outra alcança e assim por diante. Essa dialética da concorrência implica a corrida em direção ao mesmo objetivo e o reconhecimento implícito desse objetivo. A pretensão está sempre fadada ao fracasso, porquanto, por definição, ela se deixa impor o objetivo da corrida, aceitando, ao mesmo tempo, a desvantagem que ela se esforça por superar. Quais são as condições favoráveis (porque isso não se fará por uma conversão da consciência) para que alguns dos concorrentes parem de correr, saiam da corrida, e, em particular, as classes médias, aquelas que estão no meio do pelotão? Qual é o momento em que a probabilidade de ver os próprios interesses satisfeitos permanecendo na corrida cessa de prevalecer sobre a probabilidade de vê-los satisfeitos saindo da corrida? Creio que seja assim que se coloque a questão histórica da revolução.

Devo fazer aqui um parêntese a propósito das velhas alternativas como conflito/consenso, estático/dinâmico, que são sem dúvida o principal obstáculo para o conhecimento científico do mundo social. De fato, há uma forma de luta que implica o consenso sobre o que está em jogo na luta e que se observa de maneira particularmente clara no terreno da cultura. Essa luta, que assume a forma de uma perseguição (eu terei o que você tem etc.), é *integrativa*; é uma mudança que tende a assegurar a permanência. Tomo o exemplo da educação porque foi neste contexto que o modelo ficou claro para mim. Calculamos as probabilidades de acesso ao ensino superior em um instante t, encontramos uma distribuição que inclua tanto os filhos dos operários como os das classes médias, e assim por diante; calculamos as probabilidades do acesso ao ensino superior em um instante t + 1; encontramos uma estrutura homóloga: os valores absolutos aumentaram, mas a forma global da distribuição não mudou. De fato, a translação assim observada não é um fenômeno mecânico, mas o produto agregado de uma série de pequenas corridas individuais ("agora podemos colocar o guri na escola" etc.), a resultante de uma forma particular de competição que implica o reconhecimento do que está em jogo. São inúmeras estratégias, constituídas em relação a sistemas de referência muito complexos, que estão no princípio do processo descrito pela metáfora mecânica da translação. Muitas vezes pensamos por dicotomias simples: "Ou muda, ou não muda". "Estático ou dinâmico". Auguste Comte pensava assim, não é uma desculpa. O que estou tentando mostrar é que existe invariante que seja o produto da variação.

Como o campo das classes sociais e dos estilos de vida, o campo da produção tem uma estrutura que é o produto de sua história anterior e o princípio de sua história ulterior. O princípio de sua mudança é a luta pelo monopólio da distinção, isto é, o monopólio da imposição da última diferença legítima, da última moda, e essa luta termina com a queda progressiva do vencido no passado. Chegamos assim a um outro problema que é aquele da *sucessão*. Encontrei na *Elle* ou na *Marie-Claire* um belo artigo intitulado: "Será que podemos substituir a Chanel?" Há muito nos perguntamos o que aconteceria com a sucessão do General De Gaulle; era um problema digno do *Monde*; substituir a Chanel é bom para a *Marie-Claire*; de fato, é exatamente o mesmo problema. É o que Max Weber chama de problema da "rotinização do carisma": como transformar em uma instituição durável o aparecimento único que introduz a descontinuidade em um universo? Como com descontínuo fazer contínuo? "Há três meses, Gaston Berthelot, nomeado da noite para o dia ('nomeado' é antes um termo do vocabulário da burocracia, portanto totalmente antinômico ao vocabulário da criação), nomeado da noite para o dia responsável artístico (aqui o vocabulário da burocracia está combinado com o vocabulário da arte), responsável artístico da casa Chanel em janeiro de 1971, com a morte de Mademoiselle, foi não menos rapidamente 'despedido'. Seu 'contrato' não foi renovado. Murmúrios oficiosos: ele não soube 'se impor'. É preciso dizer que a discrição natural de Gaston Berthelot foi fortemente encorajada pela direção". Agora isso está ficando muito interessante; ele fracassou, mas porque o puseram em condições nas quais era inevitável que fracassasse. "Nenhuma entrevista, nenhuma valorização, nenhum vento" (isso soa como palavra de jornalista, mas, de fato, isso é muito importante). Havia também os comentários de sua equipe antes de cada uma de suas propostas: "Será que a modelo estava em conformidade, era fiel e respeitosa? Não há necessidade de um estilista para isso; pega-se os velhos alfaiates e recomeça-se. Mas perante uma nova saia e um bolso modificado: Mademoiselle jamais teria tolerado isso". O que é descrito aqui são as antinomias da sucessão carismática.

O campo da moda é muito interessante porque ocupa uma posição intermediária (em um espaço teórico naturalmente abstrato) entre um campo que é feito para organizar a sucessão, como o campo da burocracia onde é preciso que os agentes sejam, por definição, intercambiáveis, e um campo onde as pessoas são radicalmente insubstituíveis como aquele da criação artística e literária ou da criação profética. Não diz: "Como substituir Jesus?" ou "Como substituir Picasso?" É inconcebível. Aqui estamos no caso de um campo onde há, ao mesmo tempo, afirmação do poder carismático do criador e afirmação da possibilidade de substituir o insubstituível. Se Gaston Berthelot não conseguiu, foi porque foi pego entre dois tipos de exigências contraditórias. A primeira condição colocada pelo seu sucessor foi poder falar. Se pensarmos na pintura de vanguarda, na pintura conceitual, compreenderemos que é capital que o criador possa se criar como criador, mantendo o discurso que credencia seu poder criativo.

O problema da sucessão mostra que o que está em questão é a possibilidade de transmitir um poder criativo; os etnólogos diriam uma espécie de Mana. O costureiro realiza uma operação de *transubstanciação*. Você tinha um perfume de supermercado de três francos. A grife faz dele um perfume Chanel que vale trinta vezes mais. O mistério é o mesmo com o mictório de Duchamp, que é constituído como objeto artístico, tanto porque é marcado por um pintor que após sua assinatura e porque foi enviado para um lugar consagrado que, ao acolhê-lo, fez dele um objeto de arte, assim transmutado econômica e simbolicamente. A grife é uma marca que muda não a natureza material, mas a natureza social do objeto. Mas esta marca é um nome próprio. E, ao mesmo tempo, o problema da sucessão se coloca, porque herda-se apenas nomes comuns ou funções comuns, mas não um nome próprio. Dito isto, como esse poder do nome próprio é produzido? Imaginamos o que faz com que o pintor, por exemplo, seja dotado desse poder de criar valor. Aduzimos o argumento mais fácil, o mais óbvio: a unicidade da obra. Na verdade, o que está em jogo não é a raridade do produto, é *a raridade do produtor*. Mas como esta é produzida?

Seria necessário retomar o ensaio de Mauss sobre a magia. Mauss começa perguntando: "Quais são as propriedades particulares do mágico?" Ele pergunta em seguida: "Quais são as propriedades particulares das operações mágicas?" Ele vê que isso não funciona. Então ele pergunta: "Quais são as propriedades específicas das representações mágicas?" Ele consegue descobrir que o motor é a crença que remete ao grupo. Na minha linguagem, o que faz o poder do produtor é o campo, isto é, o sistema de relações como um todo. A energia é o campo. O que Dior mobiliza é algo que não é definível fora do campo; o que todos mobilizam é o que o jogo produz, isto é, um poder que se baseia na fé na alta-costura. E podem mobilizar uma parte ainda maior desse poder quanto mais alto estejam situados na hierarquia constitutiva desse campo.

Se o que eu digo é verdadeiro, os críticos de Courrèges contra Dior, as agressões de Hechter contra Courrèges ou contra Scherrer contribuem para constituir o poder de Courrèges e de Scherrer, de Hechter e de Dior. Os dois extremos do campo estão de acordo, pelo menos em dizer que o retro e as meninas que se vestem de qualquer maneira, estão muito bem, muito bonitas etc., mas só até certo ponto. O que fazem, com efeito, as garotas que se vestem com roupas usadas? Eles contestam o monopólio da manipulação legítima dessa *coisa* específica que é o sagrado em matéria de costura, como os hereges contestam o monopólio sacerdotal da leitura legítima. Se se começa a contestar o monopólio da leitura legítima, se qualquer um puder ler os evangelhos ou confeccionar as próprias roupas, é o campo que é destruído. É por isso que a revolta sempre tem limites. As querelas dos escritores têm sempre como limite o respeito pela literatura.

O que faz com que o sistema funcione é o que Mauss chamava de crença coletiva. Eu preferiria chamar de o desconhecimento coletivo. Mauss dizia a propósito da magia: "A sociedade sempre paga a si mesma pela moeda falsa do seu sonho". Isto quer dizer que neste jogo é preciso fazer o jogo: aqueles que abusam são abusados e tanto melhor abusam quanto mais são abusados; são tanto mais mistificadores quanto mais são mistificados. Para jogar esse jogo é preciso acreditar na ideologia da criação, e, quando se é jornalista de moda, não é bom ter uma visão sociológica da moda.

O que faz o valor, o que faz a magia da grife, é o conluio de todos os agentes do sistema de produção de bens sagrados. Conluio perfeitamente inconsciente, claro. Os circuitos de consagração são tanto mais poderosos quanto mais sejam longos, complexos e ocultos, mesmo aos olhos daqueles que participam e se beneficiam deles. Todo o mundo conhece o exemplo de Napoleão tirando a coroa das mãos do papa para depositá-la ele mesmo em sua própria cabeça. É um ciclo muito curto de consagração, que tem muito pouca eficácia de desconhecimento. Um ciclo consagração eficaz é um ciclo no qual A consagra B, que consagra C, que consagra D, que consagra A. Quanto mais o ciclo de consagração é complicado, mais é invisível, mais sua estrutura é irreconhecível e maior é o efeito de crença. (Seria necessário analisar nesta lógica a circulação circular de relatórios elogiosos ou as trocas rituais de referências.) Para um nativo, seja produtor ou consumidor, é o sistema que se interpõe. Entre Chanel e sua griffe, existe todo o sistema, que ninguém conhece ao mesmo tempo melhor e pior do que a Chanel[26].

---

26. Outros desenvolvimentos podem ser encontrados em BOURDIEU, P. Le couturier et sa grife – Contribution à une théorie de la magie. In: *Actes de la Recherche en Sciences Sociales*, 1, jan./1975, p. 7-36.

Mas quem criou os criadores?[27]

A sociologia e a arte não se misturam bem. Isso se deve à arte e aos artistas, que não suportam tudo o que atenta contra a ideia que eles têm de si mesmos: o universo da arte é um universo de crença, crença no dom, na unicidade do criador incriado e na irrupção do sociólogo, que quer compreender, explicar, justificar, escandalizar. Desencanto, reducionismo, em uma palavra, grosseria, ou, o que equivale ao mesmo, sacrilégio: o sociólogo é aquele que, como Voltaire cassara os reis da história, quer cassar os artistas da história da arte. Mas isso se deve também aos sociólogos que se empenharam em confirmar os preconceitos concernentes à sociologia e, particularmente, à sociologia da arte e da literatura.

Primeiro preconceito: a sociologia pode explicar o consumo cultural, mas não a produção. A maioria das exposições gerais sobre a sociologia das obras culturais aceita essa distinção, que é puramente social: ela tende de fato a reservar para a obra de arte e o "criador" incriado um espaço separado, sagrado, e um tratamento privilegiado, abandonando à sociologia os consumidores, isto é, o aspecto inferior, até mesmo reprimido (especialmente em sua dimensão econômica) da vida intelectual e artística. E as pesquisas visando a determinar os fatores sociais das práticas culturais (frequentação de museus, teatros ou concertos etc.) dão uma aparente confirmação a esta distinção, que não se baseia em nenhum fundamento teórico: com efeito, como tentarei demonstrá-lo, só se pode compreender a própria produção no que ela tem de mais específico, isto é, enquanto produção de valor (e de crença), se se leva em conta simultaneamente o espaço dos produtores e o espaço dos consumidores.

---

27. Apresentação feita na Escola Nacional de Artes Decorativas em abril de 1980.

Segundo preconceito: a sociologia – e seu instrumento predileto, a estatística – minora e esmaga, nivela e reduz a criação artística; ela põe no mesmo nível os grandes e os pequenos, deixando em todo caso escapar o que faz o gênio dos maiores. Aqui ainda, e sem dúvida mais claramente, os sociólogos deram antes razões a seus críticos. Passo sem insistir na estatística literária que, tanto pelas insuficiências de seus métodos quanto pela pobreza de seus resultados, confirma, e, de maneira dramática, as opiniões mais pessimistas dos guardiões do templo literário. Apenas evocarei a tradição de Lukács e Goldmann, que se esforça em relacionar o conteúdo da obra literária e as características sociais da classe ou da fração de classe que deveria ser o seu destinatário privilegiado. Essa abordagem que, em suas formas mais caricatas, subordina o escritor ou o artista às restrições de um meio ou às demandas diretas de uma clientela, sucumbe a um finalismo ou um funcionalismo ingênuo, deduzindo diretamente a obra da função que lhe seria socialmente atribuída. Por uma espécie de *curto-circuito*, faz desaparecer a lógica própria do espaço de produção artística.

De fato, ainda sobre este ponto, os "crentes" têm toda a razão contra a sociologia redutora quando lembram a autonomia do artista e, em particular, a autonomia que resulta da história própria da arte. É verdade que, como diz Malraux, "a arte imita a arte" e que não se pode justificar obras somente a partir da demanda, isto é, das expectativas estéticas e éticas das diferentes frações da clientela. O que não significa ser remetido à *história interna da arte*, o único complemento autorizado da *leitura interna da obra de arte*.

Com efeito, a sociologia da arte e da literatura em sua forma ordinária esquece o essencial, isto é, este universo social, dotado de suas próprias tradições, suas próprias leis de funcionamento e de recrutamento, e, portanto, de sua própria história, que é o universo da produção artística. A autonomia da arte e do artista, que a tradição hagiográfica aceita como óbvia, em nome da ideologia da obra de arte como "criação" e do artista como criador incriado, não é outra coisa senão a autonomia (relativa) deste espaço de jogo que chamo de *campo*, autonomia que se institui pouco a pouco, e sob certas condições, ao longo da história. O objeto próprio da sociologia das obras culturais não é nem o artista singular (ou este ou aquele conjunto puramente *estatístico* de artistas singulares), nem a relação entre o artista (ou, o que equivale ao mesmo, a escola artística) e este ou aquele grupo social concebido seja como causa eficiente e princípio determinante dos conteúdos e das formas de expressão, seja como causa final da produção artística, isto é, como demanda, a história dos conteúdos e das formas sendo vinculada *diretamente* à história dos grupos dominantes e de suas lutas pela dominação. Na minha opinião, a sociologia das obras culturais deve tomar por objeto o conjunto das relações (objetivas e também efetuadas sob a forma de interações) *entre o artista e os outros artistas*, e, além disso, o conjunto dos agentes envolvidos na produção da obra ou, pelo menos, do *valor social* da obra (críticos, diretores de galerias, mecenas etc.). Ela opõe-se tanto a uma descrição positivista das características sociais dos produtores (educação familiar, escolar etc.) quanto a uma sociologia da recepção, que, como o faz Antal para a arte italiana dos séculos XIV e XV, reportaria diretamente as obras à concepção da vida das diferentes frações do público dos mecenas, isto é, à "sociedade considerada em sua capacidade de recepção em relação à arte". De fato, a maior parte do tempo, essas duas perspectivas se confundem como se se supusesse que os artistas são predispostos pela sua origem social a pressentir e satisfazer uma certa demanda social (é notável que, nessa lógica, a análise do *conteúdo* das obras-primas – é verdadeiro mesmo em Antal – a análise da *forma*, isto é, do que pertence *como próprio* ao produtor).

Pela beleza da coisa, gostaria de indicar que o efeito de curto-circuito não se encontra somente nas críticas oficiais dos defensores da estética pura, como o pobre Hauser, ou mesmo em um marxista tão preocupado com a distinção quanto Adorno (quando fala de Heidegger), mas em um daqueles que mais se empenharam em denunciar o "sociologismo vulgar" e o "materialismo determinista", Umberto Eco. Com efeito, na *Obra aberta*, ele relaciona diretamente (provavelmente em nome da ideia de que existe uma unidade de todas as obras culturais de uma época) as propriedades que atribui à "obra de arte", como a plurivocidade reivindicada, a imprevisibilidade desejada etc., e as propriedades do mundo tal como as apresentam a ciência, isso à custa de analogias selvagens, cujo fundamento se ignora.

Rompendo com essas diferentes maneiras de ignorar a própria *produção*, a sociologia das obras tal como a concebo toma por objeto o campo de produção cultural e, inseparavelmente, a relação entre o campo de produção e o campo dos consumidores. Os determinismos sociais cuja marca a obra de arte carrega se exercem, por um lado, através do *habitus* do produtor, remetendo assim às condições sociais de sua produção enquanto sujeito social (família etc.) e enquanto produtor (escola, contatos profissionais etc.), e, por outro lado, através das demandas e das restrições sociais que estão inscritas na *posição* que ocupa em um certo campo (mais ou menos autônomo) de produção. O que se chama de "criação" é o encontro entre um *habitus* socialmente constituído e uma certa posição já instituída ou *possível* na divisão do trabalho de produção cultural (e, por acréscimo, no segundo grau, na divisão do trabalho de dominação); o trabalho pelo qual o artista faz sua obra e se faz, inseparavelmente, como artista (e, quando isso faz parte da demanda do campo, como artista original, singular) pode ser descrito como a relação dialética entre a sua posição que, frequentemente, preexiste e sobrevive a ele (com obrigações, p. ex., a "vida de artista", atributos, tradições, modos de expressão etc.) e seu *habitus*, que o predispõe mais ou menos totalmente a ocupar essa posição ou – o que pode ser um dos pré-requisitos inscritos na posição – a transformá-la mais ou menos completamente. Em suma, o *habitus* do produtor nunca é completamente o produto da posição (salvo talvez em certas tradições artesanais, onde a formação familiar, e, portanto, condicionamentos sociais originários de classe, e formação profissional são completamente confundidos). E, inversamente, nunca se pode ir diretamente das características sociais do produtor – origem social – às características de seu produto: as disposições ligadas a uma origem social determinada – plebeia ou burguesa – podem se exprimir de formas muito diferentes, apesar de conservarem um ar de família, em diferentes campos. Basta, por exemplo, comparar os dois pares paralelos do plebeu e do patrício, Rousseau-Voltaire e Dostoiévski-Tolstoi. Se a posição faz o *habitus* (mais ou menos completamente), o *habitus* que é de antemão (mais ou menos completamente) feito para a posição (por causa dos mecanismos que determinam a vocação e a cooptação) e feito pela posição, contribui para *fazer* a posição. E isso, provavelmente, sobretudo porque a distância é maior entre suas condições sociais de produção e as exigências sociais inscritas na posição e maior também a margem de liberdade e inovação implícita ou explicitamente inscrita na posição. Há aqueles que são feitos para apoderar-se das posições feitas e aqueles que são feitos para fazer novas posições. Oferecer uma razão para isso exigiria uma análise demasiado longa, e eu gostaria somente de indicar que é sobretudo quando se trata de compreender as revoluções intelectuais ou artísticas que se deve ter em mente que a autonomia do campo de produção é uma autonomia parcial, que não exclui a dependência: as revoluções específicas, que perturbam as relações de poder no seio de um campo, só são possíveis na medida em que aqueles que importam novas disposições e que querem impor novas posições, encontram, por exemplo, um apoio fora do campo, nos novos públicos cujas demandas eles exprimem e produzem ao mesmo tempo.

Assim, o sujeito da obra de arte não é nem um artista singular, causa aparente, nem um grupo social (a grande burguesia bancária e comercial que, na Florença do Quattrocento, chega ao poder, em Antal, ou a nobreza de toga em Goldmann), mas *o campo da produção artística como um todo* (que mantém uma relação de relativa autonomia, maior ou menor segundo as épocas e as sociedades, com os grupos onde os consumidores de seus produtos são recrutados, isto é, as diferentes frações da classe dirigente). A sociologia ou a história social nada conseguem compreender da obra de arte, e sobretudo nada do que constitui a sua *singularidade*, quando ela toma por objeto um autor e uma obra isoladamente. De fato, todos os trabalhos consagrados a um autor isolado que queiram superar a hagiografia e a anedota são levados a considerar o campo de produção como um todo, mas, sem considerar essa construção como um *projeto explícito*, geralmente o fazem de maneira muito imperfeita e parcial. E, ao contrário do que se poderia crer, a análise estatística não faz melhor, uma vez que, agrupando os autores, por grandes classes pré-construídas (escolas, gerações, gêneros etc.), ela destrói todas as diferenças pertinentes sem uma análise preliminar da estrutura do campo que a faria perceber que certas posições (em particular as posições *dominantes*, como aquela ocupada por Sartre no campo intelectual francês entre 1945 e 1960) podem estar *em um único lugar* e que as classes correspondentes podem conter apenas uma única pessoa, desafiando assim a estatística.

O sujeito da obra é, portanto, um *habitus* em relação a uma posição, isto é, a um campo. Para mostrá-lo e, creio, demonstrá-lo, seria preciso retomar aqui as análises que consagrei a Flaubert e nas quais tentei mostrar como a verdade do projeto flaubertiano, que Sartre busca *desesperadamente* (e interminavelmente) na biografia singular de Flaubert, está inscrita, fora do indivíduo Flaubert, na relação objetiva entre, por um lado, um hábito formado em certas condições sociais (definidas pela posição "neutra" dos profissionais liberais, das "capacidades", na classe dominante e também pela posição que o menino Gustave ocupa na família em função de sua posição de nascimento e de sua relação com o sistema escolar) e, por outro lado, uma posição determinada no campo da produção literária, ele mesmo situado em uma posição determinada no seio do campo da classe dominante.

Mais precisamente: Flaubert, enquanto defensor da arte pela arte, ocupa no campo da produção literária uma posição *neutra*, definida por uma dupla relação negativa (vivida como uma dupla recusa), com a "arte social", por um lado, com a "arte burguesa", por outro. Este campo, ele mesmo globalmente situado em uma posição *dominada* no interior do campo da classe dominante (onde as denúncias do "burguês" e o sonho recorrente do "mandarinato" sobre o qual geralmente estão de acordo os artistas do tempo), se organiza assim segundo uma estrutura *homóloga* àquela da classe dominante como um todo (esta homologia sendo o princípio, como veremos, de um ajuste *automático*, não cinicamente buscado, dos produtos às diferentes categorias de consumidores). Seria necessário prolongar. Mas vemos imediatamente que, a partir dessa análise, *compreendemos* a lógica de algumas das propriedades mais fundamentais do *estilo* de Flaubert: penso, por exemplo, no discurso indireto livre, que Bakhtin interpreta como a marca de uma relação ambivalente com grupos cujas propostas ele relata, de uma espécie de hesitação entre a tentação de se identificar com eles e a preocupação em manter distância; também penso na estrutura quiasmática que se encontra obsessivamente nos romances e, ainda mais claramente, nos projetos, e onde Flaubert exprime, *sob uma forma transformada e negada*, a dupla relação de dupla negação que, enquanto artista "puro", dirige tanto contra a "arte burguesa" quanto contra a "arte social". Tendo assim construído o posto, isto é, a posição de Flaubert na divisão do trabalho literário (e, ao mesmo tempo, na divisão do trabalho de dominação), pode-se ainda voltar-se para as condições sociais de produção do *habitus* e perguntar-se o que Flaubert devia ser para ocupar e produzir (inseparavelmente) o posto "arte pela arte" e *criar* a posição Flaubert. Pode-se tentar determinar quais sejam os traços pertinentes das condições sociais de produção de Gustave (p. ex., a posição de "idiota da família", bem analisada por Sartre) que permitem compreender que ele tenha podido manter e produzir o posto de Flaubert.

Ao contrário do que a representação funcionalista sugere, o ajuste da produção ao consumo resulta essencialmente da homologia estrutural entre o espaço de produção (o campo artístico) e o campo dos consumidores (i. é, o campo da classe dominante): as divisões internas do campo de produção reproduzem-se em uma oferta automaticamente (e também, em parte, conscientemente) diferenciada, que vai ao encontro das demandas automaticamente (e também conscientemente) diferenciadas das diferentes categorias de consumidores. Assim, independentemente de qualquer busca por ajuste e qualquer subordinação direta a alguma demanda expressamente formulada (na lógica da *encomenda* ou do mecenato), cada classe de clientes pode encontrar produtos ao seu gosto e cada uma das classes de produtores tem chances de encontrar, pelo menos a longo prazo (o que significa, por vezes, postumamente), consumidores para seus produtos.

De fato, a maioria dos atos de produção funcionam segundo a lógica da *duplicidade*: quando um produtor, por exemplo, o crítico teatral do *Figaro*, produz produtos ajustados ao gosto do seu público (o que é quase sempre o caso, ele mesmo o diz), isso não é – pode-se crê-lo quando ele afirma – que ele nunca tenha buscado lisonjear o gosto de seus leitores ou que tenha obedecido a orientações estéticas ou políticas, a advertências da parte de seu diretor, de seus leitores ou do governo (tantas coisas que pressupõem fórmulas como "valete do capitalismo" ou "porta-voz da burguesia", cujas teorias ordinárias são formas mais ou menos sabiamente eufemizadas). De fato, tendo escolhido o *Figaro*, porque achou bom, ele só tinha que se abandonar, como se costuma dizer, ao seu gosto (que, em matéria de teatro, tem implicações políticas óbvias), ou melhor, aos seus desgostos – o gosto sendo quase sempre o desgosto do gosto dos outros –, ao horror que sente pelas peças que seu parceiro-concorrente, o crítico do *Nouvel Observateur*, não deixará de considerar ao seu gosto, e ele sabe disso, para satisfazer, como por um milagre, o gosto de seus leitores (que são para os leitores do *Nouvel Observateur* o que ele mesmo é para o crítico desse jornal). E lhes trará, por acréscimo, algo que cabe ao profissional, isto é, uma réplica de intelectual a um outro intelectual, uma crítica, reconfortante para os "burgueses", dos argumentos altamente sofisticados pelos quais os intelectuais justificam seu gosto de vanguarda.

A correspondência que se estabelece *objetivamente* entre o produtor (artista, crítico, jornalista, filósofo etc.) e seu público não é evidentemente o produto de uma busca consciente de ajuste, de transações conscientes e interessadas, e de concessões calculadas de acordo com as demandas do público. Nada se compreende de uma obra de arte, quer se trate de seu conteúdo informativo, de seus temas, de suas teses, do que se chama, com uma palavra vaga, sua "ideologia", remetendo-a diretamente para um grupo. De fato, essa relação só se realiza por acréscimo e como que por engano, através da relação que em função de sua posição no espaço das posições constitutivas do campo de produção, um produtor mantém com o espaço das tomadas de posição estéticas e éticas que, dada a história relativamente autônoma do campo artístico, são efetivamente possíveis em um dado momento. Este espaço das tomadas de posição, que é o produto da acumulação histórica, é o sistema de referências comum em relação ao qual se encontram definidos, objetivamente, todos aqueles que entram no campo. O que faz a unidade de uma época é menos uma cultura comum do que a *problemática* comum que nada mais é do que o conjunto das tomadas de posição vinculadas ao conjunto das posições marcadas no campo. Não existe outro critério para a existência de um intelectual, de um artista ou de uma escola além da sua capacidade de se fazer reconhecer como o detentor de uma posição no campo, posição em relação à qual os outros têm que se situar, que se definir, e a *problemática* do tempo nada mais é do que o conjunto dessas *relações* de posição a posição e, inseparavelmente, de tomada de posição a tomada de posição. Concretamente, isso significa que o aparecimento de um artista, de uma escola, de um partido ou de um movimento a título de posição constitutiva de um campo (artístico, político ou outro) é marcado pelo fato de sua existência, "como se costuma dizer, suscitar problemas" para os ocupantes das outras posições, de as teses que afirma se tornarem uma questão de luta, de fornecerem um dos termos das grandes oposições em torno das quais a luta é organizada e que servem para pensar essa luta (p. ex., direita/esquerda, claro/escuro, cientificismo/anticientificismo etc.).

Isso significa que o objeto próprio de uma ciência da arte, da literatura ou da filosofia não pode outra coisa senão o conjunto de dois espaços inseparáveis, o espaço dos produtos e o espaço dos produtores (artistas ou escritores, mas também críticos, editores etc.), que são como duas traduções da mesma frase. Isso contra a autonomização das obras, que é tão injustificável teoricamente quanto praticamente. Fazer, por exemplo, a análise sociológica de um discurso atendo-se à obra mesma é proibir-se o movimento que conduz, em um vai e vem incessante, traços temáticos ou estilísticos da obra onde se trai a posição social do produtor (seus interesses, seus fantasmas sociais etc.) pelas características da posição social do produtor onde se anunciam seus "partidos" estilísticos, e vice-versa. Em suma, é sob a condição de superar a oposição entre a análise (linguística ou outra) interna e a análise externa que se pode compreender completamente as propriedades mais propriamente "internas" da obra.

Mas é preciso também superar a alternativa escolástica da estrutura e da história. A problemática que se encontra instituída no campo sob a forma de autores e de obras emblemáticas, tipos de pontos de referência em relação aos quais todos os outros fazem um balanço, é, de um lado ao outro, história. A reação contra o passado, que faz a história, é também o que faz a historicidade do presente, negativamente definida por aquilo que ela nega. Em outras palavras, a recusa que está no princípio da mudança, pressupõe e suscita, e, por conseguinte, recorda ao presente, opondo-se a ele, aquilo mesmo a que ele se opõe: a reação contra o romantismo anticientífico e individualista, que leva os parnasianos a valorizar a ciência e a integrar nela as aquisições em sua obra, os leva a encontrar no *Génie des religions* [gênio das religiões] de Quinet (ou na obra de Burnouf, restaurador dos épicos míticos da Índia), a antítese e o antídoto do *Génie du christianisme* [gênio do cristianismo] – como ela os inclina ao culto da Grécia, antítese da Idade Média e símbolo da forma perfeita pela qual, aos seus olhos, a poesia assemelha-se à ciência.

Sou tentado a abrir um parêntese aqui. Para chamar à realidade os historiadores das ideias que acreditam que o que circula no campo intelectual, e em particular entre os intelectuais e os artistas, são *ideias*, lembrarei simplesmente que os parnasianos vinculavam a Grécia não somente à ideia de forma perfeita, exaltada por Gautier, mas também à ideia de *harmonia*, que está totalmente de acordo com o espírito da época: com efeito, nós a encontramos nas teorias dos reformadores sociais, como Fourier. O que circula em um campo, e em particular entre os especialistas em diversas artes, são estereótipos mais ou menos polêmicos e redutores (com os quais os produtores têm que contar), títulos de obras sobre as quais todos falam – p. ex., *Romances sans paroles* [romances sem palavras], título de Verlaine emprestado a Mendelssohn –, palavras da moda e as ideias mal-definidas que veiculam – como a palavra "saturnino", ou o tema das *fêtes galantes* [festas galantes], lançado pelos Goncourt. Em suma, poder-se-ia perguntar se o que é comum a todos os produtores de bens culturais de uma época não é essa espécie de *vulgata distinta*, esse conjunto de lugares-comuns chiques que a coorte de ensaístas, críticos e jornalistas semi-intelectuais produz e impinge, e que é inseparável de um estilo e de um humor. Essa vulgata, que é evidentemente o que há de mais "elegante", e, portanto, de mais datado, de mais perecível, na produção de uma época, é sem dúvida também o que há de mais comum a todos os produtores culturais.

Volto ao exemplo de Quinet, que mostra uma das propriedades mais importantes de qualquer campo de produção, qual seja a presença permanente do passado do campo, incessantemente lembrada através das próprias rupturas que o remetem ao passado e que, como as evocações diretas, referências, alusões etc., são tantas piscadelas dirigidas aos outros produtores e aos consumidores que se definem como legítimos consumidores ao se mostrarem capazes de identificá-los. A obra *Génie des religions* surge opondo-se à obra *Génie du christianisme*. A distinção, que remete o passado ao passado, o supõe e o perpetua, na distância mesma em relação a ele. Uma das propriedades mais fundamentais dos campos de produção cultural reside precisamente no fato de que os atos aí realizados e os produtos aí produzidos encerram a referência prática (por vezes explícita) à história do campo. Por exemplo, o que separa os escritos de Jünger ou Spengler sobre a técnica, o tempo ou a história do que Heidegger escreveu sobre os mesmos assuntos, é o fato de que, situando-se na problemática filosófica, isto é, no campo filosófico, Heidegger reintroduz a totalidade da história da filosofia da qual esse problema é a culminação. E da mesma forma, Luc Boltanski mostrou que a construção de um campo dos quadrinhos é acompanhada do desenvolvimento de um corpo de historiadores e, simultaneamente, do aparecimento de obras encerrando a referência "erudita" à história do gênero. Poder-se-ia fazer a mesma demonstração a propósito da história do cinema.

É verdade que "a arte imita a arte" ou, mais exatamente, que a arte nasce da arte, isto é, na maioria das vezes da arte à qual se opõe. E a autonomia do artista encontra seu fundamento não no milagre de seu gênio criativo, mas no produto social da história social de um campo, métodos, técnicas, linguagens etc. relativamente autônomos. É a história que, ao definir os meios e os limites do pensável, faz com que aquilo que se passa no campo nunca seja o *reflexo* direto das restrições ou das demandas externas, mas uma expressão simbólica, *refratada* por toda a lógica própria do campo. A história que está depositada na própria estrutura do campo, e também nos *habitus* dos agentes, é esse *prisma* que se interpõe entre o mundo exterior ao campo e a obra de arte, submetendo a todos os eventos exteriores, crise econômica, reação política e revolução científica, uma verdadeira *refração*.

Para concluir, gostaria de fechar o círculo e voltar ao ponto de partida, isto é, à antinomia entre a arte e a sociologia, e levar a sério não a denúncia do sacrilégio científico, mas o que se enuncia nessa denúncia, isto é, o caráter *sagrado* da arte e do artista. Penso, com efeito, que a sociologia da arte deva tomar por objeto não somente as condições sociais da produção dos produtores (i. é, os determinantes sociais da formação ou da seleção de artistas), mas também as condições sociais de produção do campo de produção como lugar onde se realiza o trabalho que tende (e não que *visa*) a produzir o artista como produtor de objetos sagrados, de *fetiches*, ou, o que equivale ao mesmo, a obra de arte como objeto de crença, de amor e de prazer estético.

Para deixar claro, mencionarei a alta-costura que fornece uma imagem ampliada do que se passa no universo da pintura. Sabemos que a magia da *griffe*, ao ser aplicada a um objeto qualquer, um perfume, sapatos, até mesmo um bidê (é um exemplo real), pode multiplicar extraordinariamente o seu valor. Trata-se mesmo aí de um ato mágico, alquímico, porquanto a natureza e o valor social do objeto se encontram alterados sem que seja em nada modificada a natureza física ou química (penso nos perfumes) dos objetos em questão. A história da pintura desde Duchamp forneceu inúmeros exemplos, que vocês têm todos em mente, atos mágicos que, como aqueles do costureiro, devem tão obviamente seu valor ao valor social daquele que os produz, que se é obrigado a perguntar-se não o que o artista faz, mas o *que faz o artista*, isto é, o poder de transmutação que o artista exerce. Encontramos a própria pergunta feita por Mauss quando, em desespero, e depois de ter procurado todos os fundamentos possíveis do poder do feiticeiro, acaba por perguntar quem fez o feiticeiro. Alguém talvez me objete que o mictório e a roda de bicicleta de Duchamp (e fez-se melhor desde então) são apenas um limite extraordinário. Mas bastará analisar as relações entre o original (o "autêntico") e o falso, a réplica ou a cópia, ou ainda os efeitos da *atribuição* (objeto principal, se não exclusivo, da história da arte tradicional, que perpetua a tradição do conhecedor e do perito) sobre o valor social e econômico da obra, para ver que, o que faz o valor da obra, não é a raridade (a singularidade) do produto, mas a raridade do produtor, manifestada pela *assinatura*, equivalente da *griffe*, ou seja, a crença coletiva no valor do produtor e de seu produto. Pensa-se em Warhol que, levando ao limite o que Jasper Jones havia feito ao fabricar uma lata de cerveja Ballantine de bronze, assina enlatados, *soupcans* Campbell, e os vende por seis dólares a lata, em vez de quinze *cents*.

Seria necessário matizar e refinar a análise. Mas me contentarei em indicar aqui que uma das principais tarefas da história da arte seria descrever a gênese de um campo de produção artística capaz de produzir o artista (em oposição ao artesão) enquanto tal. Não se trata de se perguntar, como o fez até aqui, obsessivamente, a história social da arte, quando e como o artista se desvencilhou do *status* de artesão. Mas de descrever as condições econômicas e sociais da constituição de um campo artístico capaz de fundar a crença nos poderes quase divinos que são reconhecidos ao artista moderno. Em outras palavras, não se trata somente de destruir o que Benjamin chamava de "fetiche do nome do mestre". (Eis aí um desses sacrilégios fáceis pelos quais a sociologia frequentemente se deixou levar: assim como a magia negra, a inversão sacrílega encerra uma forma de reconhecimento do sagrado. E as satisfações que a dessacralização oferece impedem de levar a sério o fato da sacralização e do sagrado, e, portanto, de dar-se conta dele.) Trata-se de registrar o fato de que o nome do mestre é de fato um fetiche e de descrever as condições sociais de possibilidade do personagem do artista como mestre, isto é, como produtor desse fetiche que é a obra de arte. Em suma, trata-se de mostrar como se constituiu historicamente o campo da produção artística que, enquanto tal, produz a crença no valor da arte e no poder criador do valor do artista. E teremos assim fundamentado o que havia sido postulado no início, a título de postulado metodológico, a saber, que o "sujeito" da produção artística e de seu produto não é o artista, mas o conjunto dos agentes que estão envolvidos com a arte, que são interessados pela arte, que têm interesse na arte e na existência da arte, que vivem da arte e pela arte, produtores de obras consideradas artísticas (grandes ou pequenas, célebres, isto é, celebradas, ou desconhecidas), críticos, colecionadores, intermediários, curadores, historiadores da arte etc.

Eis o círculo fechado. E estamos presos dentro[28].

---

28. Outros desenvolvimentos podem ser encontrados em. BOURDIEU, P. Critique du discours lettré. In: *Actes de la Recherche en Sciences Sociales*, 5-6, nov./1975, p. 4-8. • La production de la croyance – Contribution à une économie des biens symboliques. In: *Actes de la Recherche en Sciences Sociales*, 13,1977, p. 3-43. • Lettre à Paolo Fossati à propos de la Storia dell'arte italiana. In: *Actes de la Recherche en Sciences Sociales*, 31, 1980, p. 90-92. • Champ du pouvoir, champ intellectuel et habitus de classe. In: *Scolies*, 1, 1971, p. 7-26. • L'invention de la vie d'artiste. In: *Actes de la Recherche en Sciences Sociales*, 02/03/1975, p. 67-94. • L'ontologie politique de Martin Heidegger. In: *Actes de la Recherche en Sciences Sociales*, 5-6, nov./1975, p. 109-156.

A opinião pública não existe[29]

Gostaria de precisar inicialmente que o meu propósito não é denunciar de forma mecânica e fácil as pesquisas de opinião, mas proceder a uma análise rigorosa de seu funcionamento e de suas funções. O que implica questionarmos os três postulados com os quais se comprometem implicitamente. Toda pesquisa de opinião pressupõe que todos possam ter uma opinião; ou, em outras palavras, que a produção de uma opinião esteja ao alcance de todos. Mesmo que isso fira um sentimento ingenuamente democrático, contestarei esse primeiro postulado. Segundo postulado: presume-se que todas as opiniões se equivalham. Penso que possamos demonstrar que não seja esse o caso, e que o fato de acumular opiniões que não têm de maneira alguma a mesma força real leva a produzir artefatos desprovidos de sentido. Terceiro postulado implícito: no simples fato de se fazer a mesma pergunta para todos se encontra implicada a hipótese de que há um consenso acerca dos problemas, ou, em outras palavras, que há um acordo acerca das perguntas que merecem ser perguntadas. Parece-me que estes três postulados impliquem toda uma série de distorções observadas mesmo quando todas as condições do rigor metodológico são satisfeitas na coleta e análise dos dados.

Faz-se muito frequentemente críticas técnicas a pesquisas de opinião. Por exemplo, questiona-se a representatividade das amostras. Acho que no estado atual dos meios utilizados pelos escritórios de produção de pesquisas, a objeção dificilmente tem fundamento. Também se as critica por fazerem perguntas tendenciosas, ou antes por enviesarem as perguntas ao formulá-las: isso já é mais verdadeiro, e acontece frequentemente de indu-

---

[29]. Apresentação feita no *Noroit* (Airas, jan./1972) e publicada no *Les Temps Modernes*, 318, jan./1973, p. 1.292-1.309.

zir-se a resposta através da forma de fazer a pergunta. Assim, por exemplo, transgredindo o preceito elementar da construção de um questionário que exige que se "dê uma oportunidade" a todas as respostas possíveis, omite-se frequentemente nas questões ou nas respostas propostas uma das opções possíveis, ou ainda se propõe várias vezes a mesma opção sob formulações diferentes. Existe toda sorte de vieses desse tipo e seria interessante interrogar-se acerca das condições sociais de aparecimento desses vieses. Na maioria das vezes eles se devem às condições nas quais as pessoas que produzem os questionários trabalham. Mas se devem sobretudo ao fato de que as problemáticas fabricadas pelos institutos de pesquisas de opinião estão subordinadas a uma demanda de um tipo particular. Assim, tendo empreendido a análise de uma grande pesquisa nacional sobre a opinião dos franceses concernente ao sistema educacional, pudemos averiguar, nos arquivos de um certo número de gabinetes de estudos, todas as perguntas concernentes ao ensino. Isso nos permitiu constatar que mais de duas centenas de perguntas sobre o sistema educacional foram feitas desde Maio de 1968, em comparação com menos de uma vintena entre 1960 e 1968. Isso significa que as problemáticas que se impõem a esse tipo de organismo estão profundamente ligadas à conjuntura e dominadas por um certo tipo de demanda social. A questão do ensino, por exemplo, só pode ser levantada por um instituto de opinião pública quando se torna um problema político. Vemos imediatamente a diferença que separa essas instituições dos centros de pesquisa que engendram suas problemáticas, senão em um céu puro, em todo caso com uma distância muito maior em relação à demanda social em sua forma direta e imediata.

Uma análise estatística sumária das perguntas feitas nos mostrou que a grande maioria delas estava diretamente ligada às preocupações políticas do "pessoal político". Se nos divertirmos hoje à noite jogando com papeizinhos e se eu lhe dissesse para escrever as cinco perguntas que lhe parecem as mais importantes em matéria de ensino, obteríamos seguramente uma lista muito diferente daquela que obtemos ao observarmos as perguntas que foram efetivamente feitas pelas pesquisas de opinião. A pergunta: "Deve-se introduzir a política nas escolas secundárias?" (ou variantes) foi feita muito frequentemente, enquanto a pergunta: "Deve-se modificar os programas?", ou "Deve-se modificar o modo de transmissão dos conteúdos?", muito raramente foi feita. Da mesma forma: "Deve-se reciclar os professores?" Tantas perguntas que são muito importantes, pelo menos de uma outra perspectiva.

As problemáticas propostas pelas pesquisas de opinião estão subordinadas a interesses políticos, e isso comanda muito fortemente tanto o significado das respostas quanto o significado que é dado à publicação dos resultados. A pesquisa de opinião, como se encontra atualmente, é um instrumento de ação política; sua função mais importante talvez consista em impor a ilusão de que existe uma opinião pública como um somatório puramente aditivo de opiniões individuais; em impor a ideia de que existe algo que seria como a média das opiniões ou a opinião média. A "opinião pública" que é manifestada nas primeiras páginas dos jornais sob a forma de porcentagens (60% dos franceses são favoráveis a...), essa opinião pública é um *artefato* puro e simples cuja função é dissimular que o estado da opinião em um momento dado é um sistema de forças, de tensões e que não há nada de mais inadequado para representar o estado da opinião do que uma porcentagem.

Sabemos que todo exercício de poder é acompanhado por um discurso que visa a legitimar o poder daquele que o exerce; pode-se mesmo dizer que é próprio de toda relação de poder não ter todo o seu poder senão na medida em que se dissimula como tal. Em suma, para falar de um modo simples, o político é aquele que diz: "Deus está conosco". O equivalente de "Deus está conosco" é hoje "a opinião pública está conosco". Esse é o efeito fundamental da pesquisa de opinião: constituir a ideia de que existe uma opinião pública unânime, e, portanto, legitimar uma política e fortalecer as relações de poder que a fundam ou a tornam possível.

Tendo dito no começo o que eu queria dizer no final, vou tentar indicar muito rapidamente quais são as operações pelas quais esse *efeito de consenso* é produzido. A primeira operação, que tem por ponto de partida o postulado segundo o qual todo mundo deve ter uma opinião, consiste em ignorar as não respostas. Por exemplo, vocês perguntam às pessoas: "Você é favorável ao governo Pompidou?" Vocês registram 30% de não respostas, 20% de sim, 50% de não. Vocês podem dizer: a parcela das pessoas que não são favoráveis é maior do que a parcela das pessoas favoráveis, e então há esse resíduo de 30%. Vocês também podem recalcular as porcentagens favoráveis e não favoráveis excluindo as não respostas. Essa simples escolha é uma operação teórica de uma importância fantástica sobre a qual eu gostaria de refletir com vocês.

Eliminar as não respostas significa fazer o que é feito em uma consulta eleitoral onde há votos em branco ou nulos; é impor à pesquisa de opinião a filosofia implícita da pesquisa eleitoral. Se olharmos de mais de perto, observamos que a taxa de não respostas é mais elevada de uma forma geral entre as mulheres do que entre os homens, que a diferença entre as mulheres e os homens é tanto mais elevada quanto os problemas colocados sejam de ordem mais propriamente política. Outra observação: quanto mais uma questão versa sobre problemas de saber, de conhecimento, maior é a diferença entre as taxas de não resposta dos mais instruídos e dos menos instruídos. Ao contrário, quando as questões versam sobre os problemas éticos, as variações de não respostas segundo o nível de instrução são pequenas. (Ex.: "Devemos ser severos com as crianças?") Outra observação: quanto mais uma pergunta suscita problemas conflituais, versa sobre um nó de contradições (seja uma pergunta sobre a situação na Checoslováquia para as pessoas que votam comunista), mais uma questão é geradora de tensões para uma determinada categoria, mais as não respostas são frequentes nessa categoria. Por conseguinte, a simples análise estatística das não respostas fornece uma informação sobre o que significa a questão e também sobre a categoria considerada, esta estando definida tanto pela *probabilidade* que lhe é atribuída *de ter uma opinião* quanto pela probabilidade condicional de ter uma opinião favorável ou desfavorável.

A análise científica das pesquisas de opinião mostra que praticamente não existem problemas *omnibus*; nenhuma pergunta que não seja reinterpretada em função dos interesses das pessoas às quais é feita, o primeiro imperativo sendo perguntar-se a qual pergunta as diferentes categorias de respondentes acreditaram responder. Um dos efeitos mais perniciosos da pesquisa de opinião consiste precisamente em intimar as pessoas a responder a perguntas que elas não se fizeram. Seja, por exemplo, as perguntas que giram em torno de problemas morais, seja perguntas sobre a severidade dos pais, as relações entre professores e alunos, a pedagogia diretiva ou não diretiva etc., problemas que são tanto mais percebidos como problemas éticos quanto mais se desce na hierarquia social, mas que podem ser problemas políticos para as classes superiores: um dos efeitos da pesquisa consiste em transformar respostas éticas em respostas políticas pelo simples efeito de imposição de problemática.

De fato, existem vários princípios a partir dos quais pode-se engendrar uma resposta. Há primeiro o que se pode chamar de *competência política* por referência a uma definição ao mesmo tempo arbitrária e legítima, isto é, dominante e dissimulada como tal, da política. Esta competência política não é universalmente difundida. Ela varia grosso modo como o nível de instrução. Em outras palavras, a probabilidade de ter uma opinião sobre todas as questões que envolvam um saber político é bastante comparável à probabilidade de ir ao museu. Observa-se diferenças fantásticas: onde um estudante envolvido em um movimento esquerdista percebe quinze divisões à esquerda do PSU, para um quadro médio não há nenhuma. Na escala política (extrema-esquerda, esquerda, centro-esquerda, centro, centro-direita, direita, extrema-direita etc.) que as pesquisas de "ciência-política" empregam como evidentes, certas categorias sociais utilizam intensamente um cantinho da extrema-esquerda; outras utilizam unicamente o centro, outras utilizam toda a escala. Finalmente, uma eleição é a agregação de espaços totalmente diferentes; adiciona-se pessoas que medem em centímetros com pessoas que medem em quilômetros, ou melhor, pessoas que classificam de 0 a 20 e pessoas que classificam entre 9 e 11. A competência é medida, entre outras coisas, pelo grau de sutileza de percepção (é a mesma coisa em estética, podendo alguns distinguir os cinco ou seis estilos sucessivos de um único pintor).

Essa comparação pode ser levada mais longe. Em matéria de percepção estética, há primeiro uma condição permissiva: é preciso que as pessoas pensem a obra de arte como uma obra de arte; em seguida, a tendo percebido como obra de arte, é preciso que tenham categorias de percepção para construí-la, estruturá-la etc. Suponhamos uma pergunta formulada assim: "Você é a favor de uma educação diretiva ou de uma educação não diretiva?" Para alguns, ela pode ser constituída como política, a representação das relações pais-filhos integrando-se em uma visão sistemática da sociedade; para outros, é uma pura questão de moral. Assim, o questionário que elaboramos e no qual perguntamos às pessoas se, para elas, é da política ou não fazer greve, ter cabelos longos, participar de um festival pop etc., faz aparecerem variações muito grandes segundo as classes sociais. A primeira condição para se responder adequadamente a uma questão política é, portanto, ser capaz de constituí-la como política; a segunda, tendo-a constituído como política, é ser capaz de aplicar-lhe categorias propriamente políticas que podem ser mais ou menos adequadas, mais ou menos refinadas etc. Estas são as condições específicas de produção de opiniões, aquelas que a pesquisa de opinião presume universalmente e uniformemente satisfeitas com o primeiro postulado segundo o qual todos podem produzir uma opinião.

O segundo princípio a partir do qual as pessoas podem produzir uma opinião, o que eu chamo de o "*ethos* de classe" (para não dizer "ética de classe"), isto é, um sistema de valores implícitos que as pessoas internalizaram desde a infância e a partir do qual engendram respostas para problemas extremamente diferentes. As opiniões que as pessoas podem trocar na saída de uma partida de futebol entre Roubaix e Valenciennes devem muito de sua coerência, de sua lógica, ao *ethos* de classe. Uma série de respostas, que são consideradas como respostas políticas, são na verdade produzidas a partir do *ethos* de classe e, ao mesmo tempo, pode ter um significado completamente diferente quando são interpretadas no terreno político. Devo aí fazer referência a uma tradição sociológica, difundida sobretudo entre certos sociólogos da política nos Estados Unidos, que falam muito comumente de um conservadorismo e de um autoritarismo das classes populares. Essas teses baseiam-se na comparação internacional de pesquisas ou de eleições que tendem a mostrar que cada vez que se interroga as classes populares, em qualquer país que seja, sobre problemas concernentes às relações de autoridade, a liberdade individual, a liberdade de imprensa etc., elas dão respostas mais "autoritárias" do que as outras classes; e geralmente conclui-se que haja um conflito entre os valores democráticos (no autor no qual estou pensando, Lipset, trata-se dos valores democráticos americanos) e os valores que as classes populares internalizaram, valores de tipo autoritário e repressivo. A partir daí, tiramos uma espécie de visão escatológica: elevamos o padrão de vida, elevamos o nível de instrução e, porquanto a propensão à repressão, ao autoritarismo etc., está ligada à baixa renda, aos baixos níveis de instrução etc., nós produziremos assim bons cidadãos da democracia americana. Na minha opinião, o que está em questão é o significado das respostas a certas perguntas. Suponhamos um conjunto de perguntas do seguinte tipo: Você é a favor da igualdade de gênero? Você é a favor da liberdade sexual dos cônjuges? Você é a favor de uma educação não repressiva? Você é a favor da nova sociedade? etc. Suponhamos um outro conjunto de perguntas do tipo: Será que os professores devem entrar em greve quando sua situação está ameaçada? Será que os professores devem ser solidários com outros funcionários nos períodos de conflito social? etc. Esses dois conjuntos de perguntas dão respostas de estrutura estritamente inversa em termos da classe social: o primeiro conjunto de questões, que concerne a um certo tipo de novação nas relações sociais, na forma simbólica das relações sociais, suscita respostas tão mais favoráveis quanto se ascenda na hierarquia social e na hierarquia segundo o nível de instrução; inversamente, as questões que versam sobre as transformações reais das relações de poder entre as classes suscitam respostas cada vez mais desfavoráveis à medida que se ascenda na hierarquia social.

Em suma, a proposição "As classes populares são repressivas" não é verdadeira nem falsa. É verdadeira na medida em que, diante de todo um conjunto de problemas, como os que tocam à moral doméstica e às relações entre as gerações ou entre os sexos, as classes populares tendem a se mostrar muito mais rigoristas do que outras classes sociais. Ao contrário, em questões de estrutura política, que põem em jogo a conservação ou a transformação da ordem social, e não mais somente a conservação ou a transformação dos modos de relação entre os indivíduos, as classes populares são muito mais favoráveis à novação, isto é, a uma transformação das estruturas sociais. Vocês veem como alguns dos problemas colocados em Maio de 1968, e frequentemente malcolocados, no conflito entre o partido comunista e os esquerdistas, se vinculam muito diretamente ao problema central que tentei colocar esta noite, aquele da natureza das respostas, isto é, do princípio a partir do qual elas são produzidas. A oposição que fiz entre estes dois grupos de questões se resume, com efeito, à oposição entre dois princípios de produção de opiniões: um princípio propriamente político e um princípio ético, sendo o problema do conservadorismo das classes populares o produto da ignorância dessa distinção.

O efeito da imposição de problemática, efeito exercido por toda pesquisa de opinião e por toda consulta política (a começar pela eleitoral), resulta do fato de que as perguntas feitas em uma pesquisa de opinião não são perguntas que se façam realmente a todas as pessoas consultadas e de que as respostas não são interpretadas em função da problemática em relação à qual as diferentes categorias de respondentes efetivamente responderam. Assim, *a problemática dominante*, cuja lista de perguntas feitas há dois anos pelos institutos de pesquisa fornece uma imagem, ou seja, a problemática que interessa essencialmente às pessoas que detêm o poder e que pretendem ser informadas sobre os meios de organizar sua ação política, é muito desigualmente controlada pelas diferentes classes sociais. E, mais importante, estas estão mais ou menos aptas a produzir uma contraproblemática. A propósito do debate televisionado entre Servan-Schreiber e Giscard d'Estaing, um instituto de pesquisa de opinião fizera perguntas do tipo: "Será que o sucesso escolar depende de dons, inteligência, trabalho, mérito?" As respostas recolhidas fornecem de fato uma informação (ignorada por aqueles que as produziram) sobre até que ponto as diferentes classes sociais têm consciência das leis da transmissão hereditária do capital cultural: adesão ao mito do dom e da ascensão pela escola, da justiça escolar, da equidade da distribuição de posições em função dos títulos etc., é muito forte nas classes populares. A contraproblemática pode existir para alguns intelectuais, mas não tem força social, embora tenha sido adotada por um certo número de partidos e de grupos. A verdade científica está sujeita às mesmas leis de difusão que a ideologia. Uma proposição científica é como uma bula papal sobre o controle de natalidade, só prega para convertidos.

Associa-se a ideia de objetividade em uma pesquisa de opinião ao fato de fazer a pergunta nos termos mais neutros a fim de dar todas as chances para todas as respostas. Na realidade, a pesquisa de opinião estaria, sem dúvida, mais próxima do que se passa na realidade se, transgredindo completamente as regras da "objetividade", se desse às pessoas os meios de se situarem como se situam realmente na prática real, isto é, em relação a opiniões já formuladas; se em vez de dizer, por exemplo, "Há pessoas favoráveis ao controle de natalidade e outras que são desfavoráveis; e você [...]", enuncia-se uma série de posicionamentos explícitos de grupos mandatados para constituir as opiniões e as divulgar, de forma que as pessoas possam se situar em relação a respostas já constituídas. Fala-se comumente de "tomada de posição"; há posições que já estão estabelecidas e se as *toma*. Mas não se as toma ao acaso. Toma-se as posições que se está predisposto a tomar em função da posição que se ocupa em um certo campo. Uma análise rigorosa visa a explicar as relações entre a estrutura das posições a tomar e a estrutura do campo das posições objetivamente ocupadas.

Se as pesquisas de opinião captam muito mal os estados virtuais da opinião e, mais exatamente, os movimentos de opinião, é, entre outras razões, porque a situação na qual apreendem as opiniões é completamente artificial. Nas situações nas quais se constitui a opinião, em particular nas situações de *crise*, as pessoas estão diante de opiniões constituídas, opiniões sustentadas por grupos, de modo que escolher entre opiniões é obviamente escolher entre grupos. Esse é o princípio do *efeito de politização* produzido pela crise: é preciso escolher entre grupos que se definem politicamente e definir posicionamentos cada vez mais em função de princípios explicitamente políticos. De fato, o que me parece importante, é que a pesquisa de opinião trata a opinião pública como uma mera soma de opiniões individuais, recolhidas em uma situação que no fundo é aquela da cabine de votação, onde o indivíduo vai furtivamente exprimir no isolamento uma opinião isolada. Nas situações reais, as opiniões são poderes e os relatórios de opiniões são conflitos de poder entre grupos.

Outra lei emerge dessas análises: quanto mais estamos interessados em um problema, ou seja, quanto mais temos interesse nele, mais temos opiniões acerca desse problema. Por exemplo, sobre o sistema educacional, a taxa de resposta está intimamente ligada ao grau de proximidade em relação ao sistema educacional, e a probabilidade de ter uma opinião varia em função da probabilidade de se ter poder sobre aquilo sobre o que se opina. A opinião que se afirma como tal, espontaneamente, é a opinião das pessoas cuja opinião tem peso, como se diz. Se um ministro da educação nacional agisse em função de uma pesquisa de opinião (ou pelo menos a partir de uma leitura superficial da pesquisa), ele não faria o que ele faz quando age realmente como um homem político, isto é, a partir dos telefonemas que recebe, da visita de tal líder sindical, de tal reitor etc. De fato, ele age em função dessas forças de opinião realmente constituídas que só despontam para a sua percepção na medida em que têm força, e em que têm força porque estão mobilizadas.

Tratando-se de prever o que será da universidade nos próximos dez anos, acho que a opinião mobilizada constitui a melhor base. Todavia, o fato, atestado pelas não respostas, de que as disposições de certas categorias não atingem o *status* de opinião, ou seja, de discurso constituído com pretensão à coerência, pretendendo ser ouvido, se impor etc., não deve levar à conclusão de que, em situações de crise, as pessoas que não tinham nenhuma opinião escolheriam ao acaso: se o problema for politicamente constituído por elas (problemas de salários, do ritmo de trabalho dos operários), elas escolherão em termos de competência política; trata-se de um problema que não é constituído politicamente por elas (repressão nas relações internas da empresa) ou se estiver em vias de ser constituído, elas serão guiadas pelo sistema de disposições profundamente inconsciente que orienta suas escolhas nos mais diferentes domínios, desde a estética ou o esporte até as preferências econômicas. A pesquisa de opinião tradicional ignora tanto os grupos de pressão quanto as disposições virtuais que podem não se exprimir sob a forma de discurso explícito. É por isso que é incapaz de engendrar a menor previsão razoável do que aconteceria em uma situação de crise.

Suponhamos um problema como o do sistema educacional. Alguém pode perguntar: "O que você acha da política de Edgar Faure?" Esta é uma pergunta muito próxima de uma pesquisa eleitoral, no sentido de que é a noite na qual todas as vacas são pretas: todo o mundo está de acordo grosso modo sem saber sobre o quê; sabe-se o que significava o voto unânime da lei Faure na Assembleia Nacional. Pergunta-se então: "Você é a favor da introdução da política nas escolas secundárias?" Observa-se aí uma clivagem muito clara. O mesmo vale quando se pergunta: "Será que os professores podem fazer greve?" Nesse caso, os membros das classes populares, por uma transferência de sua competência política específica, sabem o que responder. Pode-se ainda perguntar: "Será que os programas devem ser transformados? Você é a favor da monitoração contínua? Você é a favor da introdução de pais de alunos nos conselhos de professores? Você é a favor da supressão do concurso público para professor? etc." Sob a pergunta "Você é a favor de Edgar Faure?" havia todas essas perguntas e as pessoas se posicionavam subitamente sobre um conjunto de problemas que um bom questionário só poderia fazer mediante, pelo menos, sessenta perguntas a propósito das quais se observaria variações em todos os sentidos. Em um caso as opiniões estariam positivamente ligadas à posição na hierarquia social, no outro, negativamente, em certos casos muito fortemente, em outros casos, fracamente, ou mesmo de forma alguma. Basta pensar que uma consulta eleitoral representa o limite de uma pergunta como "Você é a favor de Edgar Faure?" para compreender que os especialistas em sociologia política possam notar que a relação que se observa habitualmente em quase todos os domínios da prática social entre a classe social e as práticas ou as opiniões é muito fraca quando se trata de fenômenos eleitorais, a tal ponto que algumas pessoas não hesitam em concluir que não há nenhuma relação entre a classe social e o fato de votar na direita ou na esquerda. Se vocês tiverem em mente que uma consulta eleitoral faz em uma única pergunta sincrética o que só se poderia razoavelmente apreender em duzentas perguntas, que uns medem em centímetros, outros em quilômetros, que a estratégia dos candidatos consiste em perguntar mal e jogar ao máximo com a dissimulação das clivagens para ganhar as vozes que flutuam, e tantos outros efeitos, vocês concluirão que talvez seja necessário fazer ao contrário a pergunta tradicional da relação entre o voto e a classe social e se perguntar como pode ser que se constate, malgrado toda uma relação, mesmo fraca; e se interrogar acerca da função do sistema eleitoral, instrumento que, por sua própria lógica, tende a atenuar os conflitos e as clivagens. O que é certo é que, estudando o funcionamento da pesquisa de opinião, pode-se ter uma ideia da maneira como funciona esse tipo particular de pesquisa de opinião que é a consulta eleitoral e do efeito que ela produz.

Em suma, eu queria mesmo dizer que a opinião pública não existe, pelo menos na forma que lhe conferem aqueles que têm interesse em afirmar sua existência. Eu disse que havia, por um lado, opiniões constituídas, mobilizadas, grupos de pressão mobilizados em torno de um sistema de *interesses* explicitamente formulados; e, por outro lado, disposições que, por definição, não são opinião se entendermos por isso, como o fiz ao longo desta análise, algo que pode ser formulado no discurso com uma certa pretensão à coerência. Esta definição de opinião não é a minha opinião sobre a opinião. É simplesmente uma explicitação da definição operada pelas pesquisas de opinião ao pedir às pessoas que se posicionem acerca das opiniões formuladas e ao produzirem, por uma simples agregação estatística de opiniões assim produzidas, esse artefato que é a opinião pública. Estou simplesmente dizendo que a opinião pública, na acepção implicitamente admitida por aqueles que fazem pesquisas de opinião ou utilizam seus resultados, essa opinião não existe.

Cultura e política[30]

Eu desejo muito escapar do ritual da conferência, e considero o que vou dizer como uma espécie de oferta, esperando que, em função dessa oferta que eu vou fazer, se defina uma demanda e façamos negócio.

Uma das dificuldades na comunicação entre o sociólogo e seus leitores se deve ao fato de que estes são apresentados a um produto acerca do qual muitas vezes eles sabem muito pouco como foi produzido. Ora, o conhecimento das condições de produção do produto faz parte, em rigor, das condições para uma comunicação racional do resultado da ciência social. Os leitores lidam com um produto acabado, que lhes é dado em uma ordem que não era a da descoberta (no que tende a se aproximar de uma ordem dedutiva, o que amiúde vale para o sociólogo ser suspeito de ter produzido suas teorias totalmente armadas e de ter encontrado em seguida algumas validações empíricas para ilustrá-las). O produto acabado, o *opus operatum*, esconde o *modus operandi*. O que circula entre a ciência e os não especialistas, ou mesmo entre uma ciência e os especialistas das outras ciências (penso, p. ex., na linguística na época em que ela dominava as ciências sociais), o que os grandes órgãos de celebração veiculam, são, na melhor das hipóteses, os resultados, mas nunca as operações. Nunca se entra nas cozinhas da ciência. É claro que não posso oferecer aqui um filme real da pesquisa que me levou ao que vou lhes contar. Vou tentar apresentar-lhes um filme acelerado e um tanto quanto adulterado, mas com a intenção de dar uma ideia da maneira como o sociólogo trabalha.

Depois de Maio de 68, com a intenção de estudar os conflitos dos quais o sistema educacional é o lugar e a questão, come-

---

30. Exposição feita na Universidade de Grenoble em 29 de abril de 1980.

cei a analisar todas as pesquisas que haviam sido realizadas por institutos de pesquisa acerca do sistema educacional, e, simultaneamente, os resultados de uma pesquisa sobre as transformações desejadas no sistema escolar que haviam sido utilizados pela imprensa. A informação mais interessante fornecida por esta pesquisa foi a estrutura da população dos entrevistados, distribuída segundo a classe social, o nível de instrução, o sexo, a idade etc.: por exemplo, a probabilidade que as diferentes classes tinham de responder a essa pesquisa correspondia estritamente às suas chances de ter acesso ao ensino superior. Sendo a resposta a esse questionário pensada na lógica da petição, a amostra espontânea dos entrevistados não era outra coisa senão um grupo de pressão composto de pessoas que se sentiam legitimadas a responder porque eram os detentores do direito ao sistema escolar. Essa população que não era representativa, no sentido estatístico do termo, era muito representativa do grupo de pressão que *de facto* iria orientar o desenvolvimento futuro do sistema escolar. Assim, deixando de lado as informações que essa pesquisa trouxe sobre o sistema escolar, as relações de poder entre os grupos que pretendiam orientar sua transformação etc., poderíamos nos concentrar nas características distintivas dos entrevistados que, pelo fato de se terem determinado a responder em função de sua relação particular com o objeto do interrogatório, diziam antes de tudo: Estou interessado no sistema escolar e sou interessante para o sistema escolar, eles devem me escutar.

Nessa lógica, fui levado a considerar de outra maneira as não respostas que são um pouco para as pesquisas por amostragem o que as abstenções são para as consultas eleitorais, um fenômeno tão normal na aparência que nos omitimos em questionar lhe o significado. O fenômeno da abstenção é uma dessas coisas que todo mundo conhece, sobre o qual todo mundo fala e que os "politólogos", adotando um ponto de vista puramente *normativo*, deploram ritualmente como um obstáculo ao bom funcionamento da democracia, sem levá-lo verdadeiramente a sério. Ora, se tivermos em mente o que ensina a análise da estrutura (segundo diferentes variáveis) de uma amostra espontânea, vemos imediatamente que, no caso de uma amostra representativa, as não respostas (que, para certas questões, às vezes atinge taxas superiores às respostas, pondo em questão a representatividade estatística destas) encerra uma informação muito importante que eliminamos pelo simples fato de recalcular as porcentagens de não respostas excluídas.

Todo grupo ao qual se apresenta um problema é caracterizado por uma probabilidade de ter uma opinião, e, tendo uma opinião, uma *probabilidade condicional*, isto é, de segunda ordem e, por conseguinte, totalmente segunda, secundária, de ter uma opinião positiva ou negativa. Tendo em mente o que se inferia da análise da amostra espontânea dos respondentes à pesquisa sobre o sistema escolar, podemos ver na probabilidade de responder característica de um grupo ou de uma categoria (p. ex., os homens em relação às mulheres, a população urbana em relação à provinciana) uma medida do seu "sentimento" de ser ao mesmo tempo autorizado e apto a responder, de ser um respondente legítimo, de ter voz ativa. O mecanismo segundo o qual a opinião é expressa, a começar pelo voto, é um mecanismo censitário velado.

Mas primeiro seria preciso se interrogar acerca dos fatores que determinam as pessoas interrogadas a responder ou a "se abster" (mais do que a escolher entre uma resposta e outra). As variações constatadas na taxa de não resposta poderiam se dever a duas coisas: às propriedades dos respondentes ou às propriedades da questão. Levar a sério as não respostas, as abstenções, os silêncios, por uma constatação que é de fato uma construção de objeto, é perceber de antemão que a informação mais importante que uma pesquisa oferece a propósito de um grupo não é a taxa de sim ou de não, a taxa de a favor ou contra, mas a taxa de não respostas, ou seja, a probabilidade, para esse grupo, *de ter uma opinião*. No caso das pesquisas (que obedecem a uma lógica muito semelhante à do voto), dispõe-se das informações necessárias para analisar os fatores que determinam essa probabilidade, sob a forma de taxas de não resposta segundo diferentes variáveis, sexo, nível de instrução, profissão e problema colocado. Observa-se assim que as mulheres se abstêm mais frequentemente do que os homens, e que a diferença entre homens e mulheres, para resumir, é tanto maior quanto mais políticas, no sentido comum da palavra, forem as questões, isto é, quanto mais recorrerem a uma cultura específica, como a história do campo político (como, p. ex., o conhecimento dos nomes dos políticos do passado ou do presente), ou à problemática própria dos profissionais (como, p. ex., os problemas constitucionais ou os problemas de política externa, sendo este o caso-limite, no qual a taxa de não respostas é enorme: Você acha que existe uma relação entre o conflito do Vietnã e o conflito de Israel?). Por outro lado, temos problemas morais (como: Deve-se dar a pílula às meninas antes dos 18 anos? etc.) onde as diferenças entre os homens e as mulheres desaparecem. A segunda variação fortemente significativa é que as taxas de não resposta também estão fortemente correlacionadas com o nível de instrução: quanto mais se sobe na hierarquia social, mais diminui a taxa de não respostas, tudo o mais permanecendo o mesmo. Terceira correlação, mas que é parcialmente redundante com a precedente: as taxas de não respostas estão fortemente correlacionadas com a classe social (ou a categoria socioprofissional, pouco importa); elas também estão fortemente correlacionadas com a oposição província-Paris. Em suma, grosso modo a taxa de não respostas varia em consequência direta da posição nas diferentes hierarquias.

Isso parece querer dizer que quanto mais política for a questão e quanto menos competentes politicamente as pessoas forem maior será a probabilidade de elas se absterem. Mas é uma simples tautologia. De fato, é preciso questionar o que é ser competente. Por que as mulheres são menos competentes tecnicamente do que os homens? A sociologia espontânea dará imediatamente vinte explicações: elas têm menos tempo, fazem as tarefas domésticas, são menos interessadas. Mas por que elas são menos interessadas? Porque têm menos competência, a palavra sendo tomada desta vez não no sentido técnico, mas no sentido *jurídico* do termo, como diz-se de um tribunal. Ter competência é ter o direito e o dever de lidar com alguma coisa. Em outras palavras, a verdadeira lei que está escondida sob essas correlações aparentemente inócuas é que a competência política e técnica, como todas as competências, é uma competência social. Isso não significa que a competência técnica não exista, mas significa que a propensão a adquirir o que se chama competência técnica é tanto maior quanto mais competente socialmente a pessoa seja, isto é, quanto mais reconhecida socialmente como digna, e, portanto, obrigada a adquirir esta competência.

Esse círculo, que, reitero, tem ares de pura tautologia, é a forma por excelência da ação propriamente social que consiste em produzir diferenças onde não havia nenhuma. A magia social pode transformar as pessoas pelo fato de lhes dizer que são diferentes; é o que fazem os concursos (o 300º ainda é alguma coisa, o 301º não é coisa alguma); em outras palavras, o mundo social constitui diferenças pelo fato de as designar. (A religião que, segundo Durkheim, é definida pela instauração de uma fronteira entre o sagrado e o profano, é apenas um caso particular de todos os atos de instituição de *fronteiras* pelos quais são instauradas diferenças de *natureza* entre realidades "na realidade" separadas por diferenças infinitesimais, por vezes inapreensíveis.) Os homens são mais competentes tecnicamente porque a política é da sua competência. A diferença entre os homens e as mulheres que aceitamos como evidente, porque é encontrada em todas as práticas, está baseada em uma demonstração de força social, em uma atribuição de competência. A divisão do trabalho entre os sexos atribui ao homem a política, dado que lhe atribui o lado de fora, o lugar público, o trabalho remunerado fora de casa etc., enquanto dedica a mulher ao interior, ao trabalho obscuro, invisível, e também à psicologia, ao sentimento, à leitura de romances etc. De fato, as coisas não são tão simples e a diferença entre os sexos varia segundo a classe e a fração de classe, sendo as propriedades atribuídas a cada sexo especificadas em cada caso. Assim, por exemplo, quando, no espaço social de duas (na verdade, três) dimensões que construí em *A distinção*, vamos de baixo para cima, e para a esquerda, na direção das frações da classe dominante mais ricas em capital cultural e mais pobres em capital econômico, isto é, os intelectuais, a diferença entre os sexos tende a desaparecer: por exemplo, entre os professores, a leitura do *Monde* é mais ou menos tão frequente entre as mulheres quanto entre os homens. Ao contrário, quando subimos, mas para a direita do espaço, em direção à burguesia tradicional, a diferença também diminui, mas muito menos fortemente. E tudo tende a confirmar que as mulheres situadas do lado do polo intelectual, cuja competência política é socialmente reconhecida, têm, em matéria de política, disposições e competências que diferem infinitamente menos daquelas de homens correspondentes, mas que não diferem daquelas de mulheres de outras frações de classe ou de outras classes.

Podemos assim admitir que aqueles que são socialmente designados como competentes são tecnicamente competentes, e que basta designar alguém como competente para lhe impor uma propensão a adquirir a competência técnica que, em contrapartida, baseia a sua competência social. Essa hipótese também vale para dar conta dos efeitos do capital escolar. Devo fazer aqui uma digressão. Observa-se em todas as pesquisas uma correlação muito forte entre o capital escolar medido pelos títulos escolares e competências em domínios que o sistema escolar não ensina de maneira alguma, ou que finge ensinar, como a música, a história da arte etc. Não podemos recorrer à explicação direta pela inculcação. De fato, entre os efeitos mais ocultos, mais secretos do sistema escolar, existe o que eu chamo de efeito de atribuição estatutária, o efeito de *noblesse oblige*, que o sistema escolar desempenha constantemente através do efeito de alocação (o fato de colocar alguém em uma classe nobre, a segunda C hoje em dia, a soma de ser nobre, de estar à altura da classe que lhe é atribuída). E os títulos escolares, especialmente, claro, os mais prestigiosos, agem segundo a mesma lógica: eles designam seus titulares para classes que exigem que tenham "classe". O fato de ser designado como academicamente competente, e, portanto, socialmente competente, "implica", por exemplo, a leitura do *Monde*, a frequentação de museus, a compra de um canal e, é claro, o que nos concerne aqui, a aquisição de uma competência política. Estamos de fato lidando com um outro efeito desse tipo de poder mágico de distinguir as pessoas pelo fato de dizer *com autoridade* que elas são diferentes, *distintas*; ou melhor, pela própria lógica de instituições como a nobreza ou a academia que constituem as pessoas como diferentes e produzem nelas diferenças permanentes, sejam externas e destacáveis da pessoa como os galões, ou inscritas na própria pessoa, como uma certa maneira de falar, um certo sotaque ou o que se costuma chamar de *distinção*. Em suma, onde se poderia dizer ingenuamente que as pessoas são tanto mais sábias em política, tanto mais competentes em política quanto mais elas forem instruídas, é preciso dizer, na minha opinião, que aquelas que são socialmente designadas como competentes, como tendo o direito-dever da política, têm maiores chances de se tornarem o que são, de se tornarem o que se lhes diz serem, isto é, competentes em política.

Um mecanismo como o que acabei de descrever faz com que algumas pessoas se eliminem do jogo político (como se eliminam do sistema escolar, dizendo que não as interessa); e com que aquelas que se eliminam *espontaneamente* sejam praticamente aquelas que os dominantes eliminariam se pudessem. (Sabemos que os regimes censitários do passado eliminavam juridicamente as pessoas que não tinham voz ativa, porque não tinham títulos de propriedade, títulos escolares ou títulos de nobreza.) Mas o sistema censitário que conhecemos está velado, o que faz toda a diferença. Essas pessoas que se eliminam o fazem em grande medida porque não reconhecem a própria competência para fazer política. A representação social da competência que lhes é socialmente atribuída (em particular pelo sistema escolar que se tornou um dos principais agentes de atribuição de competência) torna-se uma disposição inconsciente, um gosto. Aqueles que se eliminam colaboram de alguma forma para a sua própria eliminação, tacitamente reconhecida como legítima por aqueles dos quais são vítimas.

Assim, a probabilidade de responder a uma questão objetivamente política (e muito desigualmente percebida como tal segundo as próprias variáveis que determinam as chances de responder) está ligada a um conjunto de variáveis bastante semelhantes àquela que controla o acesso à cultura. Em outras palavras, as chances de produzir uma opinião política são mais ou menos distribuídas como as chances de ir ao museu. Mas nós também vimos que os fatores de diferenciação das chances de responder a quaisquer perguntas que sejam jogam com tanto mais força quanto mais essas questões sejam formuladas em uma linguagem mais política, isto é, para me fazer compreender, em uma linguagem mais "Ciências Políticas". Em outras palavras, a diferença entre homens e mulheres e, sobretudo, entre os mais instruídos e os menos instruídos é particularmente grande quando se lida com questões do estilo Sciences Po ou ENA (do gênero: Você acha que a ajuda aos países em via de desenvolvimento deve crescer com o PIB?).

O que isso quer dizer? Para produzir uma resposta para a pergunta "os amigos dos meus amigos são meus amigos?", eu posso, como Pierre Greco observa, seja pensar em meus amigos concretos (Será que os fulanos são verdadeiramente amigos dos sicranos ou não?), seja recorrer ao cálculo lógico, o que vocês fariam muito facilmente. (É a maneira de responder que o sistema escolar exige: responde-se sem pensar muito.) Vemos que essas duas maneiras de responder são solidárias com duas relações diferentes com a linguagem, com as palavras, com o mundo, com os outros. As questões "propriamente políticas" são questões às quais é preciso responder segundo o modo do cálculo lógico. São questões que exigem a postura "pura", aquela exigida pelo sistema escolar, exigida pelo uso acadêmico da linguagem. Platão diz em algum lugar: "Opinar é falar". Há na definição de opinião algo implícito, de que nos esquecemos porque somos produtos de um sistema no qual é preciso falar (frequentemente para falar, às vezes para não dizer nada) se quisermos sobreviver. A opinião, tal como eu implicitamente a defini até agora é uma opinião verbalizada-verbalizável, produzida em resposta a uma questão explicitamente verbalizada, de um modo tal que a resposta supõe uma relação com a linguagem neutralizada neutralizante. Para responder a uma questão de ciência política do estilo daquela que eu mencionei há pouco (será que existe alguma relação entre a guerra de Israel etc.), é preciso ter uma postura análoga àquela que, por exemplo, a dissertação exige, uma disposição que também é pressuposta por uma série de condutas, como o fato de olhar para uma pintura interessando-se pela forma, pela composição, em lugar de considerar somente a coisa representada. O que significa que, perante a opinião definida como palavra e como palavra supondo essa relação neutralizante-neutralizado para com o objeto, pode haver desigualdades do mesmo tipo que perante a obra de arte sem que, no entanto, se possa concluir que aqueles que não sabem opinar, no sentido de falar, não tenham algo que eu não possa nomear opinião política, porquanto a opinião supõe o discurso, e que eu chamaria de senso político.

Por exemplo, sobre o problema das classes sociais, os entrevistados podem se mostrar totalmente incapazes de responder à questão da existência de classes sociais ou mesmo de sua própria posição no espaço social (Você faz parte das classes inferiores, médias ou superiores?), tendo um senso de classe absolutamente infalível: embora não possam tematizar, objetivar sua posição, toda a sua atitude em relação ao investigador é comandada por um senso de distância social que diz exatamente onde estão e onde está o investigador e qual é a relação social entre eles. Eis um exemplo que me vem à mente: um sociólogo americano observou que a probabilidade de falar de política para alguém era tanto maior quanto mais próximas fossem as opiniões políticas dessa pessoa. Como as pessoas fazem para saber que aquelas às quais vão falar de política têm as mesmas opiniões políticas que elas? Este é um belo exemplo de senso prático. Há análises maravilhosas de Goffman sobre os encontros entre desconhecidos e todo o trabalho que as pessoas fazem para diagnosticar o que podemos dizer e o que não podemos dizer, até onde podemos ir, e assim por diante. Em caso de incerteza, pode-se ainda falar de chuva e de bom tempo, o assunto menos conflituoso que existe. O sociólogo lida com pessoas que, na prática, sabem melhor do que ele o que ele procura saber: quer se trate de patrões ou subproletários, ele deve explicitar coisas que as pessoas sabem perfeitamente, mas de outro modo, isto é, sem verdadeiramente sabê-lo. Muitas vezes ele não encontra nenhuma utilidade no que as pessoas dizem do que fazem e do que sabem. O senso de orientação política pode comandar certas escolhas políticas práticas sem atingir o discurso, e será desconcertado, transtornado pelas situações nas quais seria necessário responder no nível do discurso. (É por isso que, salvo em matéria de eleições, as pesquisas de opinião são muito pouco preditivas, porque não conseguem apreender as coisas que não são linguisticamente constituídas.) Isso significa que, contrariamente ao que se pode acreditar, aqueles que se abstêm, que não respondem ou que respondem meio ao acaso (tudo parece indicar que a probabilidade de que a escolha de uma das respostas propostas seja aleatória é tanto maior quanto maior seja a taxa de não resposta da categoria) não estão disponíveis para nenhuma ação. (Isso ainda seria uma ilusão de intelectual.) Eles são reduzidos ao que os teólogos da Idade Média chamavam com uma palavra maravilhosa: a *fides implicita*, a fé implícita, uma fé que está aquém do discurso, reduzida ao sentido prático. Como escolhem? As classes mais desprovidas da capacidade de opinião, aquelas reduzidas à *fides implicita*, fazem escolhas em dois graus. Se lhes dissermos: você acha que existe uma relação entre isso e aquilo, elas não sabem, mas delegam a uma instância de sua escolha a tarefa de escolher por elas. Este é um fato social muito importante. Todas as igrejas adoram a *fides implicita*. Na ideia de *fides implicita* existe a ideia de entrega de si.

A política pode ser descrita por analogia com um fenômeno de mercado, de oferta e demanda: um corpo de profissionais da política, definido como detentor do monopólio de fato da produção de discursos reconhecidos como políticos, produz um conjunto de discursos que são oferecidos a pessoas dotadas de um gosto político, isto é, de uma capacidade muito desigual de discernir entre os discursos oferecidos. Esses discursos serão recebidos, compreendidos, percebidos, selecionados, escolhidos, aceitos, em função de uma competência técnica e, mais precisamente, de um sistema de classificação cuja acuidade e sutileza de diferenciação variará em função das variáveis que definem a competência social. Não podemos compreender o efeito propriamente simbólico dos produtos oferecidos se os pensarmos como diretamente suscitados pela demanda ou inspirados por uma espécie de transação direta ou de negociação consciente com o público. Quando se diz de um jornalista que ele é o escritor prolífico e medíocre do episcopado ou o servo do capitalismo, formula-se a hipótese de que ele busca conscientemente o ajuste às expectativas de seu público, e que visa a satisfazê-las diretamente. De fato, a análise dos universos de produção cultural, quer se trate de críticos de teatro e cinema ou de jornalistas políticos, do campo intelectual ou do campo religioso, mostra que os produtores não produzem – e, em todo caso, muito menos do que se pensa – por referência ao seu público, mas por referência aos seus concorrentes. Mas ainda é ainda uma descrição demasiado finalista, que poderia fazer crer que escrevem com a preocupação consciente de se distinguirem. De fato, eles produzem muito mais em função da posição que ocupam em um certo espaço de concorrência. Pode-se, por exemplo, mostrar que, neste espaço de concorrência, os partidos, como os jornais, são constantemente impulsionados por duas tendências antagônicas, uma que os leva a acentuar as diferenças, mesmo artificialmente, para se distinguirem, para serem perceptíveis para pessoas dotadas de um certo sistema de classificação (p. ex., RPR, UDF), a outra que os leva a estender sua base anulando as diferenças.

Então, do lado da produção, temos um espaço de concorrência que tem sua lógica autônoma, sua história (seu Congresso de Tours, p. ex.) e é muito importante, porque na política como na arte você não consegue compreender as últimas estratégias se você não conhece a história do campo que é relativamente autônoma em relação à história geral. Do outro lado, do lado do consumo, temos um espaço de clientes que vão perceber e apreciar os produtos oferecidos em função de categorias de percepção e de apreciação que variam segundo diferentes variáveis. O estado da distribuição de opiniões políticas em um dado momento é assim o encontro de duas histórias relativamente independentes: é o encontro de uma oferta elaborada em função, não da demanda, mas das restrições próprias de um espaço político que tem a sua própria história, e de uma demanda que, embora seja o produto de todas as histórias singulares nas quais as disposições políticas foram constituídas, se organizam segundo uma estrutura homóloga.

Há um ponto ao qual eu gostaria de voltar rapidamente porque o mencionei de forma muito elíptica e porque pode gerar confusão, é o problema da relação entre os partidos, e em especial o Partido Comunista, e a *fides implicita*. Tudo parece indicar que quanto mais um partido situado no espaço relativamente autônomo de produção de opiniões encontra uma parte importante de sua clientela no setor do espaço de consumidores dedicado à *fides implicita*, mais ele terá, por assim dizer, as mãos livres e mais sua história será uma história relativamente autônoma. Quanto mais uma categoria social é desprovida (podemos tomar o limite, ou seja, as mulheres OS – aliás majoritárias na categoria –, provinciais, iletradas, que não têm nenhuma competência estatutária, e, ao mesmo tempo, quase nenhuma competência técnica), mais ela está, em relação ao seu partido, ao partido de sua escolha, em um estado de absoluta entrega de si. Segue-se que, tratando-se de um partido situado no espaço relativamente autônomo dos partidos, suas estratégias terão a liberdade de se determinar tão mais completamente em função das necessidades da concorrência com os outros partidos (os eventos recentes fornecem uma prova empírica suficientemente óbvia para que eu tenha necessidade de argumentar) que a parte em sua clientela daqueles que lhe deram de uma vez por todas um cheque em branco é maior. Eis o que deveria ser levado em consideração nas análises dos fenômenos de burocratização dos partidos revolucionários, quer se trate do Partido Comunista Francês ou do Partido Comunista da União Soviética. (Também se deveria levar em conta, certamente, a lógica específica da *delegação*, que tende a desapossar em proveito dos profissionais, dos permanentes, aqueles que não se entregavam totalmente.) Isto significa que as leis de ferro das oligarquias, isto é, a tendência do poder, mesmo revolucionário, a se concentrar nas mãos de alguns, tendência que os neomaquiavélicos apresentam como uma fatalidade das burocracias políticas, é formidavelmente favorecida por esta relação de *fides implicita*.

É por isso que devo mencionar rapidamente, para concluir, o problema das condições da passagem ao estado explícito do senso político prático. Labov mostrou que os operários, nos Estados Unidos, têm uma resistência muito forte à aculturação em matéria de pronúncia, porque, diz ele, eles inconscientemente associam o seu sotaque de classe à sua virilidade. Como se o seu senso de classe fosse alojar-se no fundo da garganta, como se certo modo gutural, dito viril, de falar, fosse uma recusa totalmente inconsciente do modo de elocução dominante, uma defesa da identidade da classe trabalhadora que também pode se alojar em uma forma de encolher os ombros etc. (Isso terá um papel muito importante na escolha dos delegados: os delegados CGT têm uma aparência peculiar e sabemos que, nas relações entre esquerdistas e comunistas, os índices corporais, os cabelos compridos ou curtos e o estilo de vestuário desempenham um papel muito importante.) Há, portanto, esse senso de classe, muito profundamente entranhado no corpo, relação com o corpo que é uma relação com a classe, e então há o que é chamado de consciência e tomada de consciência. É um dos terrenos prediletos da fabulação populista. Desde o início, no próprio Marx, o problema da tomada de consciência foi colocado um pouco como se colocam os problemas da teoria do conhecimento. Acredito que o que eu disse esta noite ajuda a colocar esse problema de maneira um pouquinho mais realista sob a forma do problema da passagem desses tipos de disposições profundas, corporais, nas quais a classe é vivida sem se tematizar como tal, a modos verbais e não verbais de expressão (esta é a manifestação). Haveria toda uma análise a ser feita das maneiras de um grupo se constituir como grupo; de constituir sua identidade, de simbolizar-se a si mesmo; de passar de uma população operária a um movimento operário, ou a uma classe operária. Essa passagem que supõe a *representação* no sentido de delegação, mas também no sentido do teatro, é uma alquimia muito complicada na qual o efeito próprio da oferta linguística, da oferta de discursos já constituídos e de modelos de ação coletiva (como a manifestação, a greve etc.) desempenham um papel muito importante. Isso se vê na pesquisa por amostragem. Quando os mais desfavorecidos têm que escolher entre várias respostas "pré-formadas", eles podem sempre designar uma das opiniões já formuladas (fazendo, assim, esquecer o essencial, a saber, que não seriam necessariamente capazes de formulá-la, sobretudo nos termos propostos). Embora disponham de indícios que lhes permitem reconhecer a resposta "certa" ou de instruções que lha designam, eles podem até mesmo designar a mais conforme às suas afiliações políticas declaradas. Caso contrário, estão condenados ao que eu chamo de *allodoxia*, isto é, o fato de tomar uma opinião por outra, como de longe se toma uma pessoa por outra (o equivalente a isso, no domínio alimentar, leva a tomar peras por maçãs, corino por couro ou valsas de Strauss por música clássica). Eles são constantemente expostos a se enganar quanto à qualidade do produto porque escolhem com um senso de classe onde uma consciência de classe se faz necessária. Pode-se escolher um político por sua (boa) cara, embora devesse ser escolhido por suas palavras. O efeito da *allodoxia* se deve, em parte, ao fato de os produtores de opiniões manipularem inconscientemente os *habitus* de classe, por comunicações instauradas entre corpos de classe, sem passar pela consciência, nem no emissor nem no receptor: acontece assim que um desfiladeiro de classe fala a um desfiladeiro de classe. O que apresento aqui é obviamente problemático, não é, de maneira alguma, a última palavra: quero mostrar simplesmente que geralmente colocamos esses problemas de uma maneira ao mesmo tempo demasiado abstrata e demasiado simples.

Em todo o caso, e esta será a minha última palavra, é somente sob a condição de levar a sério esses fatos que, evidentemente, passam por *insignificantes*, dessas coisas banais que a maioria daqueles que professam falar ou pensar o mundo social consideraria indignas de seu olhar, que se poderia chegar a construir modelos teóricos ao mesmo tempo muito gerais e não "vazios", como aquele que propus aqui para dar conta da produção e do consumo de opiniões políticas e que também vale para os outros bens culturais.

A greve e a ação política[31]

A greve não é um desses objetos "pré-construídos" aos quais os pesquisadores se sujeitam? Haveremos de convir, em primeiro lugar, que a greve só faz sentido se for ressituada no campo das lutas trabalhistas, estrutura objetiva de relações de poder definida pela luta entre trabalhadores, da qual é a arma principal, e empregadores, com um terceiro ator – que talvez não seja um –, o Estado.

Encontramos então o problema (diretamente colocado pela noção de greve geral) do grau de unificação desse campo. Eu gostaria de oferecer-lhes uma formulação mais geral, referindo-me a um artigo do economista americano O.W. Phelps: contra a teoria clássica, que concebe o mercado de trabalho como um conjunto unificado de transações livres, Phelps observa que não existe um mercado único, mas *mercados de trabalho*, que têm as suas próprias estruturas, entendendo por isso "o conjunto dos mecanismos que regem de maneira permanente a questão das diferentes funções de emprego – recrutamento, seleção, atribuição e remuneração – e que, podendo ter origem na lei, no contrato, no costume ou na política nacional, têm por função principal determinar os direitos e os privilégios dos empregados e introduzir regularidade e previsibilidade na gestão de pessoal e em tudo o que concerne ao trabalho. Será que a tendência histórica não é à transição progressiva de mercados de trabalho (i. é, de campos de luta) locais para um mercado de trabalho mais integrado, no qual os conflitos locais têm chances de desencadear conflitos mais vastos?

Quais são os fatores de unificação? Podemos distinguir fatores econômicos e fatores propriamente "políticos", a saber, a

---

31. Comunicação apresentada na "conclusão" da segunda mesa-redonda sobre a História Social Europeia, organizada pela Maison des Sciences de l'Homme, em Paris, 02-03/05/1975.

existência de um aparelho de mobilização (sindicatos). Supomos incessantemente aqui que existe uma relação entre a unificação dos mecanismos econômicos e a unificação do campo de luta; e também uma relação entre a unificação dos aparelhos de luta e a unificação do campo de luta. De fato, tudo parece sugerir que a "nacionalização" da economia favorece o desenvolvimento de aparelhos nacionais, cada vez mais autônomos em relação à sua base local, o que favorece a generalização dos conflitos locais. Até que ponto existe uma autonomia relativa dos aparelhos políticos de luta e em que medida o efeito de unificação é imputável à ação unificadora desses aparelhos? Será que o fato de toda greve desencadeada poder se generalizar (evidentemente com mais ou menos chances segundo o setor, mais ou menos estratégica – ou simbólica – do aparelho econômico onde ela se situa) não nos inclina a superestimar a unificação objetiva desse campo? Pode ser que essa unificação seja muito mais voluntarista, mais imputável às organizações do que a solidariedades objetivas. Um dos maiores problemas do futuro poderia ser a lacuna entre o caráter *nacional* das organizações sindicais e o caráter *internacional* das empresas e da economia.

Mas pode-se, a propósito de cada estado do campo, interrogar-se acerca de seu grau de fechamento e perguntar-se, por exemplo, se o centro real da existência da classe operária está no campo ou fora do campo: o problema se coloca, por exemplo, no caso de um mundo operário ainda fortemente ligado ao mundo camponês, ao qual retorna ou no qual coloca sua renda; ou, *a fortiori*, no caso de um subproletariado estrangeiro, como hoje na Europa. Ao contrário, toda a população operária pode ser fortemente desligada do mundo exterior e ter *todos os seus interesses* no campo da luta. E pode-se ainda registrar variações segundo esse desligamento tenha se operado *na geração* ou *há várias gerações*.

A antiguidade de entrada no campo mede a duração do que pode ser chamado de processo de *operarização* ou *enfabricação* (se quisermos aceitar este conceito um pouco bárbaro, forjado no modelo da noção de *asilização* elaborado por Goffman para designar o processo pelo qual as pessoas, nas prisões, nos quartéis e em todas as "instituições totais" se adaptam pouco a pouco à instituição e, de certa forma, se acomodam), isto é, o processo pelo qual os trabalhadores se apropriam de sua empresa, e são apropriados por ela, se apropriam de seu instrumento de trabalho e são apropriados por ele, se apropriam de suas tradições operárias e são apropriados por elas, se apropriam de seu sindicato e são apropriados por ele etc. Nesse processo, podemos distinguir vários aspectos: o primeiro, totalmente negativo, consiste na renúncia às questões externas. Essas questões podem ser reais: são os trabalhadores emigrados que enviam seu dinheiro para a família, compram terras ou equipamentos agrícolas ou lojas; eles podem ser imaginários, mas não menos eficazes: são esses trabalhadores emigrados que, embora tenham gradualmente perdido toda a esperança real de voltar para casa, permanecem *em trânsito* e, assim, não estão nunca completamente "operarizados". Então, os trabalhadores podem, qualquer que seja o estado de seus liames externos, se identificar com a sua posição no campo de luta, desposar totalmente os interesses que se encontram associados a ela, sem mudar suas disposições profundas: assim, como observa Hobsbawm, camponeses recém-chegados à fábrica podem entrar em lutas revolucionárias sem perder nada de suas disposições camponesas. Em outro estágio do processo, eles podem se encontrar modificados em suas disposições profundas pelas leis objetivas do meio industrial, eles podem aprender as regras de conduta que é preciso respeitar – em matéria de cadências, por exemplo, ou de solidariedade – para ser aceito, eles podem aderir a valores coletivos – como o respeito pelo instrumento de trabalho – ou ainda assumir a história coletiva do grupo, suas tradições, em particular de luta etc. Eles podem finalmente integrar-se ao *mundo operário organizado*, perdendo na ordem da revolta que pode ser chamada de "primária", aquela dos camponeses brutalmente lançados no mundo industrial, muitas vezes violento e desorganizado, para ganhar na ordem da revolta "secundária", organizada. Será que o sindicalismo abre o leque da estrutura das reivindicações ou a fecha? Esta é uma pergunta que pode ser feita nesta lógica.

Tilly insistiu na necessidade de considerar como um todo o sistema de agentes em luta – patrões, operários, Estado. O problema das relações com as outras classes é um elemento muito importante ao qual Haimson aludiu ao descrever a ambivalência de certas frações da classe operária em relação à burguesia. É aqui que a oposição local/nacional faria sentido. As relações objetivas descritas sob a forma da tríade "patrão-empregado-Estado" assumem formas concretas muito diferentes segundo o tamanho da empresa, mas também segundo o ambiente social da vida laboral: vê-se ou não o patrão, vê-se ou não sua filha ir à missa, vê-se sua maneira de viver ou não etc. Os modos de habitat são uma das mediações concretas entre a estrutura objetiva do mercado de trabalho e a estrutura mental, e, ao mesmo tempo, a experiência que as pessoas podem fazer da luta, e assim por diante. As relações objetivas que definem o campo de luta são apreendidas em todas as *interações* concretas e não somente no local de trabalho (essa é uma das bases do paternalismo). É nessa lógica que é preciso tentar compreender que, como Haimson sugere, a cidade parece mais favorável à tomada de consciência, enquanto na cidade pequena inteiramente operária a tomada de consciência é menos rápida, porém mais radical. A estrutura de classes, tal como é apreendida na escala local, parece ser uma mediação importante para compreender as estratégias da classe operária.

Resta agora perguntar-se em cada caso como esse campo de lutas funciona. Existem invariantes da estrutura e podemos construir um "modelo" muito abstrato com o objetivo de analisar as variantes. Uma primeira pergunta feita por Tilly é se existem duas ou três posições: Será que o Estado é redundante com o patronato? Tilly tenta mostrar que, no caso da França, o Estado é um agente real. É um agente real ou uma expressão eufemizada-legitimada da relação entre empregadores e trabalhadores? (Que existe pelo menos por sua aparência de realidade.) Esta é uma questão que se encontra colocada pela comparação entre as lutas operárias na Rússia, entre 1905 e 1917, e na França, sob a Terceira República (pode-se ainda pensar no caso da Suécia: Qual é a forma particular que a luta assume quando o Estado é fortemente controlado pelos sindicatos?). Seria necessário ter um modelo de todas as formas possíveis de relações entre o Estado e o patronato (sem excluir o modelo soviético), para ver a forma que a luta operária assume em cada caso.

Há uma questão de fundo que não foi completamente colocada: quando se fala das relações entre o Estado, o patronato e os operários, não é inteiramente legítimo opor a verdade objetiva dessa relação (O Estado e o patronato são dependentes ou não, são aliados ou há uma função de arbitragem do Estado?) para a verdade subjetiva do ponto de vista da classe operária (consciência de classe ou falsa consciência): o fato de o Estado ser visto como autônomo (é "nosso Estado", "nossa República") é um fator objetivo. No caso da França – sobretudo em certos momentos, em certas circunstâncias –, o Estado é visto pela classe operária como independente, como instância de arbitragem. E é na medida em que ele age para salvar a ordem (muitas vezes contra a classe dirigente que é demasiado cega e que, para defender seus interesses a curto prazo, serra o galho no qual está sentada) que o Estado pode para ser ou parecer uma instância de arbitragem. Em outros termos, quando se fala do Estado, fala-se de sua força material (o exército, a polícia etc.) ou de sua força simbólica, que pode consistir no reconhecimento do Estado implicado no desconhecimento do papel real do Estado? Legitimidade significa desconhecimento, e o que se chama de formas legítimas de luta (a greve é legítima, mas não a sabotagem), é uma definição dominante que não é percebida como tal, que é reconhecida pelos dominados na medida em que o interesse que os dominantes têm nessa definição é desconhecido.

Seria preciso introduzir, em uma descrição do campo de conflitos, instâncias que nunca foram nomeadas, tais como a Escola que contribui para inculcar, entre outras coisas, uma *visão meritocrática* da distribuição das posições hierárquicas, por intermédio do ajuste dos títulos (escolares) às posições, ou o exército cujo papel é capital na preparação para a operarização. Talvez fosse necessário acrescentar o sistema jurídico, que determina a cada momento o estado estabelecido das relações de poder, contribuindo assim para a sua manutenção, as instituições de assistência social que têm hoje um papel capital, e todas as outras instituições encarregadas das formas brandas de violência. A ideia, inculcada pela Escola, de que as pessoas têm as posições que merecem em função de sua instrução e de seus *títulos* desempenha um papel determinante na imposição de hierarquias dentro e fora do trabalho: considerar o título escolar como o título de nobreza da nossa sociedade não é uma analogia selvagem; tem um papel capital nesse processo de inculcação do decoro nas relações de classe. Além da lei tender para a unificação das lutas, há uma passagem das formas de violência dura para formas de violência branda, simbólica.

Segunda questão: nesta luta, como estão definidos os desafios e os meios legítimos, isto é, aquilo por que é legítimo lutar e os meios que é legítimo empregar? Há uma luta acerca dos desafios e dos meios de luta que opõe os dominantes e os dominados, mas também os dominados entre eles: uma das sutilezas da relação de poder dominantes/dominados é que, nesta luta, os dominantes podem utilizar a luta entre dominados acerca dos meios e dos fins legítimos (p. ex., a oposição entre reivindicação quantitativa e reivindicação qualitativa ou ainda a oposição entre greve econômica e greve política). Haveria por fazer uma história social da discussão acerca da luta de classes legítima: O que é legítimo fazer com um patrão etc.? Essa questão foi praticamente recolocada pelos sequestros de patrões desde Maio de 68: Por que esses atos contra a pessoa do patrão eram considerados escandalosos? Podemos nos perguntar se todo reconhecimento de limites à luta, todo reconhecimento da ilegitimidade de certos meios ou de certos fins não enfraquece os dominados. O economicismo, por exemplo, é uma estratégia dos dominantes: consiste em dizer que a reivindicação legítima dos dominados é o salário e nada mais. Sobre este ponto, remeto-me a tudo o que Tilly diz sobre o extraordinário interesse do patrão francês pela sua autoridade, sobre o fato de que ele pode ceder quanto ao salário, mas se recusa a tratar os dominados como interlocutores válidos e se comunica com eles por cartazes nos locais públicos etc.

Em que consiste a definição de reivindicação legítima? É crucial aqui, como observou Michèle Perrot, considerar a *estrutura do sistema de reivindicações* e, como Tilly observou, a *estrutura dos instrumentos de luta*. Não se pode estudar uma reivindicação, como aquela que concerne ao salário, independentemente do sistema das outras reivindicações (condições de trabalho etc.); do mesmo modo, não se pode estudar um instrumento de luta, como a greve, independentemente do sistema dos outros instrumentos de luta, nem que seja só para notar, se necessário, que eles não são utilizados. O fato de pensar *estruturalmente* mostra a importância das ausências.

Parece que em cada momento das lutas operárias pode-se distinguir três níveis: em primeiro lugar, há um impensado da luta (*taken for granted*, naturalmente, *doxa*) e um dos efeitos da operarização é fazer com que haja coisas que não se tem ideia de discutir e reivindicar porque não vêm à mente ou porque não é "razoável"; existe, em segundo lugar, o que é *impensável*, isto é, o que é explicitamente condenado ("aquilo sobre o que o patronato não pode ceder", expulsar um capataz, falar com um representante dos operários etc.); finalmente, em um terceiro nível, há o reivindicável, o objeto legítimo das reivindicações.

As mesmas análises valem para a definição dos meios legítimos (greve, sabotagem, sequestro de executivos etc.). Os sindicatos são encarregados de definir a estratégia "justa" e "correta". Será que isso quer dizer a estratégia mais eficaz absolutamente – sendo permitidos todos os meios – ou a mais eficaz porque a mais "conveniente" em um contexto social que envolva uma certa definição do legítimo e do ilegítimo? Na produção coletiva dessa *definição dos fins e dos meios legítimos*, do que é, por exemplo, uma greve "justa", "razoável", ou do que é uma greve selvagem, os jornalistas e todos os analistas profissionais (cientistas políticos) – estes são frequentemente os mesmos – desempenham hoje um papel capital; nesse contexto, a distinção entre greves políticas e greves não políticas (ou seja, puramente econômicas) é uma estratégia interessada que a ciência não pode retomar por conta própria sem perigo. Há uma manipulação política da definição de política. *O desafio da luta é um desafio de luta*: a todo momento há uma luta para dizer se é "conveniente" ou não lutar sobre este ou aquele ponto. É um dos preconceitos pelos quais a violência simbólica é exercida como violência branda e mascarada. Seria preciso analisar o *decoro coletivo*, ou seja, todas as normas, evidentemente muito variáveis segundo as épocas e as sociedades, que se impõem aos dominados em dado momento e que obrigam os trabalhadores a *imporem-se limites* por uma espécie de preocupação com a respeitabilidade, o que leva à aceitação da definição dominante da luta decorosa (p. ex., a preocupação em não perturbar o público pela greve). Seria interessante recolher sistematicamente o apelo ao decoro. E também ver todos os mecanismos, como as censuras linguísticas, que funcionam neste sentido.

Terceira questão: Quais os fatores da força dos antagonistas que estão em causa? Presume-se que suas estratégias dependerão a cada momento, pelo menos em parte, da força de que dispõem objetivamente nas relações de poder (estrutura), isto é, da força que adquiriram e acumularam pelas lutas anteriores (história). Isto é, na medida em que essas relações de poder são exatamente percebidas e apreciadas em função dos instrumentos de percepção (teóricos ou baseados na "experiência" das lutas anteriores) dos quais os agentes dispõem.

No caso dos trabalhadores, a greve é o principal instrumento de luta porque uma das únicas armas de que eles dispõem é precisamente a *retirada do trabalho*, retirada total (secessão ou greve) ou retirada parcial (frenagem etc.): seria interessante determinar os custos e os ganhos para ambas as partes dessas diferentes formas de retirada, e assim oferecer o meio de analisar como, em função desse sistema de custos e ganhos, vai se organizar o sistema de estratégias do qual Tilly fala. Pode-se encontrar uma ilustração da proposição segundo a qual as estratégias dependem do estado da relação das forças na dialética descrita por Montgomery a propósito dos inícios do taylorismo nos Estados Unidos: a sindicalização, que aumenta a força dos trabalhadores, implica uma redução da produtividade – à qual os empregadores respondem com a taylorização e todo um conjunto de novas técnicas de gestão (origem da sociologia do trabalho americano).

Outra arma da qual os trabalhadores dispõem, a força física (que constitui um dos componentes, com as armas, da força de combate): seria necessário nesta lógica analisar os valores de virilidade e os valores de combate (um dos meios pelos quais o exército pode incriminar as classes populares exaltando os valores viris, a força física). Mas também existe a violência simbólica e, a este respeito, a greve é um instrumento particularmente interessante: é um instrumento de violência real que tem efeitos simbólicos por intermédio da manifestação, da afirmação da coesão do grupo, da ruptura coletiva com a ordem ordinária que ela produz etc.

É próprio das estratégias dos trabalhadores que só sejam eficazes *se forem coletivas*, e, portanto, conscientes e metódicas, isto é, mediadas por uma *organização* encarregada de definir os objetivos e organizar a luta. Isso seria suficiente para explicar que a condição operária tende a favorecer *disposições coletivistas* (em oposição a individualistas), se toda uma série de fatores constitutivos das condições de existência não agisse no mesmo sentido: os riscos do trabalho e os imprevistos de toda existência que impõe solidariedade, a experiência da permutabilidade dos trabalhadores (reforçada pelas estratégias de desqualificação) e a submissão ao veredicto do mercado de trabalho que tende a excluir a ideia de "preço justo" do trabalho (tão forte entre os artesãos e os membros das profissões liberais). (Outra diferença com o artesão, o trabalhador tem menos chance de se mistificar e encontrar gratificações simbólicas na ideia de que seu trabalho vale mais do que seu preço e que ele, assim, estabelece uma relação de troca não monetária com sua clientela). A ausência de toda ideia de "carreira" (a antiguidade às vezes desempenhando um papel negativo) também introduz uma diferença fundamental entre os operários e os empregados que podem investir na competição individual para a promoção do que os operários (malgrado as hierarquias internas à classe operária) *só* pode investir na luta coletiva: o fato de que estes só podem afirmar sua força e seu valor coletivamente estrutura toda a sua visão de mundo, marcando uma ruptura importante em relação à pequena burguesia. Seria necessário, nessa lógica, analisar, como Thompson o fez para a era pré-industrial, a "moral econômica" da classe operária, determinar os princípios da avaliação do preço do trabalho (relação do tempo de trabalho com o salário; comparação de salários atribuídos a trabalhos equivalentes; relação de necessidades – família – com o salário etc.).

Segue-se que a força dos vendedores de força de trabalho depende fundamentalmente da mobilização e da organização do grupo mobilizado, e, portanto, pelo menos em parte, da existência de um aparelho (sindical) capaz de realizar as funções de expressão, mobilização, organização e representação. Mas isso suscita um problema que nunca foi verdadeiramente considerado pelos sociólogos, aquele da natureza dos grupos e dos modos de agregação. Há um primeiro modo de agregação que é *o grupo aditivo ou recorrente* (1+1+1...): as estratégias dominantes tendem sempre a assegurar que não haja grupo, mas adição de indivíduos (no século XIX, os patrões pretendem discutir com os operários individualmente, um por um); ou invocam sempre a pesquisa de opinião ou a votação secreta contra o voto de mão levantada ou a delegação; do mesmo modo, o sistema de gratificações ou diversos modos de remuneração constituem outras tantas estratégias de divisão, isto é, de despolitização (este é um dos fundamentos do horror burguês ao coletivo e da exaltação da pessoa). Segundo modo, a *mobilização coletiva*. É o grupo que se reúne fisicamente em um mesmo espaço e que manifesta sua força pelo seu número (daí a importância da luta a propósito do número – a polícia sempre diz que havia 10 mil manifestantes, e os sindicatos 20 mil). Finalmente, há a *delegação*, a palavra do representante sindical valendo, por exemplo, 500 mil pessoas (o segundo e o terceiro modo não sendo exclusivos). Seria preciso fazer uma sociologia e uma história comparada dos modos e procedimentos de delegação (p. ex., insiste-se no fato de a tradição francesa privilegiar a assembleia geral), dos modos de designação dos delegados e das características dos delegados (assim, p. ex., o delegado CGT e antes pai de família, robusto e bigodudo, sério e respeitável, antigo na empresa etc.). Então, seria preciso analisar a *natureza da delegação*: O que é delegar um poder de expressão, de representação, de mobilização e de organização a alguém? Qual é a natureza da opinião produzida *por procuração*? Em que consiste a delegação do poder de produzir opiniões que tanto choca a consciência burguesa, tão apegada ao que ela chama de "opinião pessoal", autêntica etc., e da qual sabemos que ela é apenas o produto desconhecido dos mesmos mecanismos?

O que os delegados fazem? Será que eles fecham ou abrem o leque das reivindicações? Em que consiste a ação de expressão do porta-voz? Há um mal-estar e depois uma linguagem para nomeá-lo (pensamos nas relações entre os doentes e os médicos). A linguagem fornece o meio de exprimir o mal-estar, mas, ao mesmo tempo, *fecha* o leque das reivindicações possíveis a partir de um mal-estar global; faz existir o mal-estar, permite apropriar-se dele constituindo-o objetivamente, mas, ao mesmo tempo, desapossa ("estou mal do fígado ao passo que antes eu estava todo mal", "tenho um mal salário em vez de estar todo mal, nas condições de trabalho etc."). A noção de tomada de consciência pode receber uma definição máxima ou mínima: Será que se trata da consciência suficiente para pensar e exprimir a situação (problema da desapropriação e da reapropriação dos instrumentos de expressão) e para organizar e dirigir a luta, ou somente a consciência suficiente para delegar essas funções a aparelhos capazes de cumpri-los no melhor interesse dos delegados (*fides implicita*)?

De fato, esta posição do problema é *tipicamente intelectualista*: é a posição do problema que se impõe mais naturalmente aos intelectuais e que é também a mais conforme aos interesses dos intelectuais, porquanto faz deles a mediação indispensável entre o proletariado e sua verdade revolucionária. De fato, como Thompson muitas vezes o tem demonstrado, tomada de consciência e a revolta podem surgir de processos que nada têm a ver com essa espécie de cogito revolucionário que os intelectuais imaginam (é, p. ex., a indignação e a revolta suscitadas pelo sangue derramado).

Acontece que a mobilização da classe operária está ligada à existência de um aparelho simbólico de produção de instrumentos de percepção e de expressão do mundo social e das lutas trabalhistas. Tanto mais que a classe dominante tende incessantemente a produzir e a impor modelos de percepção e de expressão desmobilizadores (p. ex., hoje em dia os adversários na luta do trabalho são descritos como "parceiros sociais"). Se admitirmos – como sugerem alguns textos de Marx – que se possa identificar a linguagem e a consciência, questionar-se acerca da consciência de classe é perguntar-se de qual aparelho de percepção e expressão a classe operária dispõe para pensar e falar de sua condição. Uma história comparada dos vocabulários da luta seria muito importante nessa lógica: Quais são as palavras utilizadas ("patrão", "executivos"), os eufemismos (p. ex., "os parceiros sociais")? Como se produzem e se difundem esses eufemismos? (Sabe-se, p. ex., o papel das comissões do plano na produção desses eufemismos e de todo um discurso coletivo que os dominados retomam mais ou menos por conta própria.)

No que concerne aos empregadores, seria necessário analisar, entre outras coisas, sua representação da luta operária e seus desafios (que não são estritamente econômicos, mas podem pôr em questão a representação que o patrão ou os dirigentes fazem de sua autoridade e papel); a relação que mantêm com o Estado, capaz, em certos casos, de defender seus interesses contra eles mesmos (ou pelo menos aqueles da classe como um todo, em detrimento da retaguarda desta classe) etc.

Tendo estabelecido o sistema dos fatores determinantes da estrutura da relação de poder, seria necessário finalmente estabelecer os fatores capazes de reforçar ou enfraquecer a ação desses fatores; seja, por exemplo: a situação econômica e, em particular, o grau de tensão do mercado de trabalho; a situação política e a intensidade da repressão; a experiência das lutas anteriores que, entre os dominantes, favorece o desenvolvimento dos métodos de manipulação e da arte das concessões e, entre os dominados, o domínio dos métodos proletários de luta (com uma tendência correlativa à ritualização das estratégias); o grau de homogeneidade ou heterogeneidade da classe operária; as condições de trabalho etc. Em cada conjuntura histórica, é o conjunto desses fatores (que, aliás, não são todos independentes) que varia, definindo o estado da relação de poder e, por conseguinte, as estratégias que visam a transformá-lo.

O racismo da inteligência[32]

Gostaria de dizer, em primeiro lugar, que é preciso ter em mente que não existe um racismo, mas *racismos*: existem tantos racismos quanto grupos que precisem se justificar por existirem como existem, o que constitui a função invariante dos racismos.

Parece-me muito importante analisar as formas de racismo, que são, sem dúvida, as mais sutis, as mais irreconhecíveis, e, portanto, as mais raramente denunciadas, talvez porque os denunciantes ordinários do racismo possuem algumas das propriedades que inclinam a esta forma de racismo. Eu penso no racismo da inteligência. O racismo da inteligência é um racismo de classe dominante que se distingue por uma série de propriedades do que se designa habitualmente como racismo, ou seja, o racismo pequeno-burguês que é o objetivo central da maioria das críticas clássicas do racismo, a começar pelas mais vigorosas, como aquela de Sartre.

Este racismo é próprio de uma classe dominante cuja reprodução depende, em parte, da transmissão do capital cultural, capital herdado que tem a propriedade de ser um *capital incorporado*, e, portanto, aparentemente natural, inato. O racismo da inteligência é aquele pelo qual os dominantes visam a produzir uma "teodiceia de seu próprio privilégio", como diz Weber, isto é, uma justificação da ordem social que eles dominam. É o que faz com que os dominantes se sintam justificados por existirem como dominantes; com que se sintam de *uma essência superior*. Todo racismo é um essencialismo, e o racismo da inteligência é a forma de sociodiceia, característica de uma classe dominante cujo poder repousa em parte sobre a posse de títulos que, como

---

32. Intervenção no Colóquio do MRAP (mai./1978), publicada nos *Cahiers Droit et Liberté* – Races, sociétés et aptitudes: apports et limites de la science, 382, p. 67-71.

os títulos escolares, devem ser garantias de inteligência, e que assumiram o lugar, em muitas sociedades, e para o acesso mesmo às posições de poder econômico, dos títulos antigos, como os títulos de propriedade e os títulos de nobreza.

Este racismo também deve algumas de suas propriedades ao fato de que as censuras às formas de expressão grosseiras e brutais do racismo, tendo-se reforçado, a pulsão racista já não pode se exprimir a não ser sob formas altamente eufemizadas e sob a máscara da negação (no sentido da psicanálise): o Grece [Grupo de Pesquisa e Estudos para a Civilização Europeia] tem um discurso no qual diz o racismo, mas de um modo tal que não o diz. Assim levado a um tão alto grau de eufemização, o racismo se torna quase *irreconhecível*. Os novos racistas são confrontados com um problema de otimização: ou aumentar o teor de racismo declarado do discurso (afirmando-se, p. ex., em favor da eugenia), mas ao risco de chocar e perder em comunicabilidade, em transmissibilidade, ou mesmo aceitar dizer pouco e sob uma forma altamente eufemizada, conforme às normas de censura em vigor (falando, p. ex., de genética ou ecologia), e, assim, aumentar as chances de "fazer passar" a mensagem fazendo-a passar desapercebida.

O modo de eufemização mais disseminado hoje em dia é obviamente a aparente cientificização do discurso. Se o discurso científico é invocado para justificar o racismo da inteligência, não é somente porque a ciência representa a forma dominante do discurso legítimo; é também, e sobretudo, porque um poder que se acredita fundado na ciência, um poder de tipo tecnocrático, naturalmente demanda à ciência que funde o poder; é porque a inteligência é o que legitima governar quando o governo se pretende fundado na ciência e na competência "científica" dos governantes (pensa-se no papel das ciências na seleção escolar onde a matemática se tornou a medida de toda inteligência). A ciência está vinculada com o que se lhe demanda justificar.

Dito isso, acho que se deva pura e simplesmente recusar o problema, no qual os psicólogos se deixaram encerrar, dos fundamentos biológicos ou sociais da "inteligência". E, ao invés de tentar resolver cientificamente a questão, tentar fazer a ciência da própria questão; tentar analisar as condições sociais do surgimento dessa espécie de interrogação e do racismo de classe, que ela introduz. De fato, o discurso do Grece é apenas a forma-limite dos discursos que há anos certas associações de ex-alunos de grandes escolas mantêm acerca dos líderes que se sentem fundados em "inteligência" e que dominam uma sociedade fundada em uma discriminação à base de "inteligência", isto é, fundada no que é medido pelo sistema escolar sob o nome de inteligência. A inteligência é o que os testes de inteligência medem, isto é, o que o sistema escolar mede. Eis a primeira e a última palavra do debate que não pode ser decidido enquanto permanecermos no terreno da psicologia, porque a própria psicologia (ou, pelo menos, os testes de inteligência) é produto das determinações sociais que estão no princípio do racismo da inteligência, racismo próprio das "elites" que estão envolvidas com a eleição acadêmica, de uma classe dominante que tira sua legitimidade das classificações acadêmicas.

A classificação acadêmica é uma classificação social eufemizada, e, portanto, naturalizada, absolutizada, uma classificação social que já sofreu uma censura, e, portanto, uma alquimia, uma transmutação tendendo a transformar as diferenças de classe em diferenças de "inteligência", de "dom", isto é, em diferenças de natureza. Nunca as religiões fizeram tão bem. A classificação acadêmica é uma discriminação social legitimada e que recebe a sanção da ciência. É aí que encontramos a psicologia e o reforço que ela trouxe desde o início para o funcionamento do sistema escolar. O aparecimento de testes de inteligência, como o Teste Binet-Simon, está ligado à chegada no sistema educacional, com escolarização compulsória, de alunos cujo sistema escolar não sabia o que fazer, porque eles não eram "predispostos", "dotados", isto é, dotados pelas predisposições do seu meio familiar que pressupõe o funcionamento ordinário do sistema escolar: um capital cultural e uma boa vontade em relação às sanções escolares. Testes que medem a predisposição social exigida pela escola – donde o valor preditivo dos sucessos escolares – são bem-feitos para legitimar de antemão os veredictos escolares que os legitimam.

Por que esse recrudescimento do racismo da inteligência hoje em dia? Talvez porque muitos professores e intelectuais – que foram duramente atingidos pela repercussão da crise do sistema educacional – estejam mais inclinados a exprimir ou a deixar se exprimir sob as formas mais brutais, o que, até então, não passava de um elitismo de boa companhia (quero dizer, de bons alunos). Mas também é preciso se perguntar por que o impulso que leva ao racismo da inteligência também aumentou. Penso que isso se deva, em grande medida, ao fato de o sistema escolar, no passado recente, ter enfrentado problemas relativamente sem precedentes com a irrupção de pessoas desprovidas das predisposições socialmente constituídas que ele tacitamente exige; de pessoas, sobretudo, que, pelo seu número, desvalorizam os títulos escolares e desvalorizam até mesmo as posições que vão ocupar graças a esses títulos. Daí o sonho, já realizado em certos domínios, como a medicina, do *numerus clausus*. Todos os racismos se parecem. O *numerus clausus* é uma espécie de medida protecionista, análoga ao controle da imigração, uma resposta contra a obstrução suscitada pelo fantasma do número, da invasão pelo número.

Estamos sempre prontos para estigmatizar o estigmatizador, para denunciar o racismo elementar, "vulgar", do ressentimento pequeno-burguês. Mas é demasiado fácil. Nós devemos nos fazer de regadores regados e nos perguntar que contribuição os intelectuais fazem para o racismo da inteligência. Seria bom estudar o papel dos médicos na medicalização, isto é, na naturalização, das diferenças sociais, dos estigmas sociais, e o papel dos psicólogos, dos psiquiatras e dos psicanalistas na produção dos eufemismos que permitem designar os filhos dos subproletários ou dos emigrantes de tal maneira que os casos sociais se tornam casos psicológicos, as deficiências sociais, deficiências mentais etc. Em outras palavras, seria necessário analisar todas as formas de legitimação da segunda ordem que vêm redobrar a legitimação acadêmica como discriminação legítima, sem esquecer os discursos de aparência científica, o discurso psicológico, e os próprios comentários que fazemos[33].

---

33. Outros desenvolvimentos podem ser encontrados em BOURDIEU, P. Classement, déclassement, reclassement. In: *Actes de la Recherche en Sciences Sociales*, 24, nov./1978, p. 2-22.

Índice

Aceitabilidade (da linguagem) 95-97, 117s.
Adolescência 139s., 177
  escolarização e acesso à adolescência 140
Adorno 198
Alodoxia 41, 234s.
Antal 198, 200
Aristóteles 128
Arte 14
  a arte pela arte 201
  amor pela arte 155, 164, 207
  a música como arte pura 149
  autonomia da arte 197
  e religião 156
  obra de arte 14, 215
  sociologia da arte 196-198, 207
  cf. tb. Negação; Gostos
Artista 155s., 158s., 197s., 207s.
  o artista e seu público 202s.
Autodidata 15

Bachelard 25
Barthes, R. 150s., 175
Becker, G. 36
Benefício 13, 115
  de distinção; cf. Distinção
  do capital 120

linguístico 120
  cf. tb. Campo; Mercado
Benveniste 134
Bilinguismo 103
Burguesia 147, 168s., 180
  nova burguesia 190
  pequena burguesia 171, 173, 178, 264
Burocratização 233

Campo 37, 80s., 109-115, 132s., 166s., 187, 192-194, 197, 232
  artístico 113, 159s., 199s., 202-204, 207s.
  campos e aparelhos 130
  científico 25s., 80s.
  como espaço de posições 109, 188, 190
  como estrutura de um campo 110s.
  como lugar de lutas entre agentes 110s., 190
  da produção e campo do consumo 202, 232
  direitos de entrada em um campo 111s.
  estado da distribuição do capital específico de um campo 110s.

história de um campo como
    acumulação de capital 110,
    112s., 206s.
leis específicas de
    envelhecimento dos
    campos 138
cf. tb. Capital; *Habitus*; História;
    Jogo; Luta; Estrutura
Capital 54-58, 110s., 128, 133
    conversão das espécies de
        capitais 58
    cultural 13, 157
    econômico 56s.
    escolar 227
    espécies de capital 57s.
    específico de um campo 110s.,
        187
    estrutura e volume do
        capital 59
    incorporado 127s.
    linguístico 119s.
    objetivado e capital
        incorporado 37
    social 56s., 184
    cf. tb. Campo; *Habitus*;
        História; Luta; Estrutura
Carisma 133, 192
Cassirer 150
Celebração (discurso de) 101
Censura 20, 100, 107, 126,
    132-135, 249s.
    censura linguística 100, 243
    cf. tb. Campo; Eufemização
Chomsky 117
Ciência
    a sociologia como ciência 49s.
    como instrumento de
        legitimação e racionalização
        do poder 20, 30, 249s.

e liberdade 77
e profetismo 35
cf. tb. Sociologia
Classe social 40, 53-60, 84-86, 88
    classe média 183
    classe operária 17, 234, 237,
        239s., 246s.
    consciência de classe 240, 247
    dominada (ou popular) 15-17,
        126, 174, 177, 179, 216s.
    dominante 42, 171s., 248
    e práticas esportivas 179-184
    frações de classe 88
    homogamia de classe 126
    luta de classes 62, 88s.
    senso de classe 63
    cf. tb. Classificação
Classificação 53s., 72, 89s.
    escolar 250
    luta de classificação 62, 89s.,
        159s.
    cf. tb. Gostos; Intelectuais;
        Política
Competência 96s., 128, 228, 231,
    233
    e mercado 118-120, 124
    legítima 122
    linguística 102-104, 116-118
    política 214, 219s.
    social 103
    técnica e competência social
        225-228
    cf. tb. Capital
Comte, A. 192
Comunicação (linguística) 99-102,
    105, 119
Consagração 195
    cf. tb. Campo (artístico)

Corpo 17, 32, 37, 74s., 126-128
   e música 149s.
   esporte praticado como dimensão da relação com o corpo 172s., 180-185
   ginástica e uso escolar do corpo 169
   legítimo 172s.
   socializado 31s.
   cf. tb. Classe social; *Habitus*; Incorporação; Instituição; Esportes
Correção linguística (hiper, hipo) 97, 102, 118, 127
Coubertin, P. 170s.
Crédito (ou palavra autorizada) 133s.
Crença 34s., 99, 194s., 208
   cf. tb. Desconhecimento
Crise (situação de) 98s., 101, 218
Cultura 13, 61s., 97
   contracultura 14, 16
   "cultura popular" 18
   e política 45
   legítima 14, 186
   reconhecimento da cultura 18s.
   relação com a cultura 15
   sociologia da cultura 187
   cf. tb. Desinteresse

Delegação 63, 102, 133, 233s., 245
   cf. tb. Intelectuais; Porta-voz
Descartes 52, 77, 114
Desconhecimento 30, 67, 106, 135, 194s., 240, 249
   cf. tb. Eufemização

Desinteresse 13, 78, 115, 169s.
   cf. tb. *Habitus*; Intelectuais; Esportes
Desrealização 107s.
   cf. tb. Linguagem
Determinismo e liberdade 45s., 77, 87
   cf. tb. Objetivismo; Ciência
Disposição 31s., 74s., 199s.
   escolar 228
   cf. tb. *Habitus*
Distinção 190, 226
   dialética da pretensão e da distinção 190
   estratégias de distinção 13, 164, 173s., 181-183
   cf. tb. Campo
Dom (ideologia do) 250
Dominação 16, 44
   condições da dominação 75s.
   linguística 122s., 125
   linguística e dominação política 119
   cf. tb. Campo; Luta
Doxa 41, 81, 111
   cf. tb. Campo; Ortodoxia
Duby, G. 137
Durkheim, E. 25, 27, 42, 49, 80, 128, 226

Eco, U. 198
Economismo 13, 27
Elias, N. 167
Elites 168s., 250
   cf. tb. Esportes
Empregados 244

Esportes 165-185
    como espetáculo 174
    como questão das lutas
        políticas 176-178
    como via de ascensão social
        para os membros das classes
        populares 179
    constituição de um campo
        do esporte ou campo de
        produção de produtos
        "esportivos" 166s., 169,
        172s., 179s.
    e elites sociais 168s.
    e *ethos* das frações dominantes
        das classes dominantes 171
    história social do esporte 167s.
Esquerdismo 19, 144, 146, 217
    cf. tb. Revolta; Partido político
        (comunista)
Estilo de vida 17s., 180, 183, 185,
    190
    cf. tb. Gostos
Ethos 127s.
    de classe 182, 215
    cf. tb. Corpo; *Habitus*
Etnometodologia 87
Eufemização 90, 132-135,
    249-251
    cf. tb. Censura; Campo; Forma

Ferro, M. 77
Fetichismo 187, 207s.
    cf. tb. Arte
Filosofia 134
    da história 51, 77
    social 37, 39, 41, 51

Finalismo e mecanismo
    (alternativa do) 115
Flaubert 135, 159, 201s.
Força física 17, 180s., 243
    cf. tb. Classe (popular);
        Esportes; Virilidade
Forma (formalismo) 31s.
    enformação 132s.
    cf. tb. Burguesia; Censura
Franqueza 125s.
Freud 57
Funcionalismo 30s.
    cf. tb. Classe (popular)

Gerações 137-147
    conflitos de gerações 144-147
    divisão em gerações como
        objeto de lutas 137s.
    gerações e modo de produção
        escolar 146s.
    cf. tb. Campo
Gerschenkron 168
Ginástica 169, 183
    cf. tb. Corpo; Esportes
Goffman, E. 87, 130, 169, 177,
    230, 237
Goldmann, L. 197, 200
Gostos (e desgostos) 149s.,
    154-164, 190, 202s.
    como princípio de classificação
        de bens 154s.
    de classe e modo de aquisição
        da cultura 151s.
    translação da estrutura de
        gostos 162
    cf. tb. Disposição

Greve 236-247
cf. tb. Luta (meio de)
Grupo 218-220
de pressão 220s., 223
grupo aditivo e grupo
mobilizado 245

Habitus 31, 37, 41, 43s., 66, 74s.,
110, 114s., 127-131, 180,
183, 185
e posição 199-201
linguístico 116
sistemática do *habitus* 129
cf. Campo; Disposição
Hauser 198
Heidegger, M. 114, 134, 186,
198, 206
Hermenêutica (ou análise
interna) 133, 135s., 204
Histerese 129
História 73-75, 80, 129s., 160
acumulada nas obras ou
nos produtos de um campo
164; de um campo; cf.
Campo; Capital
cf. tb. *Habitus*; Incorporação;
Instituição; Luta; Estrutura

Incorporação 32, 37, 75, 127s.
cf. tb. Capital; Corpo; *Habitus*;
Instituição
Inflação (dos títulos escolares)
142, 146
Instituição 31, 73s.
linguagem de instituição 34s.
cf. tb. Corpo; Disposição,
Habitus; História; Incorporação

Intelectuais 13, 16s., 61-77, 246,
251
campo intelectual 70s.
competência social dos
intelectuais 72s.
e o campo político 64-66
relação dos intelectuais com
a prática 67-69
sociologia dos intelectuais
16s., 68, 70, 187
Interesses 23, 35s., 43, 62, 70,
78, 109-111, 114s., 219, 221
expressivos 132
cf. tb. Censura; Campo;
Investimento
Investimento 35-37, 110, 115
cf. tb. Campo; Juros

Jdanovismo 68
Jogo 37, 59s., 110-112, 189, 194s.
jogo e esportes 167-169
senso de jogo 59
cf. tb. Capital; Campo; *Doxa*;
Habitus; Investimento; Luta
Jornalistas 242
Jovens 137-147, 182
divisão de poderes entre
jovens e velhos 137s.
lutas de sucessão entre jovens
e velhos 146s.
racismo antijovens e classes
em declínio 145
cf. tb. Geração

Kant 42, 150

Labov 97, 100, 124s., 233
Lakoff 133
Lazarsfeld 33
Legitimidade (legitimação) 28,
   100s., 105-107, 212, 239-242
   acadêmica 250
   linguística 100s., 126
Leibniz 52
Leis do mundo social 46-48
Linguagem 20, 92-108
   autorizada (ou de autoridade,
   de importância, legítima)
   34, 65, 92s., 98-103, 106-108,
   119, 125
   desritualização da linguagem
   64
   e consciência política 64
   e situação linguística; cf.
   Mercado
   força da linguagem 34
   ordinária 15, 37, 56
   popular 125s.
   relação com a linguagem 126s.
   relações linguísticas e relações
   de dominação 98
   sociológica 40
   uso acadêmico da linguagem
   94, 107s.
Linguística
   lutas nacionais e lutas
   linguísticas 119s.
   mercado linguístico; cf. Mercado
   relações de poder linguísticas
   119-121
   cf. tb. Capital; Comunicação;
   Competência; *Habitus*;
   Mercado; Sociolinguística
Lipset 216

Liturgia 98, 119
   cf. tb. Linguagem (autorizada)
Lukács 86, 197
Luta 109-111
   de concorrência 190
   entre as gerações 146s.
   entre detentores e
   pretendentes 187-190
   formas ou meios de lutas
   operárias legítimas 239-243
   cf. tb. Campo

Magia (social ou transubstanciação)
   48, 187, 194s., 207s.
Marx 25, 27s., 40, 42, 52, 71, 89,
   91, 186, 234, 246
Marxismo 27, 40, 56, 59, 71, 79,
   119
Masculino/feminino 172
   cf. tb. Mulher
Mauss, M. 128, 187, 194, 207
Mercado 102
   escolar 13, 95s., 118
   formação de preços de
   mercado 119-121
   linguístico 95s., 102s., 104,
   116-131
   político 231
   unificação do mercado 123
Meritocrática (ideologia) 240
   cf. tb. Títulos escolares
Michels 47
Mobilização 245s.
Moda (em alta-costura) 161,
   186-195, 207
   campo da moda 187-189

modas intelectuais 70-72
cf. tb. Cultura; Magia, Campo
Monopólio (da produção do discurso sobre o mundo social) 62, 64
cf. tb. Intelectuais
Mosca 47
Mulher 146, 184, 213
divisão do trabalho entre homens e mulheres 226s.
Música 148-153, 162-164
como prática classificadora 148s.

Negação 149, 202, 249
cf. tb. Eufemização

Objetivismo (e subjetivismo) 33s., 84-88, 90s.
Opinião 48
instituto de opinião pública 211
mobilizada 219
princípio político ou princípio ético de produção das opiniões 216s., 219, 225
probabilidade de ter uma opinião e probabilidade condicional 213s., 224
probabilidade de ter uma opinião segundo o sexo 213, 225s., 229
pública 210-221
pública como opinião maior 212
Ortodoxia (e heresia) 111, 160
cf. tb. Campo; *Doxa*

Palavra de ordem 65
cf. tb. Linguagem (autorizada)
Panofsky, E. 74
Pareto 137
Partido político 86, 232s.
comunista 19, 43, 71, 232s.
Performativo (discurso) 42, 48
Pesquisa 210-221
características dos respondentes espontâneos a uma pesquisa de opinião 223
de opinião 210, 221, 224s, 230, 234
de opinião e demanda política 211s.
eleitoral 213, 220
situação de pesquisa 97, 123s.
cf. tb. Opinião; Questionário
Phelps, O.W. 236
Política 44s.
ação política 48, 131
competência política 214, 225-228
ganhos expressivos como ganhos políticos 132s.
luta política como política simbólica ou luta de classificação 62
militante político 64-66
opinião política 213, 228-230, 232
relação com a cultura e relação com a política 228-230
cf. tb. Competência; Intelectuais; Opinião

259

Politização 18
   das opiniões e situação de crise 218
   do doméstico 15
Porta-voz 17, 19, 21, 27, 63s., 122, 133, 143, 155, 246
   cf. tb. Delegação; Sindicatos
Posição; cf. Campo
   posições e tomada de posição 203s., 218
Prático (senso) 33s., 74, 230, 233s.
   prática como senso político 230, 233s.
   teoria da prática 67-69, 74
Problemática 211
   imposição de problemática 214, 217
Produção cultural 67s., 157
   e história do campo de produção 113
   espaço de produção 157s., 161
   problemas de ajuste do campo de produção à oferta 161
Psicanálise 75

Questionário 33, 211

Racismo 248-251
Raridade (procura pela) 162-164
Revolta 144, 246
   dos filhos da burguesia e prolongamento dos prazos de sucessão 147
   cf. Campo; Jogo; Luta

Revoluções 111s., 160, 189-191, 200
   cf. tb. Campo; Jogo; Luta
Rituais (sociais) 34, 69

Sartori 86
Sartre, J.-P. 33, 87, 117, 201s., 248
Schorske, C. 75
Schutz 87
Sindicatos 237-239, 242
Sistema escolar 250s.
   frequentação do sistema escolar e bloqueio das aspirações 141-144
Situação (linguística) 95-102, 104, 116s.
   de mercado 125
   oficial 104, 121, 125s.
Sociobiologia 36
Sociolinguística 94
Sociologia 22-38, 48s., 188
   do conhecimento 84-87, 196
   dos sociólogos 25s., 29s., 78s., 82
   e as outras cenas sociais 30-32
   e engenheiros sociais 29s.
   e filosofia 50-52
   e política 48s.
   modos de recepção da sociologia 41-44
Sociologismo 92
Sucessão 192s.
   cf. tb. Geração; Luta

Testes (de inteligência) 250
Títulos escolares 142, 241
   efeito de atribuição estatutária de títulos escolares (e transformação dos consumos culturais) 161s., 227s.
   e títulos de nobreza 240s., 248-251
   inflação dos títulos escolares 142
Trabalho
   mercado de trabalho como campo de luta 236s., 239-243

Violência simbólica 67, 241
Virilidade (valores de) 17s., 243
   cf. tb. Classe social (operária)
Vulgar 13
   cf. tb. Distinção
Vulgata 205s.
   cf. tb. Campo

Weber, M. 25, 27s., 51, 157, 169, 192, 248

Obras de Pierre Bourdieu

Sociologie del'Algérie. 2. ed. Paris: PUF, 1961.

The Algerians. Boston: Beacon Press, 1962.

Le déracinement. Paris: De Minuit, 1964 [nova edição, 1977, com A. Sayad].

Les étudiants et leurs études. Paris: Mouton, 1964 [com J.-C. Passeron].

Les héritiers. Paris: De Minuit, 1964 [com J.-C. Passeron].

Travail et travailleurs en Algérie. Paris: Mouton, 1964 [com A. Darbel, J.-P. Rivet e C. Seibel].

Un art moyen. Paris: De Minuit, 1965 [com L. Boltanski, R. Castel e J.-C. Chamboredon].

Rapport pédagogique et communication. Paris: Mouton, 1965 [com J.-C. Passeron e M. de Saint-Martin].

L'amour de l'art. Paris: De Minuit, 1966 [nova edição, 1969; com A. Darbel e D. Schnapper].

Le métier de sociologie. Paris: Mouton/Bordas, 1968 [nova edição, 1973; com J.-C. Chamboredon e J.-C. Passeron].

Zur Soziologie der Symbolischen Formen. Frankfurt: Suhrkamp, 1970.

La reproduction. Paris: De Minuit, 1970 [com J.-C. Passeron].

Esquisse d'une théorie de la pratique, précédée de trois études d'ethnologie kabyle. Genebra: Droz, 1972 [nova edição, Le Seuil, 2000].

Die politische ontologie Martin Heideggers. Frankfurt: Syndicat, 1976.

Algerie 60. Paris: De Minuit, 1977.

La distinction. Paris: De Minuit, 1979.

Le sens pratique. Paris: De Minuit, 1980.

Questions de sociologie. Paris: De Minuit, 1980.

Leçon sur la leçon. Paris: De Minuit, 1982.

Ce que parler veut dire. Paris: Fayard, 1982.

Homo academicus. Paris: De Minuit, 1984.

Choses dites. Paris: De Minuit, 1987.

L'ontologie politique de Martin Heidegger. Paris: De Minuit, 1988.

La noblesse d'état. Paris: De Minuit, 1989.

Language and Symbolic Power. Cambridge: Polity Press, 1991.

Réponses, pour une anthropologie réflexive. Paris: Libre Examen/Seuil, 1992 [com Loïc J.-D. Wacquant].

Les règles de l'art, genèse et structure du champ littéraire. Paris: Libre Examen/Seuil, 1992.

La misère du monde. Paris: Libre Examen/Seuil, 1993 [obra coletiva sob sua direção].

Libre-échange. Paris: Les Presses du Réel/Seuil, 1994 [com Hans Haacke].

Raisons pratiques, sur la théorie de l'action. Paris: Le Seuil, 1994.

Sur la télévision, suivi de l'emprise du journalisme. Raisons d'agir, 1996.

Méditations pascaliennes. Liber, 1997.

Les usages sociaux de la Science – Pour une sociologie clinique du champ scientifique. Inra, 1997.

La domination masculine. Liber, 1998.

Contre-feux – Propos pour servir à la résistance contre l'invasion néolibérale. Raisons d'Agir, 1998.

Propos sur le champ politique. Presses Universitaires de Lyon, 2000.

Interventions (1961-2001) – Science Sociale & Action Politique. Agone, 2002.

Le bal des célibataires – Crise de la société paysanne en Béarn. Le Seuil, 2002.

Images d'algérie: une affinité élective. Actes Sud/Institut du Monde Arabe, 2003.

Si le monde m'est suportable, c'est parce que je peux m'indigner. L'Aube, 2003 [com Antoine Spire].

Esquisse pour une auto-analyse. Raisons d'Agir, 2004.

Esquisses algériennes. Le Seuil, 2008 [textes édités et présentés par Tassadit Yacine].

Coleção sociologia

- *A educação moral*
  Émile Durkheim
- *A pesquisa qualitativa*
  VV.AA.
- *Quatro tradições sociológicas*
  Randall Collins
- *Introdução à Teoria dos Sistemas*
  Niklas Luhmann
- *Sociologia clássica – Marx, Durkheim, Weber*
  Carlos Eduardo Sell
- *O senso prático*
  Pierre Bourdieu
- *Comportamento em lugares públicos*
  Erving Goffman
- *A estrutura da ação social - Vols. I e II*
  Talcott Parsons
- *Ritual de interação*
  Erving Goffman
- *A negociação da intimidade*
  Viviana A. Zelizer
- *Os quadros da experiência social*
  Erving Goffman
- *Democracia*
  Charles Tilly
- *A representação do Eu na vida cotidiana*
  Erving Goffman
- *Sociologia da comunicação*
  Gabriel Cohn
- *A pesquisa sociológica*
  Serge Paugam (coord.)
- *Sentido da dialética – Marx: lógica e política - Tomo I*
  Ruy Fausto
- *A emergência da teoria sociológica*
  Jonathan H. Turner, Leonard Beeghley e Charles H. Powers
- *Análise de classe – Abordagens*
  Erik Olin Wright
- *Símbolos, selves e realidade social*
  Kent L. Sandstrom, Daniel D. Martin e Gary Alan Fine
- *Sistemas sociais*
  Niklas Luhmann
- *O caos totalmente normal do amor*
  Ulrich Beck e Elisabeth Beck-Gernsheim
- *Lógicas da história*
  William H. Sewell Jr.
- *Manual de pesquisa qualitativa*
  Mario Cardano
- *Teoria social – Vinte lições introdutórias*
  Hans Joas e Wolfang Knöbl
- *A teoria das seleções cultural e social*
  W.G. Runciman
- *Problemas centrais em teoria social*
  Anthony Giddens
- *A construção significativa do mundo social*
  Alfred Schütz
- *Questões de sociologia*
  Pierre Bourdieu
- *As regras do método sociológico*
  Émile Durkheim
- *Ética econômica das religiões mundiais – Vol. I*
  Max Weber
- *Ética econômica das religiões mundiais – Vol. III*
  Max Weber
- *Teoria dos sistemas na prática - Vol. I – Estrutura social e semântica*
  Niklas Luhmann
- *Teoria dos sistemas na prática - Vol. II – Diferenciação funcional e Modernidade*
  Niklas Luhmann
- *Teoria dos sistemas na prática - Vol. III – História, semântica e sociedade*
  Niklas Luhmann
- *O marxismo como ciência social*
  Adriano Codato e Renato Perissinotto
- *A ética protestante e o espírito do capitalismo*
  Max Weber
- *As fontes do poder social - Vol. 1 – Uma história do poder desde o início até 1760 d.C.*
  Michael Mann
- *Mente, self e sociedade*
  George Herbert Mead
- *As fontes do poder social - Vol. 2 – O surgimento das classes e dos Estados-nações, 1760-1914*
  Michael Mann
- *As fontes do poder social - Vol. 3 – Impérios globais e revoluções, 1890-1945*
  Michael Mann
- *As fontes do poder social - Vol. 4 – Globalizações, 1945-2011*
  Michael Mann
- *Teoria sociológica contemporânea – Autores e perspectivas*
  Carlos Eduardo Sell e Carlos Benedito Martins (orgs.)
- *O senso prático*
  Pierre Bordieu

LEIA TAMBÉM:

O caos totalmente normal do amor

Ulrich Beck
Elisabeth Beck-Gernsheim

As mulheres e os homens de hoje encontram-se em uma busca, uma busca compulsiva que perpassa casamento sem certidão, divórcio, matrimônio contratual, luta por conciliar profissão e família, amor e casamento, luta por uma maternidade e uma paternidade "novas", amizade e relação entre conhecidos. Tudo isso entrou em movimento de forma irreversível. Por assim dizer, o "conflito de classes" que sucede o conflito de classes. Onde bem-estar e segurança social atingiram um nível elevado, onde paz e direitos fundamentais democráticos estão se tornando naturais, as contradições entre liberdade, igualdade e família, e aquelas entre liberdade, igualdade e amor, já não são mais encobertas pela luta cotidiana contra a miséria social e a opressão. Com o esbatimento das identidades sociais tradicionais, as oposições dos papéis de gênero entre homens e mulheres passam a ocupar lugar central na esfera privada. Elas começam a mudar a sociedade, superficial e profundamente, nos pequenos e grandes conflitos sobre quem lava a louça, sobre sexualidade e erotismo masculinos e femininos e sobre a política que também se supõe presente em tudo isso. O amor se torna fugaz na medida em que, carregado de esperanças, torna-se lugar de culto na sociedade que gira em torno do autodesenvolvimento. E é carregado de esperanças na medida em que se torna fugaz e socialmente desprovido de modelos.

Ulrich Beck foi professor de Sociologia na Universidade de Munique e editor responsável pela revista *Soziale Welt*.

Elisabeth Beck-Gernsheim é professora de Sociologia na Universidade de Erlangen.

Os sociólogos
De Auguste Comte a Gilles Lipovetsky

Sarah Silva Telles e Solange Luçan de Oliveira (organizadoras)

Após as edições sobre autores clássicos da Filosofia, História e Comunicação, a Editora Vozes e a Editora PUC-Rio lançam os *Clássicos das Ciências Sociais*. Já publicamos o volume 1, *Os antropólogos*. Neste volume 2 é a vez de *Os sociólogos*. Está prevista ainda a publicação de *Os cientistas sociais* (volume 3).

A coleção respeitou a divisão das Ciências Sociais nas suas três áreas clássicas: Antropologia, Sociologia e Ciência Política. Apesar da existência de autores que transitam entre elas, como os sociólogos políticos ou os sociólogos antropólogos, optou-se por dividir os autores nas três áreas pela necessidade de cobrir ao mesmo tempo as possibilidades intelectuais contidas nas Ciências Sociais e o número expressivo de seus autores clássicos.

Esse volume oferece uma coletânea de ensaios assinados pelos maiores especialistas brasileiros sobre a vida e a obra dos autores clássicos da Sociologia, cobrindo de Auguste Comte (1798-1857) a Gilles Lipovetsky (1944). Cada ensaio traz os seguintes conteúdos: o sociólogo e seu tempo; percurso e influências; conceitos básicos de seu pensamento; e suas principais obras publicadas.

Em todos os volumes publicados até aqui a proposta é a mesma: expor e explicar o pensamento dos autores clássicos de cada área a partir de um ensaio introdutório, escrito por um especialista, com uma linguagem clara e acessível, precisa e rigorosa.

Conecte-se conosco:

f   facebook.com/editoravozes

📷   @editoravozes

🐦   @editora_vozes

▶   youtube.com/editoravozes

🟢   +55 24 2233-9033

www.vozes.com.br

Conheça nossas lojas:

www.livrariavozes.com.br

Belo Horizonte – Brasília – Campinas – Cuiabá – Curitiba
Fortaleza – Juiz de Fora – Petrópolis – Recife – São Paulo

EDITORA VOZES LTDA.
Rua Frei Luís, 100 – Centro – Cep 25689-900 – Petrópolis, RJ
Tel.: (24) 2233-9000 – E-mail: vendas@vozes.com.br